U0918639

本研究得到上海市哲社规划青年项目
“现代汉语非常规动补式句法语义演变研究”（项目编号：2020EYY008）的资助

本书由上海财经大学
“中央高校建设世界一流大学（学科）和特色发展引导专项资金”
“中央高校基本科研业务费”
资助出版

语言动态观下非常规动补式
句法语义演变研究

王连盛 著

A Study on the Syntactic and Semantic Evolution
of Unconventional Verb-Complement Constructions
from the Perspective of Dynamic Language

復旦大學出版社

序　一

现代汉语补语问题，历来是汉语学界研究的热点之一，也是对外汉语教学的重点和难点。以往汉语学界对补语的相关研究文献十分丰富，但是，仍有很多问题至今未能给出比较满意的答案，比如现代汉语的补语类型到底有多少，从什么角度分类更有利于挖掘补语的产生和演变规律，汉语为什么会产生补语，可以带补语的述语类型究竟怎样，等等。这些都缺乏全面系统的探究。

王连盛的书稿，可以说是对汉语补语研究的一种大胆尝试。本书以非常规动补式为研究对象，这一选题就与以往研究大不相同，先前的研究重在常规动补结构，而对非常规动补式的研究为零星现象。其实，非常规动补式在现代汉语中大量存在，且相当一部分高频出现，很有研究的价值和必要。另外，所谓非常规动补式，指的是述语和补语之间不具有理据性，很难找出二者之间的相关性，而且述语和补语之间不具有推导性，述补式的语义不能从字面意思推导出来，显然这对于汉语作为外语学习者，是一大难点，这一研究有较大的教学应用价值。基于以上看法，怎样对非常规动补式进行研究呢？我看还是首先要从系统性角度进行思考，这样更易于发现真正的事实和规律，在此基础之上，才更方便语言的教学应用。

王连盛认为，常规和非常规动补式之间存在演变连续统，常规动补式是底层形态和基本结构，由常规结构向非常规结构演变。在演变的过程中会形成同构多义动补式，同构多义动补式是一个原型范畴，包含典型成员、次典型成员和边缘成员。成员之间存在典型程度的差异，非常规程度的差异，在典型程度和非常规程度之间呈现反比关系：典型程度越高，非常规程度越低；典型程度越低，非常规程度越高。结合历时角度进行验证，发现不同成员之间存在一个形成时间上的差异：越是典型程度高的成员，其形成的时间越早；越是非常规程度高的成员，其形成的时间越晚。作者所做的这些研究，不仅较有系统性，且所发现的这些规律和倾向性规则，很有见地。

作者认为，非常规动补式是在语言使用中产生并逐渐定型的，绝大多数非常规动补式的形成，都是重新分析和类推两种机制共同作用的结果，大部分常规到非常规动补式的演变，是多方面重新分析的结果，如“V+透”“V+掉”“V+开”等动补式，但也有一部分为单方面重分析的结果，如“V+穿”等动补式。同时认为，动补式演变的触发条件是说话人在特定的语境下，基于满足人们认知具象化的需求、语言主观性表达的需要，以及语言陌生化表达的诉求这三个方面，为了表达特殊的语义或者达到某种语用效果，打破了动补式原有的句法、语义平衡，演变过程涉及不同层级构式、认知域和界面的多重互动。非常规动补式的形成也是语言的经济性和象似性相互抗争和妥协的结果。以上看法，颇有新意。

很值得说一说的是书中对于主宾可易位动补式的研究。在多次春晚表演中，相声演员冯巩一出场后就喊道："亲爱的观众朋友们，我想死你们啦!"我每次听到这句，就会自然想到这句话如果换成："亲爱的观众朋友们，你们想死我啦!"两句意思好像差不多，为什么会这样？我百思不得其解。后来我把这个想法给王连盛说起，没想到他是有心人，记在心里并深入钻研下去，最终得出令我满意的答案：能够进入这一结构式的心理动词均具有"双能"的特征。与主宾语相关的语义角色为感事和当事，其中感事可由第一、第三人称代词和表人名词充当，当事可为第二、第三人称代词和表人、表物名词。由第一人称代词到第三人称代词（或表人名词）再到第二人称代词（或表物名词），自动性不断减弱，使动性逐渐增强。最终，这类述语结合程度补语"死"形成了这一特殊结构。他的这些看法发表在了《语言教学与研究》期刊上，受到了学界的高度关注。

总之，通读王连盛的书稿，不仅系统性和逻辑性较强，让读者随着书中论述不断推进而随之展开深入思考，又可以在阅读过程中见到思想浪花闪现，给读者以许多启发。这是王连盛的第一本专著，是在他的博士学位论文基础之上写成的。王连盛自工作以后，不断传来许多好消息，了解其为人做事受到同事们的广泛认可，工作非常突出，这自然也耗费他不少时间。细看书稿的撰写，部分内容还带有点儿青涩，似与我的期待有点儿距离，让我感觉“不过瘾”。此时，我突然想起《菜根谭·概论》中的所述：“文章做到极处，无有他奇，只是恰好”，相对于过往学界对于补语的研究，王连盛的研究也正体现了当下的“恰好”吧。

2015 年 12 月我去北京语言大学开会，第一次见到王连盛，会议间隙跟王连盛交谈，记得当时天寒地冻，而他身着单衣，却只专注于学术的交流，表现出对语言学极浓厚的兴趣，这给我留下深刻的印象。王连盛自跟随我攻读博士，用功甚勤，取得了较为丰硕的成果。“古人学问无遗力，少壮工夫老始成。”（陆游《冬夜读书示子聿》）而王连盛正年轻，相信王连盛会继续关注补语问题，继续努力，将来定能为广大读者呈现出更高水平的研究成果。

是为序。

吴春相

于 2024 年 10 月 12 日

序　二

连盛博士的专著《语言动态观下非常规动补式句法语义演变研究》即将出版，看到他在学问的海洋里一路精进不休，发荣滋长，终水到渠成，我感到很欣慰。

与连盛结成师生缘，已经有十几个年头了。2013 年秋，连盛来中国传媒大学读硕士，选择我作为他的导师，由此开始了长达十多年的缘分。连盛读硕期间勤奋执着，一直痴迷于语法研究，在每周的讨论班上，不仅对朱德熙先生的《语法讲义》烂熟于心，总能提出独到的问题，而且还扎进生成语法深奥的理论中，终于选取了以轻动词理论下的汉语泛化动词研究作为硕士论文内容。在苦苦探索之下，他找出了十几个泛化动词，不仅从轻动词角度予以分析，还借鉴了许多前沿理论来丰富对泛化动词的语义解释，如语法化理论探讨泛化的过程，连续统理论探讨泛化动词从实义到泛化的演变途径等。这些探讨为他日后继续深造打下了扎实的基础。他在读硕士期间勤于思，敏于学，常常有许多意想不到的见解令人眼前一亮，他的想法也常常令我茅塞顿开，学到许多新知识。师生缘其实是教学相长、互相促进的过程。连盛同学尽管读硕的时间很短，只有三年，但他一直在协助我，做了大量课题研究工作。记得 2014 年关于锡伯语言调查的课题进入结题阶段，连盛与同学们一起统计几千份问卷数据，繁琐枯燥的统计分析一干就是连续多日，可他和同学们无怨无悔，直到顺利结项。后来又协助我做“一带一路”中亚语言需求的课题，也是同样兢兢业业。每每想起这些科研活动中的点点滴滴，我内心总是充满感激，也很怀念这段难忘的情谊。

后来连盛同学考取了上海外国语大学的博士，成为吴春相教授的开门弟子，有了更开阔的学术视野，我真为他高兴，也一直关注着他的进步和成长，每次去上海开会都会抽空聊聊，在谈天说地中，时间不知不觉过去，也进一步加深了师生缘。得知他选取动补式作为博士论文选题后，也有一丝担心，毕竟动补式是语法学界一块很难啃的骨头，不仅前贤们做过大量的研究，研究成果汗牛充栋，很难有所突破，而且从动补式构成来看，海量的语料也难以驾驭。如今看到他从动态角度入手，专门探讨一些非常规的动补句式的构成，运用变换和扩展作为标准，得出非常规动补式在语义上具有非理据性、不可推导性的特点，在形式上不可变换和不可扩展的特点，这种创新的确很有价值，而我更看重他在形式上的逻辑推理过程，这使得论著更严谨。例句分析和穷尽式的语料支撑更是专著的一大亮点，于是我们了解了“他看破了敌人的阴谋”不能变换成“他看了敌人的阴谋，敌人的阴谋破了”，也了解了“看淡”不能扩展成“一看就淡”；这些有趣的举例更有嚼头，也是语言研究不可或缺的实证。

连盛同学博士毕业后在上海财经大学担任留学生教学工作，在新的岗位上他依然孜孜以求，又开辟了国际中文教育研究领域，相继发表了不少成果，还获得了相关的研究课题，这些都是他专一执着的回报。“千淘万漉虽辛苦，吹尽狂沙始得金”，相信连盛同学后续会带来更多的惊喜，会不断呈现更丰富多彩的新成果。是为序。

邢　欣

2024 年 12 月 12 日

前　言

本书以非常规动补式为研究对象，在语言动态观下，结合构式理论、语言演变、认知语言学、互动语言学等理论，在现代汉语各类非常规动补式典型个案分析的基础上，对现代汉语非常规动补式的句法语义演变过程、机制和动因进行系统性研究。对于书中所引用之外文论著，本书采用了尽量保持文本原貌的处理原则，包括学者人名、术语名等均未转为中文简体，以便中国学者检索相关文献。由此给读者带来的不便，还请谅解。

本书共 13 章，分四个部分。

第一部分为第 1、2 章，是绪论和非常规动补式的判定标准及分类。非常规动补式的判定标准包含语义和句法两个方面，语义标准包括非理据性和不可推导性，句法标准包括不可变换和不可扩展。根据补语语义虚化程度，可将非常规动补式分为实义补语非常规动补式和虚义补语非常规动补式两大类。

第二部分为第 3、4 章，是对非常规动补式句法语义演变过程的探讨。主要内容如下：第3章基于互动构式语法的“多重互动观”，对实义补语“V+透”和虚义补语“V+掉”两类非常规动补式的演变过程进行探讨，发现二者均为构式体内之间、构式体和外部句法成分之间以及句法、语义、修辞等不同界面之间以及空间域、时间域、状态域等不同认知域之间多重互动的结果。第4章运用注意力窗口化理论，对“V+开”“V+掉”非常规动补式演变过程进行探究，发现“V+开”包含结果义、结果兼趋向义和状态义，“V+掉”包括结果兼趋向义和结果义，各自又包含不同具体义，这是与二者相关联的路径事件框架不同组成部分开启注意力窗口的结果。

第三部分为第5至10章，讨论了非常规动补式演变过程中的语义句法问题。主要内容为：第5至7章分别探讨了非常规动补式演变过程中的补语语义特征、语义指向和语义色彩转变等语义问题，第8至10章分析了非常规动补式演变过程中的词汇化、主宾可易位以及新兴主观极量表达中补位强势现象等句法问题。在此基础上，对非常规动补式的句法语义演变过程有了更加全面和深入的研究。

第四部分是第11、12章，对非常规动补式演变的机制和动因进行了探究。主要内容如下：第11章认为非常规动补式演变的机制，包括句法语义机制和语义机制。前者主要为重新分析和类推，后者则主要包括隐喻和转喻。第12章从语言内部和外部对非常规动补式演变的共同动因进行了论述。语言内部动因是根本动因，具体为语言经济性原则和象似性原则之间的相互制约性。语言外部动因该章主要从认知角度探讨。

第 13 章，是全书总结。

目　录

第1章　绪　论

1.1　选题缘由

现代汉语中，存在“说穿”“说破”“说死”“看穿”“看破”“看开”“走红”“走低”“走强”等一类动补式，与传统动补式相比，这类动补式具有一些语义和句法上的独特性。语义方面，它们在动词和补语之间不具有理据性，很难找出二者之间的相关性，而且动词和补语之间不具有推导性，不能通过推导得出二者之间的搭配。从句法角度来看，这类动补式，并不能像传统的动补式一样，动词和补语能够分离，独立充当两个小句的谓语，而且加“得/不”或是进入“一……就……”结构式扩展的能力也大大减弱。

此类动补式在现代汉语中大量存在，对于母语为汉语的语言使用者来说，或许不易察觉其特殊之处，该类动补式在输入和输出方面也并不存在障碍。但对于母语为非汉语的学习者来说，这类不同于常规语言规则的特殊现象，是很大的难点和挑战，因而在对外汉语教学的过程中，这类动补式是教学中的难点，给二语学习者造成了很大的障碍。

该类动补式，以往学者对这类结构的研究主要以个案为主，且没有一个统一的命名，有的学者将其称为“后项虚化的述补格”（薛红，1985），有的称其为“引申意义的补语”（朱景松，1987），还有的将其称为“唯补词”（刘丹青，1994）。而目前对该类动补式的全面性研究，在文献中并不多见，尤其是对于该类动补式句法语义演变的系统性研究更是寥寥无几。

在此基础上，本书将这类动补式统称为“非常规动补式”，需要指出的是，本书的述语除动词外，还包括部分性质形容词，出于表述的方便，统称为非常规动补式。本书拟以这一类非常规动补式为研究对象，基于语言动态观，以构式理论、浮现语法和语言演变理论为基础，结合认知语言学、互动语言学等理论，对现代汉语非常规动补式的句法语义演变过程、演变机制、演变动因等进行系统性研究。

非常规动补式虽然是现代汉语中的特殊结构，却是现代汉语的重要组成部分，对于研究现代汉语演变的过程和特点，相较于常规结构具有更为重要的作用，为现代汉语的研究开辟了新的视角。

1.2 研究意义

本研究的理论价值在于：首先，从汉语语言事实出发，以“看+V/A”“V+穿”“V+掉”“V+破”和“V+死”等典型个案为研究样本，探索其演变过程、机制和动因，这一研究方法可为“吃亏”“走心”等“V+N”类非常规结构研究提供研究范式和方法。探索汉语既有规则之外的其他规则，这是为构建和完善汉语语法系统开展的基础研究，具有一定的学术价值。其次，非常规动补式的表达，与修辞表达打破常规临时创造性运用有相通之处，基于高频使用而固化进入汉语语法，且部分非常规动补式如“看破”“说破”等已经固化成词。可见，非常规动补式动态存在于修辞、语法、词汇之间，成为连接三个界面的接口。对非常规动补式的研究，可以将修辞、语法、词汇三个界面有机整合，这对汉语研究的方法论具有现实意义。

本研究的实践意义在于：在对外汉语教学过程中，像“看穿”“想开”“呆掉”等非常规动补式不符合结构主义语言学的组合规则，语义上具有不透明性和不可推导性，但是由于它们在汉语中被高频使用，又无法规避，一直是汉语语法教学的难点和重点。留学生在学习这类结构的过程中，往往不知该如何下手，难以掌握，汉语教师在教学的过程中，也不知该如何开展教学。如果我们能够探索出该类结构的组合规律与特点，应用到对外汉语教学中，汉语老师便有可以遵循的规律，留学生也能够根据规律有效掌握该类结构，这对于对外汉语教学来说，无疑具有重要意义。其次，对非常规动补式句法语义演变过程和机制的研究，能够为人工智能研发和语言信息处理中对构式的语义识解提供重要的参考，具有一定的应用价值。

1.3 研究现状分析

1.3.1 动补结构演变研究

陆俭明（1992）以形式与意义相互结合的标准对补语进行分类，共形成一个包含三个标准、三个层级，总共九种类型的补语系统。首先，根据充当补语成分的词性，将补语分为谓词性成分充当补语的动补结构、介词结构充当补语的动补结构以及数量词充当补语的动补结构三类；在此基础上，从结构特点角度出发，将由谓词性成分充当补语的动补结构进一步分为动词与补语之间直接粘合的、动词同补语之间需用“得”组合的以及动词与补语之间需用“个”组合的三个下属类；最后，从补语与动词二者之间语义关系的角度出发，把动词与补语之间直接粘合的动补结构再分为结果补语、趋向补语和程度补语三个小类，将动词同补语之间需用“得”组合的动补结构细分为可能补语、状态补语和程度补语三个小类。本书对非常规动补式句法语义演变的研究，主要涉及结果补语、趋向补语和程度补语三个类别，除此之外还包括虚化完结成分。下面，我们从结果补语、趋向补语、程度补语以及虚化完结成分四个方面，对前人的研究进行论述。

1.3.1.1 结果补语演变研究

结果补语演变的研究，主要是指结果补语向虚化结果补语的演变，这里的“虚化结果补语”是指语义上发生了一定程度虚化现象的研究，以个案研究为主，主要体现在对“满”“破”和“穿”作为补语的研究方面。

有关“满”演变研究方面，王红旗（1999）对“V满”类结构中“满”对所搭配动词的句法要求进行了考察，并且认为“V满”类结构在分布方面最重要的特征是能够形成存现句。沈敏（2007）在借鉴前人研究的基础上，将“V满”进一步分为“V满$_1$”和“V满$_2$”，并将区分的标准表述为“其后能否与表达确定数量的成分或者含有［+数量］这一语义特征的有关名词组配”。易查方（2008）在对“满”多义性分析的基础上，把“V满”详细划分为“V满$_1$”与“V满$_2$”，并在语义分析的基础上，从历时和共时两个层面对“V满”这一结构以及相关问题进行了研究。齐若冰（2015）从历时和共时角度对动结式“V满”进行了研究，其中历时层面主要是对“V满”的历时演变以及词汇化的探究，共时方面则主要是对“V满”句法语义属性的探讨。

有关“破”演变的研究，共包括历时和共时两个层面，以历时层面的研究为主。历时层面，徐丹（2005）的研究发现，“破”和汉语中其他一部分动词发生了非常类似的变化，由典型动词逐渐扩展为非典型动词甚至转变为形容词，由于这一变化，“破”与其他形容词一样，在动补结构里常用来作下字。石慧敏（2010）认为动结式“V+破”中作为补语的“破”既可以表示具体结果义“完整的东西受到破损”，又可以表达“真相显露”以及“破除”“突破”的抽象结果义，“破”语义的虚化与搭配的动词以及“V+破”后接的宾语都有一定的相关性，石文从历时角度对“V+破”的产生及演变过程进行了考察，找出了相应的动因，并从认知角度做出了解释。姜灿中（2016）从历时构式语法的角度，探究了“V+破”动结式的相应构式意义以及形式演变的过程，对“V+破”形式与语义特点、构式化以及构式演变的过程、发挥作用的机制进行了探讨。文旭、姜灿中（2018）在构式语法的框架之下，基于语料库对“V+破”动结式构式从组合性、能产性以及图式性三个相关维度进行了考察，找出“V+破”动结式的构式意义和形式的演变过程，对这一构式层级的发展做出了动态的解释。共时层面的研究比较少，主要是邓亮、姜灿中（2016）“V+破”动结式层级特征以及构式属性的研究。邓亮、姜灿中（2016）基于构式语法的相关理论，对“V+破”动结式的语法语义特征进行了考察，在此基础上建立起相应的构式层级，对现代汉语动结式的构式属性以及构式层级关系进行了探索。

有关“穿”演变的研究，薛李（2010）在大规模语料库的基础上，对“V+穿”动结式进行了考察。薛文对“V+穿”结构式中“穿”的语义进行分析，找出其所有的语义类型，并从历时角度对“V+穿”结构式的发展与演变进行了探究，找出了相应的演变动因和机制。朱彦（2010）基于意象图式理论，对动词“穿”的多义体系进行了探究，找出空间运动动词“穿”的二十多种不同的意义，在此基础上形成了一个呈现出辐射结构的多义体系，并对这一多义体系中不同义位之间的连接机制进行了考察。

1.3.1.2 趋向补语演变研究

趋向补语演变研究方面，不包含趋向补语进一步虚化为完结成分这一情况，对于这一现象，我们将在1.3.4中进行介绍。目前，对趋向补语演变的研究主要以个案为主，如江蓝生（1995）、曹广顺（1995：105）、蒋冀骋和吴福祥（1997）、梁银峰（2007：153）对于“来”虚化的研究，李崇兴（1990）、陈泽平（1992）、刘坚等（1992）、梁银峰（2007）对“去”虚化的研究等。与本文密切相关的，主要是对“开”和“起”的演变研究。

有关“开”演变的研究，包括历时和共时两个方面。历时层面，刘月华（1998：381—395）、王国栓（2005）和宋文辉（2007）认为“V+开”结构中的“开”包含趋向、结果和状态三个不同角度的意义。在此基础上，刘月华（1998：381—395）、宋文辉（2007）和梁银峰（2007）认为其语义扩展的路径为趋向意义到结果语义再到状态意义。王国栓在对“开”的演变从历时角度研究后发现，“开”最先出现的并不是趋向义，而是结果义。

孙鹏飞（2008：39）在刘月华（1998：381—395）对“V+开”结构分类的基础上，进一步提出补语“开”发生了从表达动作结果义到表示位移义再到表示起始义的语义演变过程。

共时层面，王宜广、宫领强（2015）基于概念结构理论，以“V+开”为例对汉语动趋式的相关概念语义要素进行探究，在对各概念语义要素之间关系以及相关变化分析的基础上，探讨了“V+开”语义扩展的路径。周红（2017）基于意象图式理论，对“V+开”结构的语义进行研究，认为“V+开”结构与驱动—路径图式相关联，最初作用于空间域，然后扩展到其他认知域，“开”在这一放射性隐喻扩展中形成了诸多语义类别。

有关“起”演变的研究，历时层面，张静（2005）对“V+起”结构的句法和语义进行了分析，并运用语法化理论对其演变过程进行了考察。杨万兵（2006）认为“起”的语义发生了由“站立、起来”经“站立的结果、样子”到“因为身体动作使对象产生位移的结果”再到“更为抽象的动作行为”这一演变的过程。赵瑞（2014）对“V+起”结构及其相关问题进行了研究，对“V+起”中“V”和“起”的语法意义进行了考察，并从历时角度对“V+起”的演变过程进行了探究，找出了相应的动因和机制。余娟娟、冯青（2015）对从历时角度出发对结果体和起始体“起”的语法化过程进行考察，据此推测出“起”相应的语法化路径：由趋向义扩展到结果义再到持续体，并运用语言类型学相关理论和认知语言学相关理论证明了这一发展变化的可能性。

共时层面，徐静茜（1981）对“起”的虚化用法进行了分析，并与“上”的虚化用法进行了比较。刘月华（1998：317—340）将“起”的意义概括为趋向义、结果义和状态义三类。周红（2017）基于意象图式理论，对“V+起”的方向特征和语义演变进行研究，认为“V+起”与驱动—路径图式相关联，由空间域扩展到时间域和状态域等其他认知域，在这一过程中“起”的语义发生了泛化和虚化。

1.3.1.3 程度补语演变研究

程度补语演变的相关研究比较多，包括个案研究和整体考察两个方面。

个案研究中，历时层面，李立成（1995）认为近代汉语中“死”和“煞”及二者的相应变体是从动词虚化而来，二者所具有的补语用法最早出现在南北朝时期。唐贤清（2004）、唐贤清、陈丽（2011a，2011b）分别考察了“煞”“死”充当程度补语的历时演变过程，并对这一历时角度得出的结论从类型学跨语言的视角找出相应的理据。朱赛萍（2006）认为“死”作为程度补语时，极性意义的获取是由于两次的词义跃升，而词义跃升的推动力则是人类相关的认知途径以及“死”这一类词的词义所具有的特殊性。李宗江（2007）对“死”“抵死”“没命”“拚命”“死命”“要命要死”等一系列含有死义动词的虚化轨迹进行探索，认为它们都发生了相同的虚化轨迹：由表示失去生命义的动词虚化为表达情状的副词，再进一步虚化为表达某种量特殊的副词，相应的作用机制则是类推和语境脱离。共时层面，宗守云（2010）认为补语“透”既可以充当结果补语，又能够充当程度补语，后者的用法是从前者扩展而来，“V/A＋透”含有多种意义，这些不同意义之间有着共时层面的语义联系，具体呈现为语义的虚化以及泛化，隐喻和转喻则是相应的作用机制，并从历时角度对共时层面的语义关联进行了验证。林华勇、甘甲才（2012）结合共时和历时两个层面，对“透”的语义演变过程进行考察，发现“透”语义的演变过程为由结果义扩展至状态义再到程度义，并且“V＋透”结构中的“透”不宜看作程度副词。

整体考察方面，张谊生（2000a）从句法功能的角度出发，认为在现代汉语当中除了“极”“很”之外，还有很多程度副词也可以充当补语，包括兼指担任补语的“可补副词”和专门担任补语的“唯补副词”，前者包括“死”“煞”“甚”“极”等16个，后者严格意义上只包括“坏”“透”“慌”“透顶”“绝伦”5个。刘兰民（2003）对极性程度补语“死”“坏”“透”“极”的句法、语义以及语用三个方面的特点进行了分析，在此基础上指出这几个词在充当结果补语时的语义与充当极性程度补语时的意义并不相同。卢雪梅（2015）对现代汉语当中含有消极义的词或者短语充当程度补语的这一语法现象进行了考察，研究发现共包含消极心理感受、消极生理感受以及消极状态或者评价三个类别，并且从历时层面对这类含有消极义词语由作为谓语到作为程度补语的演变过程进行了探究。周红兵（2016）同样注意到这一现象，通过对极性程度补语语法化相关特征的分析，发现越是带有比较重的消极意义、越是表达不好结果的实词，越是倾向于演变为极性程度补语。

1.3.1.4 虚化完结成分演变研究

虚化完结成分的特点是语义虚化，具有表示完结的语义功能，但是虚化的程度相比于体标记要低，仍然带有一定的词汇性，常见的有“掉”“住”“好”“成”“完”“到”“出”“上”“下”“过”等（董秀芳，2017）。吕叔湘（1980）将这类成分与前面的动词共同处理为“短语动词”，薛红（1985）将这类成分称为“后项虚化的动补格”，朱景松（1987）将这一类成分称作“引申意义的补语”，刘丹青（1994）将这一类成分处理为“唯补词”，玄玥（2010）将这类成分称为“虚化的结果补语”，董秀芳（2017）则认为这种表完结的成分实际上是通过结果补语或者趋向补语虚化而来的，其来源不仅仅只局限于结果补语，称作“虚化完结成分”更为妥当。

目前对于虚化完结成分的研究，主要集中在个案研究，如邵敬敏（1988、1990）、冯广艺和许艳平（2003、2004）、玄玥（2006）对“V成”的探究，朴奎荣（2000）、邢贺（2005）、刘焱（2007）、陈洪磊（2009）、王丹荣（2014）对“V掉”的研究，朱景松（1987）、陈梅（2008）、曾李，吴振国（2017）、陈禹（2018）对“V好”的讨论，邱广君（1995）、信晓倩和卢卫中（2015）、常娜（2016、2018）、王宜广和宫领强（2018）、郭晓麟（2018）对“V上”的探讨，赵莹（2010）、程敏（2013）、杨露（2018）对“V下”的探析，任鹰和于康（2007）、蒋绍愚（2011）、李燕（2011）、李思旭和于辉荣（2012）、肖敏（2013）、刘仪蒙（2014）对“上”和“下”的讨论，曹晋（2005）、范丽芳（2008）、王晓红（2009）对“V住”的探讨等。与本文紧密相关的，是有关“掉”的虚化研究。

有关“掉”的虚化研究，朴奎荣（2000）对“V掉”结构中动词的句法、语义特点进行了归纳概括，在此基础上根据归纳出的动词所具有的语义特点，来对“掉”的“消失”义是如何形成的进行说明。邢贺（2005）从语义角度入手，对现代汉语当中“掉”具有的各种用法进行分析，对“掉”所具有的基本语义特征进行描写，从而概括出与“掉”相关的基本句模，并且对“掉”的隐喻扩展用也进行了探究，对“V+掉”的历时用法进行了考察，找出“V+掉”虚化的相应动因。刘焱（2007）将“掉”的共时意义概括为“客体脱离”“客体消失”和“行为的结束或状态的实现”三个类别，认为三种类别的意义之间历时方面也经历了由具体到抽象的虚化、扩展过程，“（V）掉”的共时用法与历时演变之间存在着相互对应的关系，而“掉”虚化的相应机制则是隐喻和转喻。陈洪磊（2007）对“V+掉”的句法语义以及“掉”的虚化过程进行了分析，从历时角度对“V+掉”的演变过程进行探究，描述了在这一过程中“掉”的语义经历了由表示本义到“去除”义再到“离开”义，最后到“已然”义的衍化路径，并对“掉”虚化的动因进行了考察。谢翠凤（2008）对现代汉语中补语“掉”的语义类型、“V+掉”的句法语义特点以及“掉”参与组成的情状进行了探究。曹晋（2009）从历时层面对“V+掉”由连动式发展为述结式的变化过程进行了考察。王丹荣（2014）基于语义特征，认为“V+掉”结构中“掉”的虚化意义包含“消失”义、“完成”义以及“状态实现”义，“掉”经历了由表达本义到脱落义至消失义，再到状态实现或动作完成义的衍化路径，而虚化的机制则主要包括句法语义互动、语义隐喻两个方面。

1.3.2 非常规动补式相关研究

语言中存在大量的非常规句法结构，以往语法学界主流不太重视这类语言现象，这些结构近些年越来越引起功能语法学者的关注，本文所研究的非常规动补式就属于这类结构。

根据江蓝生（2016），非常规结构式是常规结构式通过一定的方式，实现超常组合的结果，具体表现为组合成分的词类变异、义类变异、词义变异以及组合成分的省略、添加、紧缩、叠合等方式。换句话说，非常规结构式实际上就是常规结构式的非常规组合，或称超常搭配。王德春（1987）指出，超常搭配是指两个词打破规范而搭配在一起使用，包括打破语义限制的组合、打破范围限制的组合，以及突破习惯限制的组合三种类型。张寿康（1988）提出了词语的“常式搭配”和“变格搭配”概念。

目前对非常规结构式的研究，主要是对动名非常规搭配的研究，陶红印（2000）通过对“吃 + N”在实际语料中用法的研究，认为动词的论元结构在本质上具有动态性和开放性，而动词论元变化的一个必要条件是动词的高频性。谢晓明、王宇波（2005）从概念整合角度对动宾超常搭配进行了研究，认为超常的动宾搭配实际上都是经过概念意义的整合而构成的。李强（2015）从生成词库论角度对“读 + N”的搭配组合情况进行了考察，认为宾语自身的物性角色可以解释“读 + N”非常规结构的形成。陈建萍（2018）从义素层级析出角度对“行走”类单音节动词构成的“走 + N”“跑 + N”非常规结构进行了探究，认为“走 + N”“跑 + N”非常规结构是义素层级析出的结果。

而有关非常规动补式的相关研究尚不多见，比较有代表性的是冯广艺（1993）和吕晓华（2012）的研究。冯广艺（1993）从语义角度对含有“得”的组合式动补超常结构进行了研究，将其分为相悖式、强粘式、摹绘式、夸巧式 4 种语义类型，但并未涉及粘合式动补超常结构，而这正是本书要研究的对象。吕晓华（2012）对动补结构超常搭配进行了界定，并对其句法、语义以及语用等有关方面的特点进行了分析和描写，但并未对其演变过程、相应机制和动因进行探讨。

目前对非常规动补式演变的研究，无论是个案研究，还是系统性研究，都还不够充分，还有很大的挖掘空间。并且，对于非常规动补式演变过程中作用机制的探讨，大多数只停留在指出、描写的表层阶段，并未对相关机制作具体分类，也未对机制的具体作用方式进行探究。动因方面也同样缺乏系统的研究，而且从认知角度对有关动因进行探讨的研究还比较少，仍有不少的研究空间。

1.3.3 对当前研究情况的总结

可见，目前对于非常规动补式还未形成一个明确、统一的认识，尽管在对相关补语演变过程的探讨中常会涉及非常规动补式，但专门性的研究不多，系统性研究则更少。而且，对于非常规动补式演变过程中机制和动因的探讨，研究还并不充分，仍有很多需要研究的问题。因此，对非常规动补式演变过程、作用机制和动因的探讨，具有很强的迫切性，值得我们去思考和探索。

1.4 理论背景

近些年来，随着语言学研究的不断发展，以往语法学界不太重视的语言现象开始得到学界的重视，涌现出认知语言学、功能语言学以及互动语言学等新的语言学派。这些新的理论，让我们能够以一种动态的观念来看待语言，语言相关结构的形成和演变都受到语言使用的影响，且一直处于动态的变化之中。我们对现代汉语非常规动补式句法语义演变的研究，基于的理论背景主要为构式理论、语言动态观与浮现语法、语言演变理论、认知语言学相关理论以及互动语言学相关理论。

1.4.1 构式理论

构式语法（Construction Grammar）是一批国外学者语20世纪80—90年代在认知语言学相关理论框架下，反思转换生成理论不足的过程中逐渐形成的理论体系。根据王寅的说法（2012：105），在西方构式语法理论起源和发展的过程中，发展至今已经产生了四个比较成熟的流派：Fillmore等人的构式语法（Construction Grammar）、Goldberg的构式语法（Construction Grammar）、Langacker的认知语法（Cognitive Grammar）以及Croft的激进构式语法（Radical Construction Grammar）。其中，Goldberg是构式语法当中的领军人物，她综合了Lakoff的原型范畴以及隐喻等理论、Filmore等的框架语义学、习语分析和构式语法以及Langacker的认知语法的基本观点，在此基础上创立了认知构式语法理论。

Goldberg（1995）提出构式语法不仅仅是一种语言研究的理念，还是一种语法理论的模型。她明确指出，构式语法在很大程度上借鉴了框架语义学和基于体验的相关语言研究方法，以及Langacker（1991）所提倡的以言者为中心的对“情景”（Scene）的识解（吴为善，2016：4）。在此基础上，Goldberg（1995）将构式定义为“当且仅当C作为形式与意义的结合体

<Fi，Si>，Fi 的某些方面或 Si 的某些方面不能从 C 的构成成分或从已经确立的构式中精确地推导出来时，C 就是一个构式。”此后，Goldberg（2006）进一步对构式为“形式和功能”匹配体的这一属性进行了强调，各个层面的语法分析都与构式密不可分。基于此，Goldberg（2006）对构式的定义进行了修正：“任何语言结构，只要在形式或功能的某个方面不能从其组成部分或其他已知构式中严格预测出来，就可视为构式。即使是能够被完全预测出来的语言结构，只要有足够的出现频率，也可被视为构式。”可以发现，Goldberg 对构式的定义，由“形式与意义”的匹配扩展到“形式与功能”的匹配，这就表明对构式的研究不再从单纯的语义分析进行，而是囊括了语义、语用以及认知等多个方面在内的更为全面、深入的分析。

构式语法理论的另一个重要来源，是 Croft（2001）的“激进构式语法”（Radical Construction Grammar，简称 RCG）。激进构式语法吸收了 Lakoff 和 Goldberg 以及 Langacker 的原型范畴理论以及基于用法的模型，对构式持有“非分解观”（Non-reductional View），反对构式成分自治论的观点，并且从类型学角度出发倡导运用语义映射和句法空间理论对构式进行分析。其中，Croft（2001）所说的“激进”，主要包括以下几个含义：第一，用“构式的原素性”来替代“句法范畴的原素性”；第二，用“构式关系”和“部整关系”来代替“句法关系”；第三，运用“整体观”取代“分解观”；第四，用“多样性”以及“独特

性”来代替“普遍性”；第五，用“具体动词类构式”来替代“独立的抽象构式”；第六，使用“句法空间”来取代“句法形式特征”。概括来说，Croft（2001）所倡导的“激进构式语法”认为，各种构式（从词汇层到词法层，再到句法层）在“句法空间”（Syntactic Space）中构成一个连续体，难以在其中作出准确的切分，并且一种构式系统只能从属于一种语言（王寅，2012：111—113）。

国内互动构式语法（Interactive Construction Grammar）由施春宏（2014、2015a、2015b、2015c、2016）首先提出。互动（interaction）意味着各个相关成分、结构的相互促发、相互制约，是多因素合力作用于特定结构和系统的运动状态和方式。面对如此纷繁复杂的多重互动的动因和机制，因此需要建立更为适合的互动观，可称之为“多重互动观”（Multi-interactional View）。“多重互动观”认为，一切大大小小的、或具体或抽象的构式，都处于各种互动关系之中，既包括语言系统内部各组成部分的互动关系，也包括语言之内与语言之外的互动关系，一切构式都是多重因素互动作用的结果。从构式本身来看，互动主要包括构式中不同组构成分之间的互动、构式与组构成分之间的互动，以及不同构式之间的互动三个方面。除此之外，互动还包括“界面互动”，即影响构式形式与意义的作用因素之间的互动，包括语言系统内部各个界面、各种范域之间的相互作用。从构式外部来看，互动还存在于构式与外部句法成分之间。

1.4.2 语言动态观与浮现语法

所谓“动态”，是指语言在使用中不断发生变化，始终处于不断的构建中，我们捕捉到的“结构”等，都是在使用中产生并逐渐定型的，且仍处于变动中（张伯江，2009）。不同于20世纪形式学派把语言看作封闭自足的、匀质稳定的观点，功能语言学派则认为语言结构和规则来源于语言的运用，语言结构和规则不可能跟交际者以及语境无关，语言不可能是一个独立的系统。在此基础上，Paul Hopper（1987）提出了浮现语法（Emergent Grammar），浮现语法是语言动态观的重要体现，下面我们对此进行具体介绍。

浮现语法主张“用法先于语法”，任何一种语言的语法都具有不确定性，从来都不会处于最优的状态，而是一直处于演变的状态。除Paul Hopper外，Sandra Thompson、Talmy Givón、John Du Bois、Joan Bybee等也都是这一理论主张的主要倡导者。他们认为：语法是凝固的话语，结构和规则是在语篇中形成、被语篇所塑造的，并且始终处在这一塑造过程之中。换句话说，“昨天的章法就是今天的句法”（Givón，1979）。

对于“浮现”的性质，Hopper（1987）强调了语言变化的不稳定性和非预期性，Traugott（1988）认为“浮现”是语言运用的合乎逻辑的自然的、必然的结果，Joan Bybee（2001）从认知角度对用法问题进行了探讨。

浮现语法与语法化有一定的相关性，但语法化研究更侧重历时的考察，关注语法中的形式从何而来，以及语法中的范畴从何而来。与语法化（Grammaticalization）相比，浮现语法研究则更多地关注共时系统中的变异，尝试从共时差异中透视历时演变的规律，关注从章法到句法的演变以及从句法范畴到语用范畴的演变。[1]

1.4.3 语言演变理论

从历时角度对句法结构的特点以及演变规律进行探索，一直是历史语言学研究的重要课题。语言演变理论，主要包括语法化和词汇化两个方面。

1.4.3.1 语法化理论

"语法化"这一术语最早由法国语言学家 A. Meillet（1912）提出，用来指称一个词语逐渐演变为附着语素，再由附着语素衍化为词缀的过程。并且，提出了三条非常重要的观点：第一，通过虚化形成的新的语法形式会造成整个语法系统的变化；第二，虽然语法化可以细分为不同的各个阶段，但仍是一个连续不间断的过程；第三，虚化的程度与使用的频率成正比（沈家煊，1994）。在国内语法学界，沈家煊是较早引用语法化理论来解释汉语当中

1 参考方梅：《浮现语法：基于汉语口语和书面语的研究》，北京：商务印书馆，2018 年，第ⅱ至ⅳ页。

的演变现象的学者之一。沈家煊（1994）将“语法化”定义为，一般用来指语言中原本语义实在具体的词逐渐转化为无实在意义、只用来表达句法功能的成分这一现象或者过程，中国传统的语言学将其称之为“实词虚化”。吴福祥（2004）对“语法化”进行了更加完整的定义，将其表述为“语法范畴和语法成分产生和形成的过程或现象，典型语法化现象是语言中意义实在的词语或结构式变成无实在意义、仅表语法功能的语法成分，或者一个比较虚的语法成分变成更虚的语法成分”。

语法化理论的主要观点包括三个方面：第一，语言是不断发展变化的，共时语言系统之中出现的不规则以及变异现象，本质上体现的是正在进行过程之中的演变（Croft，2003：232）。因此，所有共时的语言系统都为开放的、动态的异质系统。语言与语言之外的语用、认知以及社会因素息息相关；第二，语言是历史形成的产物，语言的共时状态是其历时演变产生的结果，许多共时现象的解释和研究都离不开历时维度，共时语言状态中存在的变异现象以及交替形式，都为历时研究提供了非常重要的线索（Givón，1979；Heine et al.，1991）；第三，语言演变这一过程中存在的过渡状态以及共时语言系统中大量存在的多义、歧义、兼类与类属不明等现象都表明语言范畴具有连续统（continuum）性质，各个不同范畴之间并不存在清楚的边界（Heine et al.，1991：2—3）。

除“语法化”的定义以及主要观点外，对其机制的探究也是诸多语言学家研究的重点。法国语言学家 A. Meillet（1912）认为，语法形式的产生主要包括两个过程：一个过程为“类推”（analogy），指一个形式由于与另一个形式相类似而形成；另一个过程为“语法化”，指一个原本独立使用的词转变为表达句法功能成分的过程。需要说明的是，A. Meillet（1912）这里所说的“语法化”，跟现在的含义并不相同，而是“重新分析”（Reanalysis）。由此可见，A. Meillet 认为语法化的机制包括两个：一个是类推，另一个是重新分析。Bybee 等人（1994）从语言类型学视角出发观察语言的历时变化，在对 76 种不同族系、地区、类型的语言调查的基础上，发现语法化的机制主要包括五种：分别为推理（inference）、隐喻（metaphor）、和谐（harmony）、泛化（generalization）以及吸收（absorption of context）。除“推理”纵观语法化的整个过程之外，其他几个机制分别发生在过程的早期阶段（隐喻、泛化）、中期阶段（泛化）和晚期阶段（和谐、吸收）。Harris 和 Campbell（1995）认为，句法演变包含三个基本的机制，分别为“重新分析”（reanalysis）、“扩展”（extension）和“借用”（borrowing）。Heine（2003）、Heine 和 Kuteva（2007）等则认为，语言的语法化涉及四个互相联系、密不可分的机制，分别为扩展（extension/context generalization）、去语义化（desemanticlization orsemantic bleaching）、去范畴化（decategorization）以及消蚀（erosion）。吴福祥（2013）在历史句法理论的基础之上，将人类语言语法演变的基本机制归纳为四种：分别为属于内部机制的重新分析和扩展，以及属于外部机制的语法借用和语法复制。包括重新分析和类推在内的内部机制是语言内部独立进行语法演变的主要途径，而包括语法借用及语法复制在内的外部机制则是缘起于语言接触，是句法成分、语法意义和语法结构等进行跨语言迁移的主要途径。[1]

1.4.3.2 词汇化理论

“词汇化”经常用来指称两种截然不同的语言现象：历时意义上的词汇化和共时意义上的词汇化，我们这里只对历时意义上的词汇化进行简单的介绍。Anttila（1989［1972］：151）将“词汇化”（Lexicalization）定义为某个特定的形式不再具有规则的语法性规律。Blank（2001）、Lehmann（2002）认为“词汇化”是指进入到词库中，成为词库当中储存的整体性单位以及归约性成分。Brinton 和 Traugott（2005：95—98）在前人研究的基础上，将“词汇化”界定为：在特定的语言背景下，语言使用者通过使用一种构词或者句法结构作为新的实义形式，而且其形式和语义特征无法完全从结构的组成或者构词的类型推导、派生出来。经过一定时间的演变，已经发生词汇化的项目还有可能进一步失去内部的组构性，进一步进行词汇化。具体来说，词汇化是一种形成新的词汇性形式的历时演变，词汇化的输入端可以为任何形式的总藏，包括句法结构、构词甚至是一些句法性项目，一

1 参考吴福祥：《关于语法演变的机制》，《古汉语研究》2013 年第 3 期。

般来说它们都具有明确和特定的语义。而输出端则可以是任一复杂实义（词汇性）形式，语言使用者必须通过习得才能够掌握。词汇化的演变不是一蹴而就的，而是渐变的一个过程，经常存在中间、交叠甚至不确定的状态，包括形式的不断融合（Fusion）、消减以及组构性语义的习语化和消失。词汇化之后，还有可能再发生结构和语音的变化从而造成进一步的词汇化。概括起来，词汇化所研究的对象，不仅包括单词性词汇单位，还包括多词性的词汇单位。[1]

1.4.4 认知语言学理论

认知语言学形成于20世纪70年代末期，发展至今已有四十多年历史。其主要观点为，语言能力是人类认知能力中不可分割的、非常重要的一部分，语言本身并不具有自治性。现实决定认知，认知决定语言，语言是人们对现实世界进行认知加工以及互动体验的结果。因此，我们必须从人类的感知体验以及认知加工两个方面，对语言的来源进行解释。在对现代汉语非常规动补式的研究中，我们主要用到认知语言学中的原型范畴理论、隐喻和转喻理论、意象图式理论、构式和多重互动理论以及范畴化和去范畴化理论。

---

1 转引自刘红妮：《词汇化和语法化》，《当代语言学》2010年第1期。

1.4.4.1 原型范畴

Wittgenstein（1953）在对游戏（game）研究的过程中发现，什么为游戏，而什么又不是游戏，实在难以进行清楚、准确的界定。在此基础上，他对传统的经典范畴理论重新进行了审视，对二分逻辑进行了深刻的反思，提出范畴的边界并非清晰明确，而是具有不确定性，典型成员、非典型成员与边缘成员之间存在隶属度的差别，从而提出了著名的“家族相似性”（Family Resemblance）理论。家族相似性理论认为，一个家族成员之间都存在一些相似之处，只是彼此之间的相似程度情况不一样。

在此基础上，原型范畴理论认为，范畴连贯性是通过家族相似性建立起来的，家族相似性能够将所有的成员联系起来。因而，范畴内部呈现出“辐射状”，也就是 Lakoff 所提出的“辐射性范畴”（Radical Category）。在辐射性范畴中，范畴的中心成员是清楚的、明确的，基于它可以不断向外进行辐射，从而造成某些范畴的边界具有不确定性，范畴内的成员地位并非平等，而是存在典型程度上的差异。并且，范畴与范畴之间不一定是二分的，可能会有部分重合或者难以明确区分的情况存在。[1]

1.4.4.2 隐喻和转喻

Lakoff 和 Johnson（1980）将隐喻（Metaphor）正式看作

1 关于原型范畴理论的阐述，参考了王寅：《什么是认知语言学》，上海：上海外语教育出版社，2012 年，第 33—35 页。

一种人类的认知方式，通过一个认识域来认识和理解另一个认识域，并且还是人们认识世界、组织思维、进行推理以及构建语言等重要活动中必不可少的心智机制，这一观点被称为“隐喻认知理论”（Cognitive Theory of Metaphor），又叫“概念隐喻理论”（Conceptual Metaphor Theory）。隐喻既不存在于客观世界之中，也不在语言之中，而根植于心智和体验之中。

一般来说，人们倾向于用具体的、已知的、可见的事物来映射认识抽象的、新知的、不可见的事物。Lakoff 和 Johnson（1980）共列举了 82 条概念隐喻，并将其归纳概括为三大类：第一类为结构性隐喻（Structural Metaphors），在隐喻性转用的过程中，不仅是概念域中的某个概念，而且一个概念域中的多种语义结构系统地映射到另一个概念域之中；第二类为方位性隐喻（Orientational Metaphor），在这一类隐喻中，“方位”作为人类跟现实世界之间互动所形成的最基本经验，可以映射到时间、动作以及其他一些抽象概念的若干概念域之中。第三类为物体性隐喻（Ontological Metaphors），这一类隐喻的特征为运用具体概念域来认识和理解另一个概念域，又包括实体和物质隐喻（Entity & Substance Metaphors）以及容器隐喻（Container Metaphors）两个小类。[1]

转喻（Metonymy）又叫“借代”，认知语言学认为转喻不

1　关于隐喻理论的阐述，参考了王寅：《什么是认知语言学》，上海：上海外语教育出版社，2012 年，第 129—131 页。

是一种特殊的修辞手段，而是一种一般的、常见的语言现象。转喻不仅仅是一种语言现象，还是人们一般的行为和思维方式。我们日常生活中的“思”和“行”所依赖的概念系统，从根本上来说具有转喻的性质。转喻的认知模型为：第一，在某个具体的语境当中，为了达到某种目的，需要指称一个“目标”——概念B；第二，概念A用来指代概念B，而且A和B必须要在同一个“认知框架”内；第三，在同一个“认知框架”内，A和B的关系十分紧密，密切相关，当概念A被激活的同时，概念B（一般来说只有概念B）也会被顺带激活；第四，概念A顺带激活概念B，概念A在认知上的“显著度”一定比概念B高；第五，转喻的认知模型为概念A和概念B在同一“认知框架”内相互关联的模型，这种相互关联可以称为从概念A到概念B的函数关系[1]。

除了转喻的认知模型，其认知框架也是研究的热点。所谓“认知框架”，是指人们依据经验建立起来的一种概念和概念之间的相对固定的关联模式。对于人们来说，所有的认知框架都是“自然的”经验类型。认知框架为人们心理上的“完形”（Gestalt）结构，完形结构自身作为整体，相对于它的组成部分在认知上要更加简单，从而更容易被识别、记忆以及使用。转喻的认知框架主要包括以下几个：1. 容器—整体，如壶和壶中的

1 近代数学将函数看作对应或者变换。假设概念A和概念B为两个集合，如果对于A中的每个元素都要一个对应的法则，使它与B中的某个元素b相互对应，这个对应法则可确定为从A到B的函数。

酒、胃和胃里的食物等；2. 整体—组成部分，如一年和四季、人体和四肢等；3. 领有者—领有物，如小孩和玩具、学生和书包等；4. 劳动者—工具，如铁匠和斧子、作家和笔等；5. 物体—性状，如男孩和胖瘦、椅子和大小等；6. 机构—所在地，如中国国务院和中南海、美国政府和白宫等；7. 当事—经历/行为等，如她失败了、宝宝哭等；8. 施事—动作—结果/受事，如小明写字、老王开车等；9. 施事—动作—目标/与事—受事，如老张把包放在盒子里、小明送妈妈一束花等。

概念 A 转喻概念 B，除了二者必须在同一个认知框架内，概念 A 还必须比概念 B 显著，概念 A 才能够成功附带激活概念 B。用相对显著的事物来转喻不显著的事物，这是一般规律。显著度（Salience）是认知心理学当中的一个基本概念，显著的事物是指更容易吸引人注意力的事物，是更容易识别、处理以及记忆的事物。事物的显著度的差异存在一些基本的规律，如在一般情况下，整体比部分要更加显著，原因在于大比小要更加显著；容器比内容要更加显著，原因在于可见的比不可见的要更加显著；有生命的物体比无生命的物体要更加显著，原因在于能够活动的比不能活动的要更加显著；再如具体的事物比抽象的事物显著度高，近的事物比远的事物显著度高。[1]

1　关于“转喻”的论述，参考了沈家煊：《认知与汉语语法研究》，北京：商务印书馆，2009 年，第 31—38 页。

概括起来，隐喻和转喻是人类最为基本的认知模式，是使得语言的词汇意义以及语言的表达不断丰富、更加生动的基本手段。运用隐喻和转喻，不仅能够对很多修辞想象进行解释，而且能够解决很多词义发展过程中的问题，同时对某些语法现象形成更加深刻的认识。

1.4.5 互动语言学理论

互动语言学（Interational Linguistics）兴起于20世纪90年代，是在话语功能语言学的基础上扩展而成，立足于互动行为的语言研究。互动语言学家认为，自然语言所具有的最基本特征是在语言交际所处的动态环境中塑造而成的，是适应交际环境而形成的产物，换句话说，语言自身就是交际架构的一部分（Scheglogg，1996）。语言是行为组织、社会交际的重要资源，对语言的研究必须以在真实交际互动环境中自然发生的语言为研究对象，同时立足于言谈参与者的整个互动过程，并且基于语言使用的真实环境——互动中的交流（Talk-in-interation）从事实证性的研究。这要包含两个方面：一是要从语言的多个方面（如词汇、句法、语义、语用、形态、韵律等）着手，探讨语言结构是怎样在互动交际中被创造的；二是在社会交际的过程中，言谈参与者的会话行为（Conversational action）和交际意图是怎样通过语言和非语言的多模态资源（如手势、眼神、身势、面部表情等）来实现的（方梅、李先银、谢心阳，2018）。

互动语言学特点概括起来，主要包括以下六个方面（Couper-Kuhlen & Selting，2018：7）：第一，立足于自然、真实发生的谈话录音或者录像材料；第二，通过标注系统对语料进行转写，最大程度上忠实客观地反映互动中的谈话的相关特征；第三，采取"分析的心态"（Analytic mentality）对现象进行观察，不带有理论先设；第四，通过对语料集合的整体编排，从而对所分析现象的多种实例进行体现，或者通过选择单个案例，对其进行深入的分析和研究；第五，对语料的分析旨在对互动成员传情达意（Sense-making）的方法进行重构；第六，其通过分析得出的论断可以运用"下一话轮证明程序"（Next turn proof procedure）进行验证，或者通过对言谈相关参与者的观察得到验证。互动语言学的目标概括起来，主要包括三个方面：第一，把语言结构看作互动资源，并且对其做出功能描述；第二，对通过话语实践形成的惯例作跨多种语言的比较；第三，对在社会互动中的语言组织方式以及实践进行解释，从而在概括的基础上得出具有普遍性的结论。

近些年，互动语言学研究的重要课题包括交际行为与句法的关系、会话序列与句法选择、在线生成的语法、互动言谈的基本单位、位置敏感的语法、形式验证、韵律表达与句法表达的关系以及多模态研究等。互动语言学非常重视对自然口语的探究，将句法看作互动的资源并且在交际互动的过程中被塑造，主张将句法研究在社会互动的基础上进行。因为汉语缺少句法曲折，因而对句法的研究实际上就是用法研究。从互动视角出发进行分析，能够更好地将汉语的特点揭示出来。

1.5 研究思路与研究方法

本书的研究对象是非常规动补式，对非常规动补式的句法语义演变过程以及相应的作用和机制进行探讨。下面，我们对研究思路和研究方法进行简单介绍。

1.5.1 研究思路及可行性

1.5.1.1 研究思路

本书在语言动态观下，以构式理论、浮现语法和语言演变理论为基础，结合认知语言学、互动语言学等理论，对现代汉语非常规动补式的句法语义演变过程、演变机制、演变动因等进行系统性研究。

1.5.1.2 补语和状位成分分别演变问题

本书对非常规动补式句法语义演变的研究，整个演变过程中所有的阶段都为动补结构，不包含其他结构形式。根据前人研究，在现代汉语当中存在一些副词，它们既能够充当补语，也能够作为状语，张谊生（2000）将这类副词称为“可补副词”，包括“很”“极”“死”“甚”“尽”“煞”“至”“多”“远”“死”“非常”“异常”“万分”“绝顶”“无比”“过分”16个。具体到书中对非常规动补式句法语义演变的研究，主要涉及其中的“死”，如“死”既可以组成动补结构“饿死”“气死”“欢喜死”等，又可以构成“死战”“死冷”等状中结构。那么，常规动补式在向非常规动补式演变的过程中，是否存在动补式和状中式交替进行的状况？是否会对本文的研究思路形成挑战？

李宗江（2007）在对几个含“死”义动词“死”“抵死”“没命”“拼命”“死命”“要命”“要死”虚化轨迹研究中发现，它们的虚化发生概念相同的虚化轨迹：由表达失去生命的动词演变为表达情状的副词，再到表达某种量特征的副词，共包括两种具体的虚化路径。处于动词之前虚化的“死”“抵死”“没命”“拼命”“死命”，虚化的过程主要经历了语法位置的改变和组合关系的改变。其中，语法位置的改变是指“死”等动词由充当谓语到充当状语的这一变化。组合关系的变化，是指“死”等动词充当状语时所修饰的谓词性成分的类别发生了变化，由搭配述人自主动词到搭配非自主动词和非述人名词和形容词。此时，“死”等动词的演变轨迹为：

死 V_1（表本义）→死 V_2（表情状）→死 V_3（表量）。

处于动词之后虚化“死”“要命”“要死”三个动词，当“死”等动词表示本义时，搭配动词为述人动词，如“病”“打”“杀”“摔”，记作“V_1”；当“死”不表示本义，表达对人身心造成不良影响时，此时搭配“吵”“愁”“怪”“气”“吓”等述人动词，记作“V_2”；当“死”的语义进一步虚化为只表示量上的特征，表达程度时，此时可以与心理动词“欢喜”“喜欢”等和形容词“丑”“高兴”等搭配，记作“V_3”。在此基础上，其演变过程为：

V_1 死（本义，表结果）→V_2 死（虚化，表情状）→V_3 死（虚化，表量）。

此外，洪波（1999）在对“死”由动词虚化为实义副词过程进行探究时，认为“死”的语义经历了由表示“失去生命”的本义到“通过‘失去生命义’来隐喻程度达到极端”，再到“只表示程度的极端，不再含有‘失去生命义’”，具体表现为“诸葛亮气死了周瑜”到“气死我了”再到“我恨死他了”。在演变过程中，所有阶段均为动补结构，不存在状中结构的阶段。

通过上述前人研究可以发现，在补语“死”语义演变的过程中，其状语和补语的位置是独立演变的，二者之间不存在交替进行的状况。因此，从动补结构角度出发对非常规动补式演变过程进行研究，具有可行性。

1.5.2　研究方法

本书采用的研究方法，主要是共时与历时相结合、描写与解释相结合以及总体研究与个案剖析相结合的方法。

第一，共时与历时相结合的方法。本书基于语言动态观，运用构式理论、浮现语法、语言演变、认知语言学和互动语言学相关理论，对非常规动补式句法语义演变过程进行探究。对于从共时角度得出的演变过程，本书也从历时的角度进行了验证。因而，做到了研究中共时与历时二者的结合。

第二，描写与解释相结合的方法。本书对非常规动补式句法语义演变过程进行了详细地、细致的描述，在此基础上归纳出非常规动补式句法语义演变的总体规律。并且，运用相关理论对这一演变得以产生的作用机制和相关动因进行了探讨，以期做出具有说服力的解释。

第三，总体研究与个案剖析相结合的方法。本书对非常规动补式句法语义演变的研究，主要是运用个案剖析的方法，在对不同类型非常规动补式典型个案演变过程考察的基础上，概括出总体的演化路径。此外，本文对非常规动补式句法语义演变机制和动因的探讨，则主要是总体性研究，对机制和动因进行全面性考察。

1.6 语料来源

语料来源主要为北京大学 CCL 语料库和北京语言大学 BCC 语料库。其中，北京大学 CCL 语料库总字数为 787 938 687，当中现代汉语语料库总字数为 592 412 339。这一语料库最大的特点是所有的语料来自书籍和报刊，因此规范性比较强。北京语言大学 BCC 语料库，截止到目前，总字数约为 150 亿字，其中报刊 20 亿、文学 30 亿、微博 30 亿、科技 30 亿、综合 10 亿，以及古汉语20亿，是能够全面反映中国社会语言生活的大规模语料库。相较于北京大学CCL语料库，北京语言大学BCC语料库最大的特点在于语料种类比较丰富，其中微博语言栏包含一些近年新兴的用法和结构。

除此之外，还有部分来自象形字典网和语料库在线。具体来说，象形字典网运用有机、系统的结构全新编纂，以汉字的象形素材来源作为依据，包括“天部”“地部”和“人部”三大部分，目前共收录汉字3 000多个，重点分析古代字形所包含的图画性形象与汉字本义之间的逻辑指向关系，以及汉字的本义与现代汉语常用义项之间的承继派生关系。运用象形字典网，研究相关字词语义演变时，对于其本义的确定具有重要的参考意义。语料库在线包括现代汉语语料库检索、古代汉语语料库检索、语料库字词索引和语料分析处理四个部分，相较于北京大学CCL语料库和北京语言大学BCC语料库，其最大的特色在于具有语料分析处理这一功能，具体包括语料分析和词性标注、语料汉语拼音自动标注，以及语料字词频率统计，对于语料的分析和处理具有非常重要的作用。

此外，还有少数语料来自一些词典，包括《现代汉语词典》(第7版)、《汉语动词用法词典》、《倒序现代汉语词典》以及《古代汉语常用字字典》。

本书中出现的语料均标明了出处，凡标注自省的例句皆为本人通过内省自拟而成，并得到了其他母语者的认可和赞同。

第 2 章　非常规动补式概述

本章对非常规动补式的界定和判定标准进行阐述，包括语义和句法两个方面，并根据补语语义是实义还是已发生虚化，分为实义补语非常规动补式和虚义补语非常规动补式两大类。下面，我们对此展开具体论述。

2.1　非常规动补式的界定

江蓝生（2016）认为，所谓常规结构式是指汉语历史上早已形成并固定下来的最典型、最具有代表性的若干组合结构式。如在动宾结构中，动词带名词宾语；在定中偏正结构中，结构助词位于偏与正的中间位置。常规结构式的常规搭配及其语义关系是汉语语法的通则和典型特点，是使用该语言的人头脑中的完形。而常规结构式的超常组合包括组合成分的词类变异、义类变异、词义变异以及组合成分的省略、添加、紧缩、叠合等。非常规结构式实际上就是常规结构式的非常规组合。

至于动补搭配的常规性，袁毓林（2009）在论述如何判断是否为动补式时，提到了 10 条判定标准：1. 替换提问法；2. 否定表达法；3. “得/不”插入法；4. “得/不”删除法；5. 正反提问法；6. 是否前置提问法；7. 是否两置提问法；8. 方式提问法；9. 性状易位法；10. 名词化表达法。本书探讨粘合式动补式，因此与组合式相关的判定标准不在本书的考虑范围内，与粘合式动补式相关的判定标准为：1. 替换提问；2. 否定表达；3. “得/不”插入法；4. 正反提问法；5. 是否前置提问法；6. 方式提问法；7. 名词化表达法。以上 7 个判定标准，可以概括为语义和句法两个方面典型动补式的特点。在此基础上，我们对非常规动补式的判定标准进行探讨。

2.2　非常规动补式的判定标准

关于非常规动补式的判定，可以从语义和句法两个层面进行判定。陈建萍（2018）在对“走 + A”动补式如“走红”“走强”“走弱”的特殊性进行判定时，认为典型动补式语义上具有归约性，动词和补语之间存在一种因果关系或者补充说明的情况，句法上动词和补语之间可以加入“得/不”，并以“写完”和“走红”为例进行了具体说明，典型动补式“写完”可以加“得/不”变为“写得完”“写不完”，而“走红”不能加“得/不”变为“* 走得红”“* 走不红”；典型动补式“写完（作业）”可以变换为“（作业）因写而完”，“写”和“完”之间具有因果关系，并且变换为“作业写得怎么样了?”“完了”的问答方式，“完”是“写”的补充说明；而“走红”既不能变换为“*（明星）因走而红”，也不能变换为“*明星走得怎么样了?”“红了。”的问答方式，因而“走红”是非典型动补式。这对于我们判定非常规动补式，具有很大的启发性。在此基础上，结合袁毓林（2009）对于常规动补式的判定标准以及江蓝生（2006）对于非常规结构的论述，我们认为，相较于常规动补式，非常规动补式具有语义和句法上的独特之处。下面，我们对此进行具体阐述。

2.2.1 语义标准

从语义的角度来说，判定的标准为非理据性和不可推导性。

2.2.1.1 非理据性

非理据性，即动词和补语之间不具有语义相关性。从语义的角度来说，常规动补式补语和动词之间具有很强的语义相关性，包括两种情况，一种是动词的语义中已蕴含了补语的意义，例如“扩大”，动词“扩”的语义为“在原来的基础上变得更大”，已经包含了补语“大”的意义。另一种情况是补语所表示的意义是动词所表示动作行为可能引发的结果中的一种，如“改良”，尽管补语“良”的意义并没有包含在动词“改”的语义里，但“改”这一动词所表示的行为可以引发多种变化，“良”的语义就包含在“改”所表示的动作行为可能引发的结果之中。而在“看破”“说开”等动补式中，很难说其补语“破”“开”与动词“看”“说”之间很难说具有语义相关性。如“看破”，动词“看”和补语“破”之间并不具有语义相关性，补语“破”既没有被蕴含于动词“看”的语义中，也不是动词“看”所表示的动作可能引发的结果之一。

2.2.1.2 不可推导性

不可推导性，即动词和补语的搭配不可推导，进行在线生产。汉语中，大部分动补式，其动词和补语的搭配都是具有推导性的。例如，动词“打”可以跟补语“碎”“破”“折”“坏”“晕”等搭配，补语都是动词“打”产生的后果，是可以在线生产的，具有推导性。而在“说穿”中，补语“穿”并不是动词“说”产生的后果，二者的搭配不具有推导性，不可在线生产。我们在对《现代汉语词典》（第 7 版）中动补式固化成词语料搜集过程中，发现有一些已固化成词的动补式，其补语和动词之间很难说有相关性，甚至按照正常逻辑来说，二者之间根本无法进行搭配。除了前面提到的“看”“说”，还有“吃”“走”“坐”等动词构成的动补式。

2.2.2 句法形式标准

在句法形式上，可以通过变换和扩展进行区分。

2.2.2.1 不可变换

从句法的角度来说，常规动补式可以进行变换。具体来说，常规动补式动词和补语能够分开，分别充当小句的谓语，而非常规动补式则不能进行变换。例如：

（1）刀子割破了她的手。

（2）刀子割了她的手，她的手破了。

（3）他看破了敌人的阴谋。

（4）*他看了敌人的阴谋，敌人的阴谋破了。

2.2.2.2　不可扩展

扩展方面，常规动补式既可以加“得”“不”进行扩展，也可以进入“一……就……”结构式。而非常规动补式除少数可以加“得/不”进行扩展外，大部分则完全不能扩展。例如：

摔碎　摔得碎　摔不碎　一摔就碎

看淡　看得淡　看不淡　*一看就淡

看涨　*看得涨　*看不涨　*一看就涨

2.2.3　非常规动补式的具体表现

根据上述句法形式和语义标准，我们对《现代汉语词典》（第7版）中的动补式词条进行了穷尽式搜索，找到的非常规动补式构成的词共有47个，列举如下：

吃透、吃准、点明、点穿、点破、揭穿、揭发、揭露、揭破、揭示、揭晓、看穿、看淡、看跌、看俏、看涨、看好、看开、看紧、看轻、看破、看死、看透、看重、看齐、看上、看中、说穿、说合、说服、说和、说开、说明、说破、走低、走高、走俏、走强、走弱、走失、走光、走红、走漏、走露、走热、走软、坐实。

概括起来，动词为“吃”“点”“揭”“看”“说”“走”“坐”，而补语为“穿”“淡”“低”“跌”“发”“服”“高”“光”“好”“合”“和”“红”“紧”“开”“漏”“露”“明”“破”“强”“俏”“轻”“热”“软”“弱”“上”“失”“示”“死”“透”“晓”“涨”“重”“中”“准”。

除了已经成词的，还有很多还未固化成词的非常规动补式，相比之下更常见，在现代汉语中数量也更多。如补语“死”组成的“定死”“说死”“讲死”“规定死”等，“掉”构成的“吃掉”“喝掉”“睡掉”“躺掉”“等掉”等，这些同样符合上述语义和句法要求，都是非常规动补式。所不同的是，前面提到的 47 个词是在词法层面，而未成词的非常规动结式则是在句法层面。

在此基础上，我们对非常规动补式的句法语义演变过程进行探究，并对共同的机制和动因进行探讨。

2.3 非常规动补式的分类

董秀芳（2017）认为在汉语动补结构中一些补语成分发生了虚化，成为表示完结的成分，但仍然具有一定的词汇义，虚化程度相较于体标记要低。这类表完结的成分是由结果补语或者趋向补语虚化来的，玄玥（2010）将这一类成分称为“虚化的结果补语”，董秀芳（2017）进一步认为这种表示完结的成分也可以来自趋向补语，因而将其统一称为“虚化完结成分”。

因而，从语义的角度出发，我们可以将补语分为实义补语和虚义补语两大类。前者如“穿”“开”“破”“起”“死”“透”等，后者如“住”“成”“好”“掉”“上”“下”等。需要指出的是，语义虚化补语既然由结果补语或者趋向补语虚化而来，往往还保留着实义补语的相关用法。玄玥（2010）用是否可以从动结式中分离独立出来做谓语来对语义虚化补语进行判定。例如，以“好”为例[1]：

（5）他治好了我的眼睛。

（6）他治我的眼睛，我的眼睛好了。

1　例句转引自董秀芳：《动词后虚化完结成分的使用特点及性质》，《中国语文》2017年第3期，第291页。

（7）小朋友们捂好了眼睛。

（8）*小朋友们捂眼睛，眼睛好了。

例（5）中的“治好”可以变换为例（6），动词“治”和补语“好”均可独立充当两个小句的谓语，而例（7）中的“捂好”则不能进行变换，变换后的（8）不成立。由此可见，“治好”中的“好”为实义补语，而“捂好”中的“好”则为语义虚化补语。因此，非常规动补式可以分为实义补语非常规动补式和虚义补语非常规动补式。

2.4　本书的构式观

根据 Hoffman 和 Trousdale（2013）的研究，构式语法基本流派主要有：伯克利构式语法（Berkeley Construction Grammar）、以符号为基础的构式语法（Sign-based Construction Grammar）、体认知语法（Embodied Construction Grammar）、流变构式语法（Fluid Construction Grammar）、认知语法（Cognitive Grammar）、认知构式语法（Cognitive Construction Grammar）以及激进构式语法（Radical Construction Grammar）（施春宏，2016），本书采用认知构式语法对构式的观点。

从认知构式语法角度出发，目前学界对“构式”的内涵，有广义与狭义两种不同的界定。广义的界定是指所有的“形式—意义”的配对体（Form meaning pair）皆为构式，基于这一理解，所有的语法单位都可以看作构式（如 Greenberg，1995：4、2003、2006）；狭义的理解则是指由词构成的、比词大的“形式—意义”的配对体，尤其表现为各种句式和各种特定的搭配形式（施春宏，2014）。本研究对构式的认识，是基于狭义的理解展开的，即本文所研究的构式是指词层面以上的结构式，强调构式是形式、意义和功能三者的结合体。

在此基础上，我们对非常规动补式的句法语义演变过程、作用机制以及相关动因进行探讨。

第3章　多重互动视角下非常规动补式的演变

非常规动补式根据补语语义虚化的程度，可以分为实义补语非常规动补式和虚义补语非常规动补式。互动构式语法（Interactive Construction Grammar）的“多重互动观”认为，一切大大小小的、或具体或抽象的构式，都处于各种互动关系之中，既包括语言系统内部各组成部分的互动关系，也包括语言之内与语言之外的互动关系，一切构式都是多重因素互动作用的结果（施春宏，2016）。从构式本身来看，互动主要包括构式中不同组构成分之间的互动、构式与组构成分之间的互动以及不同构式之间的互动三个方面。除此之外，互动还包括“界面互动”，亦即影响构式形式与意义的作用因素之间的互动，包括语言系统内部各个界面、各种范域之间的相互作用。从构式外部来看，互动还存在于构式与外部句法成分之间。本章运用互动构式语法的多重互动观，对非常规动补式的句法语义演变过程进行探讨，分别以实义补语非常规动补式和语义虚化补语非常规动补式，对此进行研究，以期找出其中规律。

3.1 实义补语非常规动补式句法语义演变探究

语言一直处于动态发展、不断构建的过程中，不断产生一些新兴非常规动补式。在这些新兴非常规动补式中，有些为句法结构的创新，有些则为在传统常规动补式基础上的再发展。由于语言经济性的制约，语言中形式和语义的关系往往不是一对一的关系，而是一对多的关系。因而，新兴非常规动补式便会与传统常规动补式形成同构异义的关系。实义补语非常规动补式的形成过程，本节补语“透”为例对此进行研究。

在现代汉语中，“V+透”具有十分丰富的语义类型[1]。例如：

（1）可是众人看见那边士兵要拔下箭来却不容易，原来这一箭已经射透了厚实的木板。（CCL 语料库，徐业兴《金瓯缺》）

（2）与泥沙混在一起，汗水渗透了他的军服。（CCL 语料库，新华社 2001 年 7 月份新闻报道）

（3）嫣红的早霞映透了窗幔，刘诗昆发现钢琴上摆

1 “V+透”中述语除动词外还包括部分性质形容词，出于表述方便，本书中统称为“V+透”。

着一束郁金香，鲜艳美丽。（CCL 语料库，《读者（合订本）》总第 42 期）

（4）他好像是猜透了我的想法，打着手势画了一个神圣的十字，用这种方法向我表示，他是一个虔诚的天主教徒。（CCL 语料库，歌德《一个男孩的奇遇》）

（5）丁香，放火上烧煮至飘出香味时，加入白糖搅溶并离火，放一边待凉透后加入醋精，成为甜酸适宜的卤汁。（CCL 语料库，龚勋《菜谱大全》）

（6）他恨透了日本人，总想长大了当兵打日本，报仇雪恨。（CCL 语料库，《当代文摘》）

（7）她眯起眼睛，避着夏天耀眼的阳光，推着自行车慢慢走着，心情坏透了。（CCL 语料库，张承志《北方的河》）

上述例句中，共包括五种“V + 透”结构。具体来说，例（1）为第一种，此时“透”为具体结果义，表示“物体穿过”，记为“$透_1$”；例（2）（3）是第二种，“透”仍为具体结果义，语义为“光线、流体穿过”，记作“$透_2$”；例（4）则是第三种，“透”呈现为“透彻、明白”，不再是具体结果义，而表达抽象义，是为“$透_3$”；例（5）则为第四种，“透”表达“充分、完全”的状态义，记为“$透_4$”；例（6）（7）是第五种，“透”表示“达到极量”的程度义，为“$透_5$”。

目前对“V+透”的研究[1]，主要集中在对“透”作补语时词性和语义指向的研究，如吕文华（1982）、刘月华（1983）、马庆株（1992）、邢福义（1996）、张谊生（2000）等对“透”作程度补语时词性和语义指向的研究，吕叔湘（1980）、李临定（1992）、王红旗（1993）、齐沪扬（2000）等对“透”作结果补语时词性和语义指向的研究，而对“V+透”结构中“透”语义的整体性研究则比较少。宗守云（2010）对补语“透”的泛化和虚化进行了研究，认为“V/A透”可以表达六种意义，表现为语义的泛化和虚化；林华勇、甘甲才（2012）认为“V/A透”格式中谓词的语义特征或语义类别与“透”的功能密切相关，“透”的意义存在着“结果→状态→程度”的发展趋势。他们的研究很有启发意义，但对补语“透”语义类别以及不同语义之间的联系，仍有进一步可挖掘的空间。

根据Goldberg（1995、2006）对构式核心意义的解读，构式是形式和意义的配对体，词、短语、句子以及篇章都可以看作构式[2]。因此，上述“V+透”的五种结构形式均为构式，它们之间存在着同构异义的关系，共同构成“V+透”多义构式。我们基于构式多重互动理论，对“V+透”多义构式演变过程和发挥作用的

---

1 对“V+透”结构的相关研究可参看范雨静（2008）。

2 目前学界对构式内涵有广义和狭义两种界定，广义的界定认为一个语素也是构式，如Goldberg（2003、2006），而狭义的界定则认为只有词或者词以上的形式意义配对体才是构式同，如陆俭明（2016）。本书采用对构式的狭义界定。

机制进行探究。

3.1.1　“V+透”多义构式成员典型程度的判定

江蓝生（2016）认为，所谓常规结构式是指汉语历史上早已形成并固定下来的最典型、最具有代表性的若干组合结构式，常规结构式的常规搭配及其语义关系是汉语语法的通则和典型特点，是使用该语言的人头脑中的完形。而非常规结构式则是常规结构式的超常组合，包括组合成分的词类变异、义类变异、词义变异以及组合成分的省略、添加、紧缩、叠合等。二者处于一个动态的连续统之中，存在着由常规结构式到非常规结构式的转化。具体到“V+透”多义构式，作为原型范畴，包括典型成员、非典型成员和边缘成员，它们之间有着典型程度的差异。可见，在“V+透”多义构式中存在着常规构式和非常规构式，“V+透”多义构式作为动补构式，对其成员身份的判定，则是根据典型动补式的特点。

至于典型动补式的特点，包括语义和句法两个方面。语义方面，典型动补式动词和补语之间具有理据性，理据性是指补语表示的语义与动词所表示动作行为之间具有相关性，如“撞倒”中，补语“倒”是动词“撞”能够引发的结果中的一种，可用“因……而……”结构式进行判定。句法方面，典型动补式动词和补语可以扩展和变换。扩展方面，典型动补式不仅可以加“得/不”进行扩展，还可以进入“一……就……”结构式，如

“砍断”可以扩展为“砍得/不断”“一砍就断”；变换方面，动词和补语可以分别充当两个小句的谓语，构成两个独立的小句，例如“小红摔碎了杯子”可以变换成“小红摔杯子，杯子碎了”。在此基础上，我们对“V＋透”多义构式五个成员的典型程度进行判定。

3.1.1.1　“$透_1$”表“固体穿过”具体结果义的“V＋$透_1$”

在“V＋$透_1$”构式中，“透”表示“固体穿过”的具体结果义，所搭配动词均为强动作性、强致使性动词，如“刺”“插”“凿”“捣”“挖”“钉”等，后接宾语均为具体名词宾语。分析发现，“V＋$透_1$”动词和补语之间具有理据性，能够扩展和变换。以“刺透”为例，可以进入“因……而……”结构式构成“因刺而透”，能够扩展为“刺得/不透”，可以进入“一……就……”形成“一刺就透”，而且能够变换，“刺”和“透”分别充当两个小句的谓语。例如：

（8）约押用3杆短枪刺透了押沙龙的心脏。（CCL语料库，改自《圣经故事》）

（9）约押用3杆短枪刺了押沙龙的心脏，押沙龙的心脏透了。

可见，“V＋$透_1$”满足典型动补式的所有特点，是“V＋透”多义构式的典型成员，典型程度高，为常规构式。

3.1.1.2 “透$_2$”表“光线”“流体穿过”具体结果义的“V+透$_2$”

在“V+透$_2$”构式中，“透”仍为具体结果义，呈现为“光线、流体穿过”，此时所搭配动词主要为动作性、强致使性动词，动作性有所降低，前者如“照”“映”“射$_{[照射]}$”等，后者如“渗”“淋”“浇”“泡”“洇”等。研究发现，“V+透$_2$”动词和补语间具有语义理据性，能够扩展，但不能变换。分别以“照透”“泡透”为例，都可以进入“因……而……”结构式构成“因照而透”“因泡而透”，可以扩展为“照得/不透”“泡得/不透”，也能够进入“一……就……”形成“一照就透”“一泡就透”，但是变换后，句子的可接受度大大降低。例如：

（10）嫣红的早霞映透了窗幔，刘诗昆发现钢琴上摆着一束郁金香，鲜艳美丽。（CCL 语料库，《读者（合订本）》总第 42 期）

（11）?嫣红的早霞映了窗幔，窗幔透了。

（12）用开水泡透杏核，剥去外皮，用纱布包好待用。（CCL 语料库，龚勋《菜谱大全》）

（13）?用开水泡杏仁，杏仁透了。

可以发现，“V+透$_2$”满足典型动补式的大部分特点，只是不能进行变换，相较于“V+透$_1$”典型程度有所降低，但仍是比较典型的动补式，是“V+透”多义构式的典型成员，为常规构式。

3.1.1.3 "透$_3$"表"透彻""明白"抽象义的"V+透$_3$"

在"V+透$_3$"构式中，"透"不再是具体结果义，而是表达"透彻、明白"的抽象义，所搭配的动词为动作性、致使性动词，动作性进一步降低，如"说""学""讲""读""钻[钻研]"等。通过分析，"V+透$_3$"动词和补语间并无语义理据性，不能加"得/不"进行扩展，除"看透""点透""猜透"个别成员外大部分不能进入"一……就……"结构式扩展，并且不能进行变换。以"说透"为例，不能进入"因……而……"结构式形成"？因说而透"，动词和补语很难说具有语义理据性，能够扩展为"说得/不透"，但不能进入"一……就……"构成"*一说就透"，而且不能进行变换。例如：

(14) 福建省邵武市洪墩镇水口寨村的农民"网虫"黄德红快人快语，几句话便说透了上网的作用。(CCL语料库，新华社2002年3月份新闻报道)

(15) *黄德红说了上网的作用，上网的作用透了。

因此，"V+透$_3$"构式相较于"V+透$_2$"构式，满足典型动补式特点的数量进一步减少，典型程度进一步降低，为"V+透"多义构式的次典型成员，是介于常规构式和非常规构式之间的过渡阶段。

3.1.1.4　“透$_4$”表“充分”“完全”抽象义的“V/A+透$_4$”

在“V/A+透$_4$”中，“透”呈现“充分”“完全”的抽象义，与其搭配的主要是性质形容词，如“干”“冷”“熟”“黑”等，以及少数弱动作性、致使性动词，如“湿”“淋”等。前者以“干透”为例，不能进入“因……而……”结构式形成“* 因干而透”，动词和补语并不具有语义理据性。语法方面，“干透”不能扩展成“* 干得/不透”，也不能进入“一……就……”构成“* 一干就透”，而且不能进行变换。后者以“湿透”为例，不能进入“因……而……”结构式构成“因湿而透”[1]，动词和补语不具有语义理据性，不能扩展成“* 湿得/不透”，也不能进入“一……就……”构成“* 一湿就透”，而且不能进行变换。分别举例如下：

(16) 衣服终于干透了，穿在身上清爽爽的。(CCL 语料库，《人民日报》1993 年 07 月)

(17) * 衣服终于干了，衣服终于透了。

(18) 四位大叔雨中奔跑为医护人员撑“蓝天”，自己全身都湿透了。(BCC 语料库，微博)

(19) * 四位大叔全身都湿了，全身都透了。

1　这里的“湿透”，“透”表示“完全、充分”的状态义，与“透”表示“液体穿过”的“湿透”不同，后者能够进入“因……而……”结构式，能够进行扩展和变换。

可以发现，“V/A + 透$_4$”构式完全不满足典型动补式的语义、句法特点，典型程度很低，为“V + 透”多义构式的边缘成员，是非常规构式。

3.1.1.5　“透$_5$”呈现程度义的“V/A + 透$_5$”

在“V/A + 透$_5$”中，“透”表达“到达极量”的程度义，所搭配的是心理动词和部分性质形容词，前者如“恨”“爱”“伤”“讨厌”“感激”等，后者如“坏”“烦”“差”“虚”“腻”等。分别以“恨透”和“坏透”为例，都不能进入“因……而……”结构式构成“*因恨而透”“*因坏而透”，动词和补语之间并无语义理据性。此外，“恨透”和“坏透”都不可以扩展为“*恨得/不透”“*坏得/不透”，也不能进入“一……就……”形成“*一恨就透”“*一坏就透”，并且均不能进行变换。例如：

(20) 伍子胥恨透了楚平王，刨了他的坟，还把平王的尸首挖出来狠狠鞭打了一顿。(CCL 语料库，墨人《中华上下五千年》)

(21) *伍子胥恨了楚平王，楚平王透了。

(22) 她们都坏透了，那学校的一些人，但不是那种坏。(CCL 语料库，弗拉基米尔·纳博科夫《洛丽塔》)

(23) *她们都坏了，她们都透了。

可以看到，“V/A + 透$_5$”构式完全不满足典型动补式的语义、句法特点，典型程度很低，同样是“V+透”多义构式的边缘成员，为非常规构式。

3.1.1.6　“V+透”多义构式成员的典型程度

通过上述分析，可以看到“V+透”多义构式的成员满足典型动补式特点的数量并不相同，它们之间存在典型程度的差异。典型程度和非常规程度成反比，一个成员的典型程度越高，非常规程度则越低，越倾向为常规构式；相应地，一个成员的典型程度越低，非常规程度则越高，越接近于非常规构式。具体情况如表3-1所示：

表3-1　“V+透”多义构式成员典型程度情况

特点 成员	动词和补语具有理据性	能够加“得/不”进行扩展	能够进入“一……就……”结构式	能够进行变换
V+透$_1$	+	+	+	+
V+透$_2$	+	+	+	−
V+透$_3$	−	+	+ （部分可以）	−
V/A+透$_4$	−	−	−	−
V/A+透$_5$	−	−	−	−

通过表3-1可以发现，“V+透$_1$”的典型程度最高，为常规构式。“V+透$_2$”的典型程度虽有所降低，但仍是常规构式。“V/A+透$_4$”和“V/A+透$_5$”的典型程度最低，为非常规构式，

而“V+透$_3$”的典型程度则介于两者之间，处于常规构式向非常规构式转变的中间阶段。

3.1.2 “V+透”多义构式形成过程与作用机制

我们探讨了“V+透”多义构式各成员的典型程度，发现它们满足典型动补式特点的情况并不相同，存在典型程度的差异。而“V+透”多义构式的形成，则是构式多重互动的结果，互动的具体作用方式为压制（Coercion）（施春宏，2014、2015）。在互动的过程中，互动双方中处于强势或者优势地位的一方，会对另一方产生压制作用。就构式内部来看，压制包括构件对构式体从下而上的压制、构件之间的平行压制以及构式体对构件从上而下的压制三种类型；就构式体外部来看，包括其他构式体或外部成分对构式体的内向压制和构式体对其他构式体或外部成分的外向压制两个方面。压制不仅仅只存在于句法、语义、语用、韵律等单一层面，还包括不同界面之间的互动。需要指出的是，压制并不是具体的作用机制，对构式扩展机制的探析只有落实到隐喻、转喻、重新分析以及类推等具体作用机制上，才能具有较强的解释力（施春宏，2016）。此外，在动词性语境中，对其词义影响最大的是其主体角色和客体角色。主体角色又称主事，包括施事、致事、感事和主事，客体角色又称客事，包含受事、与事、对象、结果和系事。具体到“V+透”多义构式中的“透”，除与其相关的主客体角色外，还包括与其搭配的动词，可以形式化为：

$$S_{主体} + [(V + 透) + O_{客体}]$$

在此基础上，我们对成员之间的语义关联以及“V + 透”多义构式的形成过程进行探究，并找出在这一过程中发挥作用的机制。

3.1.2.1　典型成员“V + 透$_1$”构式

“透”的本义为“跳也，过也，从辵秀声，他候切”（《说文解字》：36 下），与此处讨论的“V + 透”构式无关，我们不予讨论。而与“V + 透”构式密切相关，最早出现的意义为“通”“穿”，晋朝时已经出现，此时“透”的主要用法有两个，一是独立充当谓语，二是用在其他动词之后，共同组成连动式。例如：

(24) 或入瓶内，或处囊中，越牖透垣，曾无障碍，唯于刀兵，不得自在。（CCL 语料库，唐・般刺密帝《首楞严经》）

(25) 芦穿透膝，顶鹊为巢。（CCL 语料库，五代・潘重规《敦煌变文集新书》）

根据宗守云（2010），动补式“V + 透$_1$”最早出现于五代，宋代时用例增多，此时所搭配动词均为强动作性、强致使性动词，客体皆为具体名词受事，主体是生命体施事。例如：

（26）大石室面平野，室左右皆有径隧，各数十百步，穿透两傍，亦临平野。（CCL 语料库，宋·范成大《桂海虞衡志》）

（27）时提婆达多显自威力挽弓前射透一多罗树。（CCL 语料库，宋·法贤《佛说众许摩诃帝经》）

可见，“V＋透$_1$”构成的形成，经历了外部成分和构式体、韵律界面和语义界面以及语义和句法界面多重互动。具体来说，当连动式“V＋透”后接具体名词客体时，客体对“V＋透”连动式形成压制，拉近了二者之间的语义距离。而韵律双音节化则在此基础上对“V＋透”连动式进一步进行压制，促使二者的语义发生融合，语义重心向后移动，从而导致“透”的动作整体性降低，而逐渐凸显出表结果的一面。在此基础上，语义界面对句法界面形成压制，促使“透”的句法地位降低，“透”不再与连动式的前一动词地位平等，而是处于次要地位。历经三次互动之后，连动式“V＋透”最终实现了向动补式的转变，形成了“V＋透$_1$”。

在这一过程中，发挥作用的机制主要是转喻和重新分析。转喻是认知的基本特征之一，人们利用某一事物容易感知的或者被人熟知的部分来代替该事物的其他方面或者整体（Lakoff，1987：77），具有凸显性（金江、魏在江，2019：127）。动词“透”由表示动作的完整过程到表示前一动作产生的结果，由连动式的后一动词到动补式的补语，是部分转喻整体的结果。具体来说，动作的过程中必然包含着结果，结果是动作过程的一部分，而且是被凸显的部分，因为人们对于动作过程的关注，往往聚焦在结果上，而忽略了其他方面。可见，“V＋透”由连动式转变为动补式“V＋$透_1$”，是用被凸显的部分即结果来代替整体动作即过程的结果，转喻机制在其中发挥了重要作用。而且，在这一过程中，“V＋透”的外部形式并未发生改变，而是内部的句法结构和语义关系发生了改变，而重新分析正是不改变外在表层表达形式的结构（Langacker，1977），只改变句法结构的底层结构却不涉及表层表现的任何直接或内在的调整的机制（Harris & Campbell，1995：50），可见重新分析同样在这一过程中发挥了重要作用。因此，“V＋$透_1$”的形成，是转喻和重新分析两种机制合力作用的结果。

3.1.2.2　典型成员“V＋$透_2$”构式

根据搜集的语料，随着“V＋$透_1$”使用频率的增加，宋代还出现了与“$透_1$”搭配的主体为非生命体的情况，最开始的时候，搭配的动词主要是“穿”。例如：

（28）时方初夏，一日忽大雷雨，火光穿透洞中，飞走不定。（CCL语料库，宋·周密《癸辛杂识》）

（29）孤轮穿透碧潭心。（CCL语料库，宋·赜藏主持《古尊宿语录》卷十九）

随着使用频率的增加，一些动作性不是很强的动词如“湿”“淋”“泡”“浸”“照”“映”等进入到构式中。例如：

(30) 恰恨一番雨过，想应湿透鞋儿。(CCL 语料库，南宋·石效友《清平乐》)

(31) 我有末尼上珍，匿曜在嵩严山，脱辟秘藏，宜照透三千界，何十二乘足之道哉！(CCL 语料库，清·陆心源《唐文拾遗》)

可以发现，“V+透$_2$”的形成是外部句法成分和构式体、构式体和构件以及不同构件之间多重互动的结果。具体来说，当“V+透$_1$”搭配的主体由生命体扩展到光线和流体等非生命体，此时“V+透$_1$”不能和非生命体主体搭配。因此，非生命体主体对“V+透$_1$”构式进行压制，促使其语义发生转变，在此基础上一些与光线和流体搭配的动词如“照”“映”“渗”“湿”等进入到构式中，这些动词又对构件“透$_1$”进行压制，使“透$_1$”转变为表“光线”“流体穿过”义的“透$_2$”，“V+透$_2$”构式便最终得以形成。

至于发挥作用的机制，则是同位类推(朱彦，2010)。具体来说，固体、流体和气体是空间实体下的不同小类，都处于空间域。在“V+透$_1$”构式中，与其搭配的都是固体，如“箭”“刀”等，由于固体、流体和气体之间是同位关系，人们便在同位类推机制的作用下，将“V＋透$_1$”构式搭配的主体由固体扩展至流体和气体，既然固体穿过固体是“透”，推而广之，流体和气体穿过固体也是“透”，便形成了“透$_2$”，“V＋透$_2$”构式在此基础上得以形成。同位类推是基于同位关系，即同位邻接，而在转喻机制中，其源域和目标域处于同一认知域中，其本质是同域指称（刘涛，2018），转喻与邻接相对应，是建立在邻接性基础上的认知关联（Roman Jakobson，2000：238—243）。可见，同位转喻是转喻的一种特殊形式，即同位邻接的转喻。因此，在“V＋透$_2$”构式形成过程中，从本质上来说作用机制是转喻。

3.1.2.3　次典型成员“V＋透$_3$”构式

前面讲道，“V＋透$_1$”构式只与具体名词客体搭配，此时所搭配动词均为强动作性、强致使性动词。根据搜集的语料，随着时间的推移和使用频率的增加，“V＋透$_1$”所搭配的客体由只能是具体名词扩展到可以搭配抽象名词，宋朝时已经出现了这种语言现象。例如：

(32) 忽被学人横穿凡圣，击透玄关时，又作么生？（CCL语料库，南宋·普济《五元灯会》）

(33) 老子颇更事，打透利名关。（CCL语料库，宋·唐圭璋《全宋词》）

例（32）（33）中“击透”“打透”搭配的客体“玄关”“名利关”均是抽象名词。在此基础上，一些动作性、致使性不是很强的动词如“看”“说”“讲”“读”“猜”“悟”等动词进入到构式中，所搭配的动词类型得到扩展。例如：

（34）先生甚喜，以谓：某四十岁，方看透此段意思。（CCL 语料库，北宋·朱熹《朱子语类》）

（35）李甲原是没主意的人，本心惧怕老子，被孙富一席话，说透胸中之疑。（CCL 语料库，元·程毅中《元话本选集》）

可以看到，“V＋透$_3$”是外部句法成分和构式体、构式体和构件以及不同构件之间多重互动的产物。具体来说，当“V＋透$_1$”构式与抽象名词客体搭配时，此时“透$_1$”表示具体结果义，不能与抽象名词客体搭配。因此，抽象名词客体对“V＋透$_1$”构式进行压制，促使其整体语义抽象化，在此基础上构式体又对补语“透$_1$”进行压制，导致“透$_1$”的语义变得抽象，而抽象化的“透$_1$”又反过来对构式体形成压制，促使构式体降低能够进入构式动词的语义要求，从而导致一些动作性和致使性不是很强的动词如“看”“说”等也进入到构式中，而这些新进入到构式体中的动词又对“透$_1$”进行压制，使其语义进一步虚化，由表示“物体穿过”的具象义转变为表示“透彻”“明白”的抽象义，实现了由“透$_1$”到“透$_3$”的转变，从而形成了“V+透$_3$”构式。

至于发挥作用的机制，则是隐喻机制。隐喻产生的基本条件是语义冲突，语义冲突又叫作语义偏离，是指语言在语义组合的过程中违反常理或者语义选择限制的现象（束定芳，2002）。例如：

（36）炮弹击透了坚硬的钢板，把艇底打出一个大洞。（自拟）

（37）父亲的呵斥一遍又一遍地击透着我的灵魂，阻止着我的沉沦。（CCL 语料库，蔡骏《水晶骨头》）

例（36）中“击穿钢板”符合语义选择限制，是正常的语义组合，而例（37）中“击穿灵魂”则违反了语义选择限制，不符合常理，便产生了语义冲突。隐喻的语义冲突是隐喻得以成立的基本条件，是一种外在的形式特征，真正的工作机制则存在于听话人对隐喻含义进行推断的这一过程中，这一理解过程中涉及源域和目标域之间带有方向性的互动，即映射（mapping），一般是源域的结构系统地映射到目标域中。具体到由“击透钢板”到“击透灵魂”的隐喻过程中，源域是“钢板”，目标域是“灵魂”，其映射过程如图 3-1 所示：

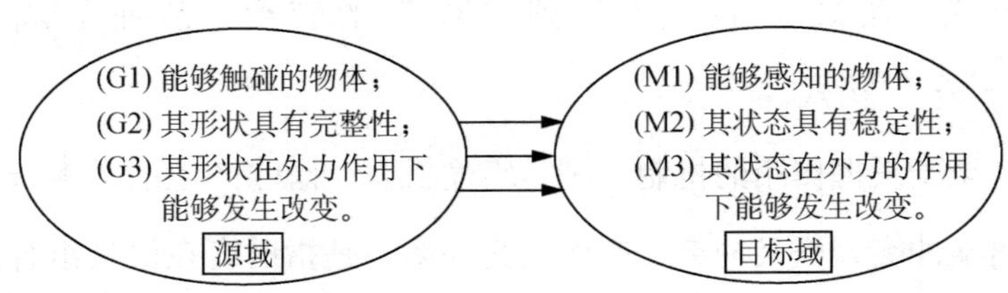

图 3-1 “击透钢板”到“击透灵魂”的映射过程

如图 3-1 所示，在隐喻理解的过程中，源域“钢板”的各种显著结构特征，被系统地映射到了目标域“灵魂”上，在此基础上，人们实现了对“击透灵魂”的识解，即说话人要表达的是父亲的呵斥对我产生了很大的影响，从而形成了“V + $透_3$”构式。可见，“V + $透_3$”构式的形成是隐喻机制发挥作用的结果。

3.1.2.4 边缘成员“V/A + $透_4$”构式

搜集的语料显示，随着时间的推移，能够进入“V + $透_2$”中的谓语进一步扩展，不再局限于动词，一些性质形容词如“冰”“熟”“干”“冷”“香”等也进入到构式中，最早出现于元末明初。例如：

(38) 步苍苔冰透绣罗鞋，畅好是冷、冷、冷。(CCL 语料库，元・高文秀《全元曲》)

(39) 这里没人家化饭，那南山有一片红的，想必是熟透了的山桃，我去摘几个来你充饥。(CCL 语料

库，明·吴承恩《西游记》）

可以发现，“V+透$_4$”的形成是构件之间以及构件和构式体之间多重互动的结果。具体来说，在“V+透$_2$”构式中，随着能够进入的与光线和流体搭配动词的增加，动词对补语“透$_2$”进一步压制，促使其由表示结果义向表示状态义转变，而“透$_2$”的转变，反过来又对构式体产生压制，促使构式体对能够进入的前一成分语义要求进一步降低，不再局限于动词，一些性质形容词也进入到构式体中，这些新进入的性质形容词再次对“透$_2$”进行压制，最终实现了“透$_2$”向“透$_4$”的转变，不再表示“光线”“流体穿过”的结果义，而表示“透彻”“明白”的状态义，至此，“V+透$_4$”构式便已形成。

在这一过程中，发挥作用的机制则为隐喻和类推。在“V+透$_2$”扩展至“V+透$_4$”的过程中，“湿透”起到了至关重要的作用。“湿透”可以表示两种意义，一种是客体部分被液体渗透了，但并没有全部湿了，另一种是客体整个都被液体渗透了，全部湿了。例如：

（40）直到离开了庆春的家，他才觉出背上的衣服，已被汗水湿透。（CCL语料库，海岩《永不瞑目》）

（41）玩的过程中，我一个不小心掉到了湖里，搞得全身湿透。（CCL语料库，曹彦博《韦尔奇和他的母亲》）

例（40）中庆春的衣服只有后背部分被汗水弄湿了，其他地方并没有湿，而例（41）中的“我”的衣服则是全部都弄湿了，完全湿了。在这一过程中，隐喻发挥了重要作用。具体来说，隐喻的运作机制是事物之间的相似性，涉及两个概念领域的映射（束定芳，2004），“透”由表示“液体穿过”的结果义到表示“充分”“完全”的状态义，液体穿过一定是完全的穿过，如例（40）中庆春的衣服一定是内外都湿了，内外都渗透了，这与充分、完全的状态义具有很大的相似性，在此基础上便实现了由空间域向状态域的转变，便形成了“V＋$透_4$”构式。类推机制在其进一步扩展的过程中发挥了重要作用。类推包括完全类推和创造性类推两种，完全类推是指原式和类推式在语音、语义和结构形式等方面的属性完全一致，并且不同成分间一般具有反义或者类义关系；创造性类推又称作不完全类推或部分类推，是指原式和类推式语音、语义和结构形式等方面的属性只有部分相同，并且不同成分间没有对义、类义关系（朱彦，2010）。由“湿透”类推出“干透”，是完全类推的结果，“湿”和“干”之间具有反义关系。通过完全类推，人们将与“湿”相对应的“干”以及其他一些性质形容词如“熟”“红”“凉”等纳入到构式中，便最终形成了“V/A＋$透_4$”构式。因此，“V/A＋$透_4$”是隐喻和类推共同作用的产物。

3.1.2.5 边缘成员“V/A＋$透_5$”构式

根据搜集的语料，随着时间的推移和使用频率的增加，清朝、民国时期，能够进入“V＋透$_3$”构式中的谓语动词进一步扩展，一些心理动词和性质形容词也得以进入到构式中，前者如“恨”“冤枉”等，后者如“坏”“累”“快活”等。例如：

（42）我恨透了你们这种东西了。（CCL语料库，清·张贺芳《小五虎演义》）

（43）这个坏透心肠的畜生，自己没有本领去将荆州取来……（CCL语料库，民国·徐哲身《汉代宫廷艳史》）

可以看到，“V＋透$_5$”构式的形成，则是外部句法成分和构式体、构式体和构件以及构件之间多重互动的结果。具体来说，“V＋透$_3$”构式在抽象事物客体的压制下，其语义不断虚化，而构式体又对补语“透$_3$”产生压制，促使“透$_3$”的语义进一步虚化，而虚化的“透$_3$”又对构式体形成压制，促使构式体对能够进入构式的前一成分的语义要求进一步降低，不仅使得部分心理动词得以进入到构式中，甚至部分性质形容词也进入到了构式中，而这些心理动词和性质形容词又对补语“透$_3$”产生压制，促使“透$_3$”转变为表示“达到极量”义的“透$_5$”，便形成了“V＋透$_5$”构式。

在这一过程中，类推机制发挥了重要作用。类推又称类比，在语言使用和发展的过程中具有重要作用，具体表现为对某个规则、模式进行概括，并将其作为可供借鉴或者模仿的原模型扩展到其他单位，从而帮助说话人依据熟知的词库创造新的形式（张金忠，2008）。如前文所述，类推有完全类推和创造性类推两种形式。从“V+透$_3$”构式扩展到“V+透$_5$”构式，就是创造性类推的结果。在现代汉语谓词中，存在一个强动作性、强致使性动词到动作性、致使性动词到心理动词再到性质形容词的连续统，例如由“打”到“看”再到“恨”最后到“坏”，人们在类推机制的作用下，将动作性、致使性较弱的心理动词和性质形容词纳入到“V+透$_3$”构式中，便创造出了“恨透”“坏透”等新的形式，从而形成了“V/A+透$_5$”构式。心理动词“恨”、性质形容词“坏”和“看”“说”等动词之间并没有语义联系，不存在反义、类义的关系，因此，“V/A+透$_5$”构式的形成，是创造性类推的结果。

通过上述研究可以发现，“V+透”多义构式的形成过程如图 3-2 所示。

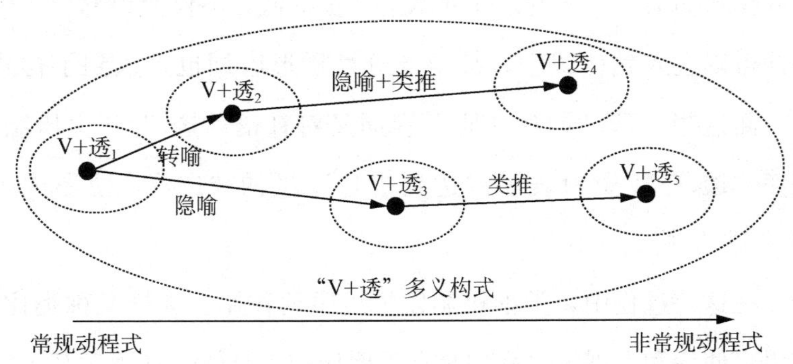

图 3-2　“V+透”多义构式形成过程

具体来说，“V＋透$_1$”构式在转喻和重新分析机制的作用下，由连动式“V＋透”演变而来，其进一步扩展包含两条演化路径：一条是“V＋透$_1$”构式在转喻机制的作用下扩展出“V＋透$_2$”构式，而“V＋透$_2$”构式又在隐喻和类推机制的作用下演变出“V/A＋透$_4$”构式；另一条是“V＋透$_1$”构式在隐喻机制的作用下演变出“V＋透$_3$”构式，而“V＋透$_3$”构式则在类推机制的作用下形成了“V/A＋透$_5$”构式。至此，便形成了“V＋透”多义构式，各成员之间按照家族相似性排列，不同成员间存在典型程度的差异。

在演变的过程中，成员的典型程度越来越低，而非常规程度却不断提高。具体来说，“V＋透$_1$”构式和“V＋透$_2$”构式为常规构式，但“V＋透$_2$”构式的常规程度相较于“V＋透$_1$”构式已有所降低，“V/A＋透$_4$”构式和“V/A＋透$_5$”构式为非常规构式，而“V＋透$_3$”构式则介于常规和非常规构式变体之间，从而实现了由常规构式到非常规构式的演变。

3.2　虚义补语非常规动补式句法语义演变探讨

根据董秀芳（2017）的观点，虚义补语主要有“掉”“到”“成”“住”“好”“完”“上”“下”“出”“过”等，在这些语义虚化补语中，“掉”是其中的典型成员，与其他成员之间具有很大程度上的家族相似性。基于此，本节对虚义补语非常规动补式演变的研究，以虚义补语“掉”为例，对其构成的“V+掉”动补式的句法语义演变情况进行探究。根据搜集的语料，在现代汉语中“V+掉”具有比较丰富的语义类型，例如：

(44) 右侍从真的把赵绰扭下朝堂，剥了他的官服，摘掉他的官帽，准备处斩。(CCL语料库，《中华上下五千年》)

(45) 当事到临头非死不可的瞬间，抛掉了一切虚荣和自矜，我又将采取什么态度呢？(CCL语料库，《当代世界文学名著鉴赏辞典》)

(46) 到如期实拍时，我已经揉掉了十几袋面粉。(CCL语料库，《作家文摘》)

(47) 那个行凶者趁机溜掉了。(CCL语料库，新华社2004年6月份新闻报道)

(48) 他躲入被褥里，成天在睡觉，把生活都睡掉了。(CCL语料库，张小娴《情人无泪》)

(49) 匆忙随便地把事情了结掉。(《中国成语大辞典》)

(50) 水果同纯碱接触极易发热烂掉。(CCL语料库，《大话养生》)

上述例(44)—(50)中的“掉”意义不同，例(44)表示具体结果义“事物在外部作用力的作用下形成由上到下的位移”，例（45）为抽象结果义，可概括为“摆脱义”，例（46）为结果义“事物从有到无”，例（47）为“离开义”，例（48）呈现为“消耗义”，例（49）表示“事件的完成”，例（50）表达“状态变化的实现”。概括起来，“V＋掉”可以归纳为三类：例（44）（45）为第一类，可概括为“脱落义”，记作“V＋$掉_1$”；例（46）—（48）为第二类，呈现为“消失义”，为“V＋$掉_2$”；第三类为例（49）（50），表达“完成义”，记为“V＋$掉_3$”。

根据 Goldberg（2006）对构式定义的经典解读，包括词、短语、句子甚至篇章等在内的形义关系特定结合体都可视为构式。因此，上述“V＋掉”构成的三种结构形式都为构式，它们之间为同构异义关系，共同构成“V＋掉”多义构式。本章基于互动构式理论，对“V＋掉”多义构式的形成过程进行探究。

3.2.1　“V＋掉”多义构式各成员身份判定

刘大为（2010）根据构式义能否推导以及构式的语法化程度，将构式系统分为语法构式和修辞构式两大类，其中语法构式是指构式义可从构式成分推导的构式，或者虽存在不可推导的构式义但已完全语法化了的构式，修辞构式为具有不可推导性且还未完全语法化的构式。陆俭明（2016）认为，二者处于一个动态连续统之中，连续统的一端是最典型的语法构式，另一端则为最典型的修辞构式，存在着由语法构式到修辞构式，再到语法构式的转化。这对于我们对常规动补式和非常规动补式的判定具有重要的启发意义，实际上常规动补式就对应着语法构式，非常规动补式则对应着修辞构式。在“V＋掉”多义构式中存在着常规动补式和非常规动补式，而对其成员身份的判定，则可以根据语法构式和修辞构式的判定标准依据“是否具有推导性”从语义和句法两个方面展开。

语义方面，常规动补式其动词和补语具有很强的相关性，包括动词语义包含补语语义和补语表达的意义是动词动作行为能够引发的结果之一，前者如“扩大”“缩小”等，后者如“摔碎”“打死”等。句法方面，能够进行扩展和变换。扩展方面，常规动补式能够加“得/不”进行扩展，也能进入“因……而……”实现扩展，例如“打碎”可以扩展为“打得/不碎”，“因打而碎”。变换方面，常规动补式动词和补语可以独立使用，分别充当两个小句的谓语，例如“小明踢开了门”可以变换为“小明踢门，门开了”。

3.2.1.1 “V＋掉$_1$”构式

根据后接名词宾语的类型，可将“V＋掉$_1$”分为两类下属构式，一类后接具体名词宾语，记作“V＋掉$_{1a}$”构式，一类后接抽象名词宾语，记为“V＋掉$_{1b}$”构式。

3.2.1.1.1 “V＋掉$_{1a}$”构式

在“V＋掉$_{1a}$”构式中，“掉”呈现为“脱落义”，记作

“掉$_{1a}$”，所搭配动词均为强动作性、强致使性动词，具体呈现为二价及物动词，包括四类：一类为“拍打”义动词，如“拍”“打”“挤”“扔”“摘”等；一类为“剥脱”义动词，如“剥”“脱”“扯”“拽”“挣”等；一类为“切割”义动词，如“切”“割”“锯”“砍”“剁”等；一类为“擦洗”义动词，如“擦”“洗”“抹”“刷”等，后均接具体名词宾语。例如：

(51) 他笑嘻嘻地从她衣服上拍掉一片碎树叶，做作地摇头说：“没摔死，算你命大。”(BCC语料库，李如是《十七岁的纯情》)

(52) 一个参加《大气污染防治研讨会》的日本人被仓皇逃窜的人群给挤倒后，架在鼻梁上的深度近视眼镜也挤掉了。(BCC语料库，高杨《红尘世界》)

(53) 寒梅才脱掉一件外衫，便听到有人叫她的名字，她纳闷地望了望四周，已经在湖里玩耍的玩伴催着她道：“酸梅快下来玩。”(BCC语料库，卫小游《嫁约》)

(54) 他们哆嗦着，扯掉了军服，扔了步枪，想往后退，可是在督战部队的机关枪前倒了下去，没一个愿意死的。(BCC语料库，穆时英《空闲少佐》)

(55) 每夜这个时候都要砍掉一个女人的脑袋，连砍一百五十年，以示惩罚，因为她看了她不该看的东西。(BCC语料库，加西亚·马尔克斯《百年孤独》)

（56）冷血道："不杀人，剁掉一只臂膀，割下一只耳朵，以作惩罚，也是好的。"（BCC 语料库，温瑞安《骷髅画》）

（57）他佯装不懂，讶异地看着泪水由她眼眶滑下时，刷掉了一层污渍，她的脸上立即出现了一条条白皙似雪的肌肤。（BCC 语料库，孙慧菱《抛绣球招亲》）

（58）清绫在厉戒宜的怀中慢慢的从大哭变成啜泣，她抹掉眼泪，从厉戒宜的怀中抬头，然后恢复正常的拍拍厉戒宜被她哭湿的衣襟，"对不起，把你昂贵的衣服给弄湿。"（BCC 语料库，花颜《侠客留情》）

"V + 掉$_{1a}$"语义上动词和补语具有很强的相关性，补语为动词所表示动作行为产生的结果。如例（51）中补语"掉"是动词动作"拍"产生的结果。句法上，可以加"得/不"进行扩展，能够进入"因……而……"结构式，如例（53）中"脱掉"可以扩展为"脱得/不掉"，"因脱而掉"，动词和补语可以独立充当小句谓语，如例（55）中"（他）砍掉了女人的脑袋"可以变换为"（他）砍了女人的脑袋，女人的脑袋掉了"。可见，"V + 掉$_{1a}$"是常规动补式。

3.2.1.1.2　"V + 掉$_{1b}$"构式

在"V + 掉$_{1b}$"构式中，"掉"表达"摆脱义"，所搭配动词与"掉$_{1a}$"一致，同样包括四类动词，后均接抽象名词作宾语。

例如：

(59) 它让来这里的人们忘记了故乡，仿佛有一种魔力，使你卸下包袱，抛掉烦恼，把心沉下来，再沉下来。(BCC 语料库，微博)

(60) 在他们的领域里，甚至连最愚蠢的方法和最可笑的结果也被蒙上了神圣的光圈，现在是打掉他们气焰的时候了。(CCL 语料库，《股市宝典》)

(61) 我们常常是无情地剥掉了别人的面子，伤害了别人的自尊心，抹杀了别人的感情，却又自以为是。(CCL 语料库，《读者（合订本）》)

(62) 想哭就哭吧，想笑就笑吧，拽掉了偶像的包袱，这样有年代感的剧你才能演绎得如此真实……(微博)

(63) 这样的“一刀切”，切掉了唯物辩证法，切掉了广大干部和群众的积极创造精神，切断了农民致富的广阔道路！(BCC 语料库，《福建日报》1980 年 7 月 18 日)

(64) 所以当电影厂厂长们听到要进行电影发行体制改革，砍掉诸多中间环节时，其兴奋自然不言而喻。(BCC 语料库，《报刊精选》1994 年)

(65) 不要对我承诺任何事，十年的时间会洗掉一

切记忆，我不想陷在同一段感情里两次。（BCC 语料库，寄秋《忘情血狐狸》）

（66）并不是擦掉泪水就擦掉了心痛，新的眼泪顷刻间便取代了旧的，沾湿了司徒青鹰小心翼翼的双手。（BCC 语料库，陈美琳《黑道中的纯情》）

“V＋掉$_{1b}$”构式补语语义同样为动词动作产生的结果，二者具有很强的相关性，如例（59）（60）中表摆脱义的“掉”均为动作“抛”和“打”对“烦恼”“气焰”产生的结果。句法方面，能够进行扩展，如例（61）中“剥掉面子”可以扩展为“剥掉/不掉面子”“因剥而掉”，但不能进行变换，如例（63）不可以变换为“* 这样‘一刀切’切了唯物辩证法，唯物辩证法掉了”。可见，“V＋掉$_{1b}$”构式典型程度虽不及“V＋掉$_{1a}$”，但仍为常规动补式。

3.2.1.2 “V＋掉$_2$”构式

“V＋掉$_2$”构式根据“掉”搭配的动词类型，可将其分为构式“V＋掉$_{2a}$”、构式“V＋掉$_{2b}$”和构式“V＋掉$_{2c}$”三个下属小类。下面，我们对其情况进行具体分析。

3.2.1.2.1 “V＋掉$_{2a}$”构式

在“V＋掉$_{2a}$”构式中，“掉”具体表现为“消失义”，所搭配动词均为强动作性、强致使性动词，具体为二价动作性及物动词，包括两类：一类为“毁坏”义动词，如“烧”“毁”“删”

“除”等，一类为“吃喝”义动词，如“吃”“喝”“吸”“抽［烟］”等。例如：

（67）来自灭火前线的消息说，原本许多森林大火已被扑灭或得到控制，但30日刮起的山风使余火再度失控，特别是在加州南部地区的6处森林大火，30日一天就烧掉5万多英亩的林木和灌木。（BCC语料库，《人民日报》1999年）

（68）一九六三——一九六六年出版的中文版《资本论》增加了很多译注，很有参考价值，可惜后来的版本上删掉了译注。（CCL语料库，《读书》）

（69）我们在使用时要选取新鲜的嫩侧柏叶，然后浸泡在60%的酒精中，一周左右滤出药液，除掉残渣，然后均匀涂抹在头皮上……（CCL语料库，青花檀《柔美人，“强”秀发》）

（70）5月底在中央电视台制作幻灯片，“逼”着编辑记者一起连续作战，大家就着矿泉水吃干粮，下半夜累得喉咙冒烟，每天要吃掉10斤生黄瓜。（BCC语料库，《福建日报》2008年12月5日）

（71）你喝掉了两升水，十一点准时上床，睡前卸妆，而且甚至还考虑戒烟和健身。（CCL语料库，《懒女孩的美丽指南》）

（72）此时，大家已经抽掉一包带过滤嘴的香烟了，浓烟满室，都还没有告辞的意思。（CCL 语料库，《佳作》）

语义方面，“V + 掉$_{2a}$”动词和补语很难说二者具有语义相关性，如例（68）中“删”和“掉”之间并无语义相关性。句法方面，“V + 掉$_{2a}$”构式可以加“得/不”进行扩展，但不能进入“因……而……”结构式，如例（68）可以扩展为“删得/不掉”，但不能扩展为“* 因删而掉”。动词和补语不能独立充当小句谓语，如例（71）不能变换为“* 你喝了两升水，两升水掉了”。可见，构式“V + 掉$_{2a}$”的典型程度与前两个构式相比进一步下降，不再是典型的常规动补式，而是介于常规动补式和非常规动补式之间。

3.2.1.2.2　“V + 掉$_{2b}$”构式

“掉$_{2b}$”的语义为“离开”义，与其搭配的动词为强动作性动词，致使性下降，具体呈现为一价位移性动词，如“跑”“走”“溜”“逃”“飞”等。例如：

（73）当我假装镇定地站在讲台上，面对那么多社员，讲出第一句话后，紧张突然跑掉了。（BCC 语料库，《科技文献》）

（74）后来多年以后，我们都回到北京，有一次我

突然在公共汽车上遇上他，我看他走了过来，就趁开门一下溜掉了。（BCC 语料库，《科技文献》）

（75）据说有一次他赴萨马拉为红军办事时，曾为该师团所俘。但他又成功地逃掉了。（BCC 语料库，哈谢克《好兵帅克》）

（76）两只老燕子，飞回来看一下，看看没有窝，又飞掉了。（BCC 语料库，《都市快讯》2003 年 6 月 3 日）

"V＋掉$_{2b}$"构式中的动词和补语很难说具有语义相关性，如例（73）中的"跑"和"掉"之间并无语义相关性。句法方面，可以加"得/不"进行扩展，不能进入"因……而……"结构式，而且不能进行变换，动词和谓语独立充当小句谓语，如例（76）中"飞掉"可以扩展为"飞得/不掉"，但不能扩展为"？因飞而掉"，不能变换为"？两只老燕子飞了，两只老燕子掉了"，变换之后意义发生了改变。因此，"V＋掉$_{2b}$"构式的典型性已经大大降低，介于常规动补式和非常规动补式的连续统之间。

3. 2. 1. 2. 3　"V＋掉$_{2c}$"构式

"V＋掉$_{2c}$"构式中，"掉$_{2c}$"具体表现为"消耗"义，与其搭配的动词动作性降低，为动作性、弱致使性动词，包括一价和二价非位移性动词，前者如"睡""躺""坐""站"等，后者如

“等”“问”“谈”“考”等。例如：

(77) 可是我是真的不舒服，这一坐又不知要坐掉几个小时，我真的很累的。(BCC 语料库，蓝其《情逢敌手多暧昧》)

(78) 去年和今年国庆节的共同点，一是选择了一个颜色的指甲油，二是日夜颠倒，躺掉了一半假期。(微博)

(79) 一天站掉，腰是真的要断了，军训都没这么累，不过确实雨神比较走心。(微博)

(80) 上班从出门买水坐车到公司要 40 分钟，其中等车能等掉 4 首歌的时间！(BCC 语料库，微博)

(81) 渡边当自己家一样，细细读完日报，吃了早点，又到花园散步，始终没离开彭家，他并没有不耐烦，几个钟头一下子消磨掉。(BCC 语料库，亦舒《蝉》)

(82) TOEIC 考试自己也能参加，如果有时间的话，在大二大三时考掉最好，那时候还能有比较充足的准备时间。(CCL 语料库，网络语料)

构式“V＋掉$_{2c}$”语义上动词和补语不具有语义关系，如例(77)中动词“坐”和补语“掉”之间并无语义相关性。语法上既不能加“得/不”进行扩展，也不能进入“因……而……”结构式，并且动词和补语不能独立使用进行变换，如例（78）中“躺掉”不能扩展为“*躺得/不掉”“*因躺而掉”，也不能变换为“*躺了一半假期，一半假期掉了”。由此可见，“V+掉$_{2c}$”构式的典型性很低，为非常规动补式。

3.2.1.3　“V+掉$_3$”构式

根据“V+掉$_3$”构式中“掉$_3$”搭配动词的类型，可以将其分为“V+掉$_{3a}$”构式和“A+掉$_{3b}$”构式两类。下面，我们将对其具体情况进行分析。

3.2.1.3.1　“V+掉$_{3a}$”构式

“V+掉$_{3a}$”构式中动词呈现为非自主一价动词，无致使性，包括“坍塌”义动词和“疯癫”义动词，前者如“塌”“倒”“垮”“荒”等，后者如“疯”“傻”“呆”“死”等，此时“掉$_{3a}$”的语义为“动作的完成”。例如：

（83）当时，人和牲畜死了好多好多，房子全都塌掉了，但没有一个官儿到这儿看看受灾群众。（CCL语料库，《人民日报》1996年4月）

（84）一座圆锥形山峰垮掉了半边，巨大的石块堆积在陷坑的边缘。（BCC语料库，王晋康《癌人》）

（85）我这个大米，别人比不上的，人家的田都荒掉了，我的田里不用化肥的，都是绿肥。（BCC语料

库，朱小红《温岭老农苦战入学第一关》）

（86）他告诉我，三年前他们全家移民到纽约，父亲不愿负担家累，弃家而走，母亲就那样疯掉了，给关进了市立精神病院。（CCL 语料库，白先勇《孽子》）

（87）唐玉婕傻掉了，从很久很久以前，她就再也没研过墨写过字，即使有，也不觉得那些东西像宝贝呀。（BCC 语料库，黄朱碧《一剪梅》）

（88）莫不飞甜言蜜语说到一半，不料她有此豪放的行径，当场呆掉。（BCC 语料库，于晴《吉祥娘》）

“V + $掉_{3a}$”构式中动词并无致使性，因而与补语不具有语义相关性，如例（83）中“掉”既不包含在“塌”的语义中，也不是其形成的结果。句法方面，构式“V + $掉_{3a}$”不能扩展和变换，如例（86）中“疯掉”既不能扩展为“* 疯得/不掉”“* 因疯而掉”，也不能变换为“* 母亲疯了，母亲掉了。”可见，构式“V + $掉_{3a}$”为非常规动补式。

3.2.1.3.2 “A + $掉_{3b}$”构式

“A + $掉_{3b}$”构式动词由性质形容词充当，无动作性、致使性可言，如“红”“白”“坏”“腻”“馊”“臭”等，“$掉_{3b}$”具体呈现为“状态变化的完成”义。例如：

（89）我一路跟着去，却发现越来越害怕看到他们

的背影，眼睛会不自觉地红掉。（BCC语料库，微博）

（90）我在这里，突然想起来，我上周日剥的新鲜玉米粒，放在冰箱保鲜层里面，到现在会不会坏掉。（BCC语料库，微博）

（91）他们每天凌晨2、3点钟出门，不可能烧新鲜的饭菜，只好带着隔夜的饭菜上班，天气太热，饭菜经常会馊掉。（BCC语料库，田玲翠《热浪伴车行 谁解司售苦?》）

（92）一个卖螃蟹的摊主说，夏天要是停电，冰化掉了，螃蟹肯定全部臭掉。（BCC语料库，叶蕾《今冬缺电 你家可能严寒》）

“A+掉$_{3b}$”构式中动词不具有动作性和致使性，与补语无语义相关性可言。并且，不能进行扩展和变换，如例（92）中“臭掉”既无法扩展为“*臭得/不掉”“*因臭而掉”，也无法变化成“*螃蟹肯定全部臭了，螃蟹全部掉了”。可见，“A+掉$_{3b}$”构式同样为非常规动补式。

3.2.1.4　构式的典型性情况

以上将“V+掉”多义构式的成员分为“V+掉$_1$”“V+掉$_2$”“V+掉$_3$”三大类，“V+掉$_{1a}$”“V+掉$_{1b}$”“V+掉$_{2a}$”等七小类，并分别对其满足典型动补式语义、语法特点的情况进行了分析，具体情况汇总如表3-2所示。

表 3-2 “V+掉”多义构式成员典型性情况

<table>
<tr><th>“V+掉”下属多义构式</th><th>各下属多义构式成员</th><th>动词类型</th><th>述补语是否具有语义相关性</th><th>能否加“得/不”扩展</th><th>能否进入“因……而……”结构式</th><th>能否进行变换</th></tr>
<tr><td rowspan="2">“V+掉$_1$”</td><td>“V+掉$_{1a}$”</td><td>强动作性、强致使性二价自主动词</td><td>+</td><td>+</td><td>+</td><td>+</td></tr>
<tr><td>“V+掉$_{1b}$”</td><td>强动作性、强致使性二价自主动词</td><td>+</td><td>+</td><td>+</td><td>-</td></tr>
<tr><td rowspan="3">“V+掉$_2$”</td><td>“V+掉$_{2a}$”</td><td>强动作性、强致使性二价自主动词</td><td>-</td><td>+</td><td>-</td><td>-</td></tr>
<tr><td>“V+掉$_{2b}$”</td><td>强动作性、弱致使性一价位移自主动词</td><td>-</td><td>+</td><td>-</td><td>-</td></tr>
<tr><td>“V+掉$_{2c}$”</td><td>动作性、弱致使性一价和二价自主动词</td><td>-</td><td>-</td><td>-</td><td>-</td></tr>
<tr><td rowspan="2">“V+掉$_3$”</td><td>“V+掉$_{3a}$”</td><td>一价非自主动词</td><td>-</td><td>-</td><td>-</td><td>-</td></tr>
<tr><td>“A+掉$_{3b}$”</td><td>性质形容词</td><td>-</td><td>-</td><td>-</td><td>-</td></tr>
</table>

3.2.2 “V+掉”多义构式演变过程与作用机制

“V+掉”多义构式的形成，则是多重互动的结果。至于互动的具体作用方式，则为压制（Coercion）。从构式内部来看，压制包括构式体对构件自上而下的压制、构件之间的平行压制以及构件对构式体自下而上的压制；从构式体外部来看，包括构式体对其他构式体或外部句法成分的外向压制以及其他构式体或句法成分对构式体的内向压制。并且，压制不仅仅局限于句法、语义、韵律、修辞等单一界面，还存在于各语义界面的接口，包含不同界面之间的互动[1]。在此基础上，我们对“V＋掉”多义构式的演变过程和作用机制展开探究。

3.2.2.1　“V＋$掉_1$”构式

3.2.2.1.1　“V＋$掉_{1a}$”构式

“V＋掉”结构最早出现于魏晋南北朝时期，至隋唐五代时期开始大量使用。例如：

(93) 龙皮相排戛，翠羽更荡掉。（CCL语料库，唐·《全唐诗》）

但此时“V＋掉”并非为动补式，而为连动式，原因在于在此时期“V”和“掉”二者的位置可以互换。例如：

(94) 掉荡云门发，蹁跹鹭羽振。（CCL语料库，

1　施春宏：《“招聘”和“求职”：构式压制中的双向互动的合力机制》，《当代修辞学》2014年第2期。

唐·《全唐诗》）

而动补式“V+掉”则最早出现于元代，此时“V”和“掉”二者位置不能再互换，且二者之间不存在停顿，“掉”已成为“V”所表示动作行为产生的结果。例如：

（95）俺如今剔下了这骨和筋，割掉了这肉共脂。（CCL语料库，元·萧德祥《杀狗劝夫》）

可见，“V+掉$_{1a}$”构式是韵律和语义、语义和句法不同界面之间互动的结果。具体来说，古代汉语向现代汉语发展的过程中，词汇系统逐渐由单音节向双音节演变，原本为连动关系的“V+掉”在双音节化趋势的压制下，二者的意义发生融合，导致“掉”的意义动作性降低，逐渐向表示动作“V”的结果演变。而语义地位的降低，又对其语法地位形成压制，导致“掉”不再与前动词句法地位平等，而是处于一种次要地位。在此基础上，“V+掉”便由连动式转变为动补式。至于作用机制，则为重新分析。在整个演变的过程中，“V+掉”的外部形式并未发生改变，改变的是内部的结构关系，这与重新分析只改变句法结构的深层结构，不造成表层形式变化的作用特征一致，可见作用机制为重新分析。

3.2.2.1.2　“V+掉$_{1b}$”构式

“V+掉$_{1a}$”构式随着使用频率的不断增加，其后接宾语的语义类型得到扩展，由只能与具体名词搭配，发展为可以后接抽象名词宾语，这一现象最早出现于元末明初。例如：

(96) 兀的不取次弃舍，等闲抛掉，因而零落！(CCL 语料库，元·郑光祖《倩女离魂》)

(97) 则从买了扬州奴的住宅，付与他钱钞，他那里去做什么买卖，多咱又被那两个光棍弄掉了。(CCL 语料库，元·秦简夫《东堂老》)

由此可见，“V＋掉$_{1b}$”构式为外部句法成分和构式体、构式体与构件以及空间域和抽象域之间多重互动的结果。具体来说，当构式“V＋掉$_{1a}$”后接抽象名词宾语时，其“因动作行为 V 致使受动者形成位移，造成脱落”的构式义无法与抽象名词搭配，便在抽象名词宾语的压制下，由空间域扩展至抽象域，虚化为“动作行为 V 致使施事摆脱受事的缠累”义，而构式义又对“掉”的语义实施压制，促使其语义发生虚化，扩展为“摆脱”义。隐喻机制在这一过程中起到了重要的作用，“烦恼”“忧愁”等抽象名词宾语与“帽子”“杯子”等具体名词宾语之间具有大的相似性，具体名词宾语具有“可以触摸、可以在外力作用下形成位移”的特点，抽象名词宾语拥有“可以感知、可在外力作用下调整改变”的特征，二者之间的相似性为隐喻机制的作用提供了基础，从而能够实现“掉”由空间域到抽象域的映射扩展，实现语义的虚化。

3.2.2.2 “V＋掉$_2$”构式

3.2.2.2.1 “V＋掉$_{2a}$”构式

在“V＋掉$_{1b}$”构式中，随着使用频率的增加，其所搭配动词的语义类型进一步扩展，最突出的表现是一些泛化动词也能够进入构式当中，如“弄”“用”“搞”等。而随着能够搭配动词语义类型的扩展，促使“掉”的语义进一步虚化，引申出“消失”义，便形成了“V＋掉$_{2a}$”构式，最早出现于明朝时期。例如：

(98) 妈妈道：“借与人家钱钞，多是幼年到今，积攒下的家私，如何把这些文书烧掉了？”（CCL 语料库，明·凌濛初《初刻拍案惊奇》）

(99) 留连半年，方才别去，也用掉若干银两，心里还是歉然的。（CCL 语料库，明·凌濛初《二刻拍案惊奇》）

可以发现，“V＋掉$_{2a}$”构式形成于构件之间的多重互动，“掉$_{1b}$”语义的虚化对动词“V”形成压制，促使其语义类型扩展，而这些动词反过来又对“掉$_{1b}$”的语义产生压制，促使“掉$_{1b}$”进一步虚化，构式“V＋掉$_{2a}$”便应运而生。相应的作用机制则为转喻机制。事物的消失对被其纠缠的事物来说是一种解脱的重要方式，而对某种事物的解脱并不只局限于使其消失这一种方法，可见“消失”是“摆脱”方式中的一种，从“V+掉$_{1b}$”构式扩展到“V+掉$_{2a}$”构式是由整体到部分转喻的结果。

3.2.2.2.2　“V+掉$_{2b}$”构式

随着“V+掉$_{2a}$”构式使用频率的不断增加，语义容量进一步扩展，能够进入构式的动词进一步扩展，一些致使性不强的一价位移性自主动词如“走”“跑”“溜”等进入到构式中。在此基础上，“掉$_{2a}$”的语义也进一步虚化，产生“离开”义即“掉$_{2b}$”，“V+掉$_{2b}$”构式至此便形成，最早出现于明朝时期。例如：

（100）我若怕你送官，也不自己跑到你家来了，难道我既然来了，又肯跑掉了么？（CCL语料库，清·张春帆《九尾龟》）

（101）素臣只做不听见，洋洋的走掉了。（CCL语料库，清·夏敬渠《野叟曝言》）

所以，“V+掉$_{2b}$”构式形成于构件之间的多重互动。“掉$_{2a}$”语义的虚化，动作性的减弱，对“V”形成压制，促使一些致使性不强的动词也能够进入到构式中，导致构式语义容量进一步扩大。而所搭配动词语义类型的进一步扩展，又反过来对“掉$_{2a}$”形成压制，促使其语义进一步虚化为“离开”，便产生了“V+掉$_{2b}$”构式。至于作用机制，则为隐喻机制。“消失”是一个由存在到不存在的过程，“离开”是由近到远的过程，二者之间具有很强的相似性，为隐喻机制的作用提供了基础。

3.2.2.2.3 “V+掉$_{2c}$”构式

“V+掉$_{1a}$”构式在使用的过程中，为了表达某种特殊意义或者达到某种表达效果，某个或某几个原本无法进入的动词如“坐”临时进入到构式中，这是一种偶发的、即兴的临时现象。根据刘大为（2010），当人们对这种临时形式反复使用，它的性质便在重复使用中发生变化，这一动词便接受了构式的构式义。并且，虽然临时形式是偶发的，但是同样受到语言结构规则的制约，在不断使用的过程中，与“坐”意义相近的一些词如“躺”“睡”“趴”等也能够进入该构式，形成相同的构式义，临时形式便具有了能产性。重复使用的不再是某个具体实体，而是一个结构框架，在此基础上，“V+掉$_{2c}$”构式形成。该构式在现当代汉语中才开始出现，主要出现在文学作品和网络语言中，例如：

（102）一个夜晚，差不多就被三个女人给坐掉了。（CCL语料库，海飞《我叫陈美丽》）

（103）星期六就这样睡掉了，明天不能这么睡了，光都没见着。（微博）

至于"V+掉$_{2c}$"构式的产生，则是语法界面和修辞界面、构式组构成分之间互动的结果。具体来说，为了达到某种特殊的表达效果，修辞界面对语法界面进行压制，一些原本无法进入构式体的弱致使性动词如"坐""躺"得以进入该框架中，并且随着使用频率的增加，语义相近的一类动词如"踢""趴"等也进入到构式中，而动词语义类型的扩展，又对"掉$_{2b}$"的语义形成压制，促使语义进一步虚化，形成表"消耗义"的"掉$_{2c}$"，便产生了"V+掉$_{2c}$"构式。

在这一过程中，起主要作用的为类推机制。类推又称类比，作用方式为人们对某个规则或者模式的归纳概括，并在此基础上帮助人们在所熟知词库的基础上创造出新的结构形式，在原型的基础上扩展出非常规结构式。在类推机制的作用下，人们仿照"烧掉""用掉"等原型模式，仿造出"坐掉""躺掉"等新形式，这是"V+掉$_{2c}$"构式产生过程中至关重要的一步。并且进一步运用类推机制，将与"坐""躺"相近的一类动词也填充到框架中，极大提高了构式的能产性。可见，在这一过程中，运用了两次类推。

3.2.2.3　"V+掉$_3$"构式

3.2.2.3.1　"V+掉$_{3a}$"构式

"V+掉$_{2b}$"构式作用于空间域，表达受动者在自身作用力的作用下形成位移，从而达到离开的结果。当"V+掉$_{2b}$"构式在隐喻机制的作用下，由空间域扩展至时间域，构式语义整体抽象化，对“掉$_{2c}$”的语义形成压制，引申出“动作完成”义，即“掉$_{3a}$”。在此基础上，一些完全没有致使性的非自主动词如“塌”“倒”“疯”“死”“忘”等进入到构式中，实现了动词语义类型的又一扩展，便形成了“V+掉$_{3a}$”构式。这一形式最早出现于明末清初。例如：

(104) 圆智听着，才知顺治皇帝原来弃位来此，并没死掉，不觉惊得手足无措。(CCL 语料库，陈莲痕《顺治出家》)

(105) 明年这日，就是你夫妇出身建功的第一日，切记不可忘掉。(CCL 语料库，坑余生《续济公传(下)》)

显然，空间域和时间域认知域之间、构式体和构件之间以及组构成分之间的互动，最终形成了“V+掉$_{3a}$”构式。首先，时间域在隐喻机制作用下，对空间域产生压制，促使“V+掉$_{2c}$”构式语义抽象化，而构式语义的虚化又对“掉$_{2c}$”的语义构成压制，引申为表动作完成义的“掉$_{3c}$”，虚化后的“掉$_{3c}$”对前搭配动词产生压制，一些无致使性的非自主动词得以进入构式，便形成了“V+掉$_{3a}$”构式。

3.2.2.3.2 “A+掉$_{3b}$”构式

“V+掉$_{3a}$”构式中“掉$_{3a}$”的语义指向动词本身，表示动作行为的完成，作用于时间域。而当“V + 掉$_{3a}$”构式在隐喻机制的作用下，进一步由时间域扩展至状态域，便产生了“A + 掉$_{3b}$”构式。这一形式出现于现当代汉语中，例如：

（106）制造玻璃钢车壳，为战备节省钢材，纵有千难万险制造车壳模具，木模不行，第一次用石膏做模，一使用就破掉了。（BCC 语料库，《福建日报》1970 年 5 月 4 日）

（107）会按“重复键”的人听到喜欢的歌，会一直重听，一直一直重听，十遍二十遍，直到腻掉为止。（BCC 语料库，微博）

至于“A + 掉$_{3b}$”构式的形成，则为时间域和状态域之间、构式体和构件之间以及组构成分之间的互动。具体来说，状态域对时间域的压制，导致“V + 掉$_{3a}$”的语义进一步虚化，而其语义的虚化又对“掉$_{3a}$”的语义施压，压制其虚化为“表示状态变化的完成”义，即“掉$_{3b}$”。经引申形成的“掉$_{3b}$”对其所搭配的动词产生压制，一些性质形容词得以进入到构式中，便产生了“A + 掉$_{3b}$”构式。

综上所述，可将“V + 掉”多义构式的演变过程概括如下，具体情况如图 3-3 所示：

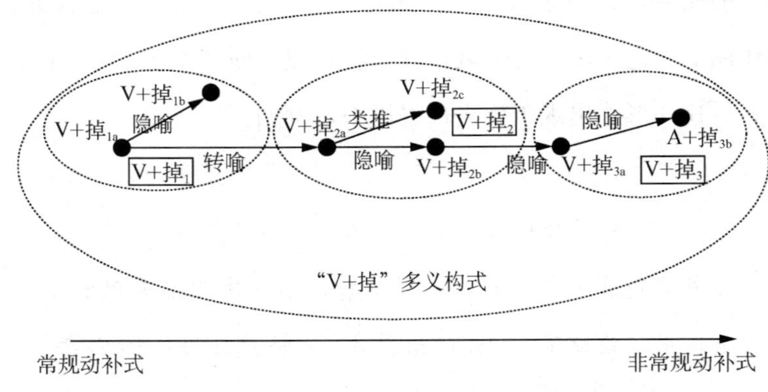

图 3-3 “V+掉”多义构式演变过程及作用机制

图 3-3 显示，“V + 掉$_1$”“V + 掉$_2$”和“V + 掉$_3$”三个下属多义构式，各下属多义构式又包含各下属构式。

其中，下属多义构式“V + 掉$_1$”包含“V + 掉$_{1a}$”构式和“V + 掉$_{1b}$”构式 2 个成员，“V + 掉$_{1a}$”构式产生于韵律和语义、语义和句法不同界面之间的互动，作用机制为类推机制；该构式又在隐喻机制的作用下，扩展出“V + 掉$_{1b}$”构式，这是外部句法成分和构式体、构式体与构件以及空间域和抽象域之间多重互动的结果。“V + 掉$_2$”下属多义构式由 3 个成员组成，其中“V + 掉$_{2a}$”构式为“V + 掉$_{1b}$”构式在转喻机制的作用下扩展而成，为构件之间多重互动；该构式在隐喻机制的作用下进一步扩展出构式“V + 掉$_{2b}$”，同样为组构成分之间互动的结果；在语法和修辞界面、构式组构成分之间互动下形成“V + 掉$_{2c}$”构式，类推为作用机制。“V + 掉$_3$”下属多义构式包括 2 个下属构式，其中构式“V + 掉$_{3a}$”在隐喻机制的作用下由“V + 掉$_{2b}$”扩展而来，为空间域和时间域认知域之间、构式体和构件之间以及组构成分之间多重互动的结果；当“V + 掉$_{3a}$”构式在隐喻机制的作用下进一步扩展，便形成了“A + 掉$_{3b}$”构式，这是时间域和状态域认知域之间、构式体和构件之间，以及组构成分之间互动的产物。至此，“V + 掉”多义构式便已形成。

在这一过程中，完成了“V + 掉”构式由常规动补式到非常规动补式的演变。具体来说，“V + 掉$_1$”多义构式成员均为常规动补式，“V + 掉$_3$”多义构式成员均为非常规动补式，而“V + 掉$_2$”多义构式成员则介于常规动补式和非常规动补式之间。由“V + 掉$_1$”到“V + 掉$_2$”再到“V + 掉$_3$”，这一过程处于动态的连续统之中。

3.3　小结

以上，我们分别以实义补语非常规动补式“V + 透”和虚义补语非常规动补式“V + 掉”为例，基于互动构式理论的多重互动观，对实义补语非常规动补式和虚义补语非常规动补式的句法语义演变过程进行了探究，发现其形成是构式体和外部语法成分、构式体和构件，以及不同界面之间多重互动的结果。至于发挥作用的机制，则是隐喻、转喻、重新分析和类推。

第4章 注意力窗口化与非常规动补式的演变

在认知语言中，“注意力”（Attention）是一个重要的概念，Fillmore（1982）的框架语义学（Frame semantics）、Langacker（1987）的“凸显”（Profiling）理论以及Talmy（2000）的“图形-背景”（Figure-ground）理论等都与注意力息息相关。Talmy（2000、2006、2007、2010）在此基础上提出了“注意力窗口化”（Windows of Attention），他认为在语言的表达过程中，语言可以通过对某一特定情景中的有机组成部分明确提及而使其成为注意的焦点，与此同时运用省略的方法使该场景中其他组成部分处于背景部分。这一现象所涉及的认知过程即是“注意力窗口化”，而涉及的情景则是“事件框架”（Event frame），焦点部位称作“窗”（windows），作为背景的部分则为“隐没部分”（Gap）（Talmy，1996；束定芳，2008：141）。

Talmy共提出了五种类型的事件框架，分别为运动、因果链、循环、参与者互动和相互关系。其中，注意力窗口化最为明显的为运动事件框架（Event frame of motion），而运动事件框架中又以路径事件框架（Path event frame）最为典型，包括开放性路径（Open path）、封闭性路径（Closed path）和假想路径（Fictive path）三种。实际上，开放路径和封闭路径可以合并为实际路径（Factual path），与假想路径相对，而假想路径也可进一步分为开放性假想路径和封闭性假想路径两类。本章我们基于注意力窗口化理论，分别以实义补语中的趋向补语“开”和虚义补语“掉”构成的“V + 开”“V + 掉”为研究对象，对非常规动补式句法语义演变过程进行探讨。

4.1　实义补语“V＋开”动补式同构多义研究

研究发现，“V + 开”动补式具有十分丰富的语义类型，例如[1]：

(1) 把箱子打开。

(2) 这儿裂开了一寸多宽。

(3) 不能随便走开。

(4) 迈开大步朝前走。

(5) 这儿放不开四张床。

1　例句来自吕叔湘：《现代汉语八百词》（增订版），北京：商务印书馆，1999 年版。

（6）把事情说开。

（7）一见到亲人他就哭开了。

上述例句中的“开”，吕叔湘（2004：329—330）认为分别为：人或事物随动作分开、物体随动作展开一定距离、人或事物随动作分开、事物随动作展开、能不能容纳一定数量、比喻开阔/清楚、动作开始兼有放开不受约束。孟琮等（2003：19）认为例（1）—（4）、（6）为放松、分离，例（5）为容纳义，例（7）为进入某种状态。刘月华（1998：381—395）、王国栓（2005）、梁银峰（2007）、宋文辉（2007）认为“V＋开”具有趋向、结果、状态三种语义类型，例（3）是趋向义，例（1）、（2）、（4）—（6）为结果义，例（7）表状态义。这些分类对于研究“V＋开”的语义具有重要参考意义，但未能将其中的语义关联反映出来。

我们认为，从人类认知角度出发，对“V＋开”这一类补语的语义进行分类，辅之句法手段进行论证，或许更有助于人们理解。“V＋开”动补式各意义背后均关联着路径事件框架，而其不同意义的形成，正是路径事件框架不同组成部分窗口化的结果。本节基于注意力窗口化理论，对“V＋开”动补式同构多义现象进行研究。具体来说，“V＋开”动补式的意义包含结果义、结果兼趋向义和状态义，而各意义背后又包含一些不同具体义。

4.1.1　“V+开”动补式的路径事件框架

Talmy（2000）认为一个运动事件框架，至少包含焦点（Figure）、运动（Motion）、路径（Path）和背景（Ground）四个语义要素，作为其典型成员的“路径事件框架”同样包含这四个基本要素，并且路径可以进一步分为开端、中段和末端三个部分。具体到“V 开”结构的路径事件框架，其详细情况如图 4-1 所示。

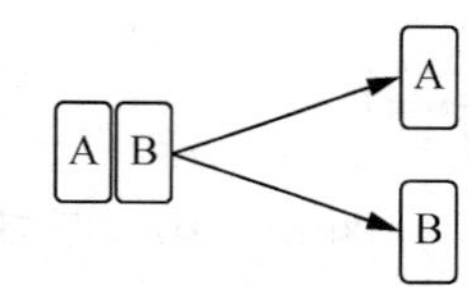

图 4-1　“V+开”的路径事件框架

图 4-1 中，A、B 两个物体，在作用力的驱动下按照一定的方向产生运动，从而形成位移，最终二者发生分离。施动者的作用力可以是外向的，其驱动力作用于自身之外的其他物体，此时为外向致使；也可以作用于施动者本身，其自身既是施动者也是受动者，此时为内向驱动，为返身致使（周红，2017）。在这一过程中，开端为运动前的 A 和 B，中端为位移、位移的方向，末端则为最终分离的 A 和 B。并且，运动的起点和终点处于空间中不同位置，未发生重合，均为开放性路径。“V + 开”结构结果义、结果兼趋向义以及状态义的形成，正是开端、中段和末端不同阶段路径窗口化的结果。下面，我们对此开展详细探讨。

4.1.2　结果义

当注意力焦点集中在运动的终点，开启“末端窗”，“V +

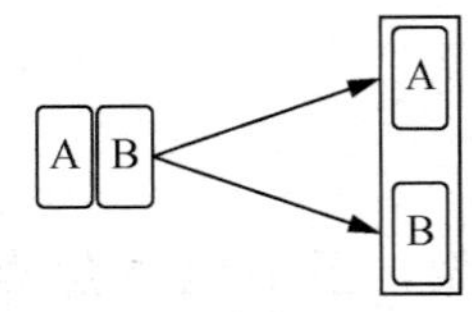

图 4-2　结果义中“V+开”注意力开启窗口

开”便呈现出结果义。此时，受动者 A 和 B 在作用力的驱动下运动，在物理空间形成位移，最终使其发生分离，完成由关闭到打开的结果变化。具体情况如图 4-2 所示（图中矩形表示注意力窗口，下同）。

图 4-2 中，受动者 A 和 B 在驱动力的作用下，在空间域各自按照一定方向运动形成位移，二者发生分离，完成由关闭到打开的变化。需要指出的是，尽管同样是开启末端窗，但是因为注意力焦点关注的侧重点不同，仍会呈现出不同意义。当注意力聚焦于受动者 A 和 B 由关闭到打开的变化结果，就会形成“打开”义；当关注的焦点在于二者由聚合到分离的变化结果，就会形成“分开”义。并且，两个不同意义还会在隐喻、转喻和类推机制的作用下由空间域拓展到其他抽象域，形成新的意义。

4.1.2.1　由关闭到打开

4.1.2.1.1　“打开”义

“由关闭到打开”结果义中第一个具体意义呈现为“打开”义，记作 R_{O1}，为物理空间的实际开放性路径。此时，V 主要为击打类二价动词，包括“打”“推”“拉”“踹”“掀”“砸”“拽”“撩”“撬”等，后接具体实体名词作宾语，如“门”“窗”“抽屉”“帘子”等。例如：

(8) 我掀开那块幕帘，看见了巷子深黑以远的街市里正灯火通明，许许多多的人生游走在灯火通明里，也有许许多多的人生曾经或是正在潜伏于无边的暗黑中……(CCL语料库，《女记者与大毒枭刘招华面对面》)

(9) 同时，它们也吃一些小的动物，把石头作为工具，用它来砸开兽骨，吸吮骨髓。(CCL语料库，《中国儿童百科全书》)

(10) 当她拉开出租车门要往车里钻时，陈在一把将她抱起来，三步两步跑到自己车前，拽开车门把尹小跳扔进了后排座。(CCL语料库，铁凝《大浴女》)

(11) 她驱车直奔儿童艺术剧院，来到剧院门，宋庆龄撩开汽车的窗帘，深情地凝望着剧院的大门。(CCL语料库，陈廷一《宋氏家族全传》)

4.1.2.1.2　“扩展”义

当“V+开”在隐喻机制的作用下整体发生隐喻，由具体空间域映射到抽象概念域，此时“开”便呈现出第二个结果义“扩展”义，记作R_{O2}。在R_{O2}中，并未形成真实的空间物理位移运动，而为抽象域的假想性开放路径。此时，动词依然为击打类动词，后均接抽象概念名词宾语，包括“市场”“眼界”“思想”“思路”等。例如：

（12）我只管你要推销的总指标，至于你如何调动这些人马，如何打开香港塑料制品的市场，就不必细说了。（CCL 语料库，窦应泰《李嘉诚家族传》）

（13）那个时候，我一门心思研究这个名伶的演技，乐而不倦，并且竭力敞开思想，最大限度地接受她的表演所蕴涵的内容。（CCL 语料库，马塞尔·普鲁斯特《追忆似水年华》）

4.1.2.1.3 “由纠结到舒畅”义

当 R_{O1} 在隐喻机制的作用下由空间域映射到状态域，“开”便产生了“由纠结到舒畅”的意义，记作 R_{O3}。与 R_{O2} 一样，R_{O3} 同样未形成真实的空间运动，为假想性开放路径。此时，V 主要包括三类动词：一类为动作类动词，包括“跑”“走”“吃”“抹”“活动”“运动”“推抹”“涂抹”等；一类为言说类二价动词，如“讲”“说”“解释”“阐述”等；还有一类为观想类二价动词，包括“看”“想”等。例如：

（14）她今天跑了十多圈，才把身体跑开，浑身上下热了起来。（自拟）

（15）和祖母说了几句话，他的舌头像是活动开了。（CCL 语料库，老舍《老舍短篇》）

（16）咱们哥几个都是自家人，有什么事情直接讲

开就好，不要憋在心里生闷气。（自拟）

（17）怎么办呢？好在方先生口才好，只要几句话就解释开了。（CCL语料库，钱钟书《围城》）

（18）杨之所以不至于落得如此地步是因为从很早以前他就知道，人类的能力和可能性是有界限的，他已经改变态度把事情看开了。（CCL语料库，田中芳树《银河英雄传说》）

（19）宋蔼龄不听便罢，听后就想开了：他用自己父母的名取了图书馆的名，日后永垂青史，那我的父母呢？（CCL语料库，陈廷一《宋氏家族全传》）

4.1.2.2　由整合到分离

4.1.2.2.1　“分开”义

在“由整合到分离”结果义中，第一个具体意义表现为“分开”义，记作R_{S1}。在R_{S1}中，原本为一个整体的A和B在作用力的驱动下由聚合发生分离，此时运动为物理空间中真实发生的运动，为实际开放性路径。在R_{S1}中，均表达外向致使，动词主要由撕扯义二价动词承担，如“掰”“撕”“扯”“拽”“劈”“炸”等，后均接具体实体名词作宾语，包括“面包”“纸”“书”“石头”“衣服”等。例如：

（20）她掰开烤山芋，往滚烫的金黄瓤子上使劲吹

一口气，同时啃了一大口。（CCL 语料库，严歌苓《穗子物语》）

（21）一提都大锦的背囊，果然重甸甸地，撕开包袱，囊中跌出几只金元宝，滚在都大锦的脸旁。（CCL 语料库，金庸《倚天屠龙记》）

（22）她停顿了一下，终于用震颤的手，将信封扯开，抽出信笺，她的眼光一瞥到“醒儿见示”四个字，她悬挂的心旌，忽然放下了。（CCL 语料库，苏雪林《棘心》）

（23）从袋里取出一个莲蓬，劈开莲房，剥出十几颗莲子，再将莲子外的青皮撕开，取出莲子中苦味的芯儿，然后递在怪客手里。（CCL 语料库，金庸《神雕侠侣》）

4.1.2.2.2 “离开”义

当属于同一整体的两个部分 A 和 B，在类推机制的作用下扩展到独立个体的 A 和 B 时，表达两个独立个体在作用力的驱动下发生分离，同时在隐喻机制的作用下由空间域映射到时间域，此时“开”便呈现出第二个结果义——“离开”义，记作 R_{S2}。在 R_{S2} 中，既可以表达返身致使，也可以表达外向致使。当表达返身致使时，动词主要由身体运动义二价动词和躲闪义二价动词充当，前者如“跑”“走”“蹦”“滚”“翻”“跳”等，后者如

“躲”“闪”“挣”“让”“挣脱”等。例如：

(24) 沙洛夫深思熟虑地微笑着，一边张嘴向空中喷了个烟圈，随即漫不经心地走开了。(CCL语料库，《读者（合订本）》)

(25) 冯眉卿恨恨地把两腿一伸，就在床上翻身滚开了尺多远，似乎刘玉英身上有刺。(CCL语料库，茅盾《子夜》)

(26) 此外，他无论在什么地方，只要看见祖父走来，就设法躲开，因为有祖父在场，他感觉拘束。(CCL语料库，巴金《家》)

(27) 随着一声痛苦的吼叫，卡尔提福特急忙从幼龙边上闪开，从他立足的岩架上摔了下去。(CCL语料库，崔西·西克曼、玛格莉特·魏丝《龙枪短篇故事集》)

当表达外向致使时，动词主要为搬移义二价动词和丢甩义二价动词，前者包括“搬”“移”“抱”“推”“挡”等，后者包括“丢”“甩”“扔”“松”“撒”等。例如：

(28) 这两名家将随同华赫良挖掘地道，知道地道的入口所在，搬开掩盖在入口上的树枝。(CCL语料

库，金庸《天龙八部》）

（29）我移开那块玻璃，把碎片放在灯下小心地检查，且根据我的某种直觉，跑到厨房里，拉把椅子爬上去看柜子里的那个盘子。（CCL 语料库，杰克·坎菲尔、马克·汉森《心灵鸡汤》）

（30）可是猛可地他又想起了另一件事，随手丢开那电报，抓起电话筒来。（CCL 语料库，茅盾《子夜》）

（31）他扔开一只盘子，吉洪赶快将它接住。（CCL 语料库，列夫·托尔斯泰《战争与和平》）

4.1.2.2.3 “区分”义

当 R_{S2} 在隐喻机制的作用下，由时间域映进一步射到状态域，便形成了“区分”义，记作 R_{S3}。R_{S3} 并未形成真实空间运动，为假想性开放路径，均表达外向致使，动词主要呈现为分辨义二价动词，如“分”“分别”“区别”“分辨”“区分”“识别”等，既可与具体实体名词搭配，也可以搭配抽象概念名词。例如：

（32）如果语言里区分 māo 和 gǒu，那么他就能把看到的一只只猫归为一类，一只只狗归为另一类，同时也就把猫和狗区别开了。（CCL 语料库，叶蜚声《语言

学纲要》）

（33）……这恰恰可以说明胚胎中存在着某种识别因子或变异因子，这种因子能将癌细胞与正常细胞分辨开，并且有效地抑制癌细胞的生长。（CCL 语料库，改编自新华社 2011 年 11 月份新闻报道）

（34）思维活动超出具体的、感知的事物，能在头脑中把形式和内容分开，凭借推理、归纳，来解决抽象的问题。（CCL 语料库，广东华图教育）

（35）因此，在这样的辩证可以构成之前，必须发现一种原则，用这个原则来把可避免的和不可避免的矛盾分别开。（CCL 语料库，伯特兰·罗素《我的哲学的发展》）

例（32）中“猫”“狗”以及例（33）中的“癌细胞”“正常细胞”等均为具体实体名词，例（34）中“形式”“内容”与例（35）中的“矛盾”则为抽象概念名词。

4.1.2.2.4　“容纳”义

在 R_1 中，受动者整体在驱动力的作用下，分为 A 和 B 两个部分，所以整体由 A 和 B 组成。从物体所占据物理空间角度来看，整体由 A 和 B 构成可以看成整体的空间可以容纳 A 和 B 两个成分所占据的空间，“容纳”义便由此形成，记作 R_{S4}。作用机制则为转喻机制，具体来说，整体可以容纳 A 和 B 两个物体的空间是使二者能够分开这一事件得以发生的前提条件，也是其发生的起点，可见从 R_{s1} 扩展到 R_{S4}，是整体到部分转喻的结果。在 R_{S4} 中，动词主要由与空间相关的动作义二价动词承担，如“摆”“放”“睡”“躺”“坐”“站”“装”“盛”等，均与具体实体名词搭配。例如：

(36) 这张床这么大，肯定能躺开我们三个人。(自拟)

(37) 冯大狗停了一下，看看周围还是静静的，他说：“我听说共产党肚子大，能盛开一个世界。”(CCL语料库，梁斌《红旗谱》)

(38) 挪了桌子看看空地够不够摆得开，老妈拿出手机拍了一下挪了方向的桌子，我说啥也没有拍啥呀，我妈说拍桌子，我爹说，生儿气了，拍桌子。(微博)

(39) 自从有了娃，再大的床也睡不开，有没有同款的?(微博)

上述诸义，无论动体是具体实体还是抽象概念，运动是发生在物理空间还是抽象域，路径是真实存在还是存在于想象中，它们都是路径事件框架开启末端窗的结果。并且，在开启末端窗时由于关注的侧重点不同，形成不同的意义，但都为“V+开”的结果义。

4.1.3　结果兼趋向义

当注意力聚焦于末端，开启末端窗形成“开”的结果义；当注意力集中于中段，开启中段窗时“开”呈现出趋向义。而当注意力聚焦的范围进一步扩大，同时聚焦于中段和末端，开启“中段窗 + 末端窗”时，开端为背景成分，此时“开”兼具结果义和趋向义。具体情况如图 4-3 所示：

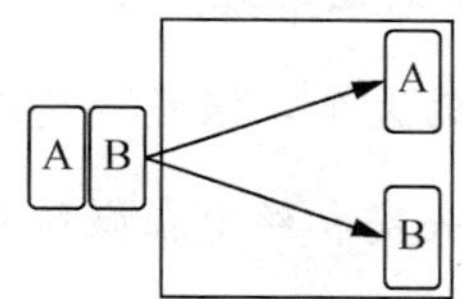

图 4-3　结果兼趋向义中“V+开”的注意力开启窗口

图 4-3 中，受动者 A 和 B 在作用力的驱动下，沿着一定的方向运动形成位移，最终导致二者分离。注意力聚焦于二者运动的位移、方向和终点时，“开”便呈现出了结果兼趋向义。以下，我们对其具体呈现的意义进行分析。

4.1.3.1　“展开”义

在“开”的结果兼趋向义中，第一个意义具体呈现为“展开”义，记作 RD_1。运动在物理空间真实发生，为实际开放性路径。在 RD_1 中，V 主要由铺展义二价动词充当，如“铺”“展”“摊”“撑”“抖”等，后均接具体实体名词作宾语，如“伞”“纸”“手掌”“被子”“毛巾”等。例如：

（40）正不知卫星在何方而苦恼的卫星回收部队和设计人员，听说贵州六枝地区发现卫星，急忙摊开地图一量，直线偏差距离 420 公里。（CCL 语料库，《报刊精选》1994 年）

（41）……她就晃晃他的手臂，放下箫，他又到桌前，铺开白纸，让妻研墨，自己抄录几首古诗词，字是一丝不苟的正楷。（CCL 语料库，《作家文摘》1994 年）

（42）塞纳河波光粼粼流经全城，林阴路旁的露天咖啡馆撑开了鲜艳的大伞，报童一边跑，一边叫卖着当天的报纸，姑娘的头发和丝巾在微风中飘扬……（CCL 语料库，张清平《林徽因》）

（43）掌声中，又走上了一位眷恋祖国文化的中年男子，只见他抖开一方宣纸，凝神片刻，然后疾然运笔，写出了一阕《忆江南》……（CCL 语料库，《人民日报》1996 年 2 月）

4.1.3.2 “扩散”义

RD_1 为物理空间的驱动力产生的实际运动，而当“开”在隐喻机制的作用下，与其相关的路径事件框架结构由具体空间域映射到抽象概念域，“开”便获得一种隐喻义，具体呈现为“扩散”义，记作 RD_2。此时，并未形成真实的位移运动，而是人的注意力沿着假想路径运动，为假想性开放性路径。在 RD_2 中，动词仍然由铺展义二价动词充当，搭配“消息”“故事”“活动”“内幕”等抽象名词。例如：

(44) 菅老师病倒的消息在当地传开了，一个多月的时间，他教过的和没教过的回族学生，以前认识和不认识的回汉群众，为他捐款达10多万元。(CCL语料库，《人民日报》2000年)

(45) 目前，“做合格公民、做文明大学生”的活动已在全校全面铺开，受到了广大师生的一致拥护和积极响应。(CCL语料库，《人民日报》1996年1月)

以上各个意义，无论运动是发生在具体空间域还是抽象概念域，路径是实际开放路径还是假想开放路径，都是路径事件框架开启“中段窗+末端窗”的结果。末端包含着运动产生的结果，中段包含着运动形成的位移和方向，当注意力同时聚焦于二者，便形成了“V+开”的结果兼趋向义。

4.1.4 状态义

当注意力聚焦于运动的起点以及运动形成的位移时，此时开启“开端窗+中段窗”，末端窗为背景成分，“V+开”呈现出状态义。具体来说，受动者A和B在驱动力的作用下运动，形成位移，自身发生了由静止到运动的状态变化。需要指出的是，所聚焦的中段，特指其运动所形成的位移，而运动的方向并不在焦点的范围内，所以其只具有状态义，并不包含趋向义。具体情况如图 4-4 所示：

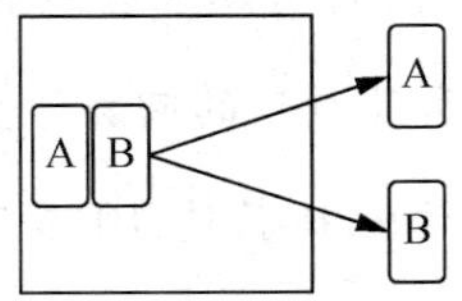

图 4-4　状态义中“V+开”的注意力开启窗口

图 4-4 中，注意力聚焦于受动者 A 和 B 运动的起点以及运动所形成的位移，受动者在力的作用下发生由静止到运动的状态变化，并持续下去，此时终点隐没，“V+开”便形成了状态义。下面，我们对此进行具体分析。

4.1.4.1　“位移的产生及持续”义

状态义的第一个具体义展现为“动作的产生及持续”义，记作 C_1。在 C_1 中，运动为物理空间真实发生的运动，受动者在作用力的驱动下，由静止进行运动，在物理空间产生位移，为实际开放性路径。此时，动词主要由一价位移动作类动词充当，如“跑”“跳”“蹦”“爬”“走”“蹦跶”等，均表达返身致使。例如：

（46）她谎了牛郎要他离开几十步，于是她漫步跑开了，要躲避牛郎底烦扰。牛郎狂奔去追逐她，渐渐迫近了，织女就性急地拔出银簪在后面划了一条线，牛郎追近时，这线就变了河——我们头上的银河。（CCL 语料库，李霁野《三幅遗容》）

（47）帝国军人的脚步只停了一会儿，便又向前走开了……（CCL 语料库，星空《苍月》）

例（46）中“跑开”表示她（王母）由停到跑的状态变化，例（47）中“走开”表示军人从停到走的状态变化，二者均在物理空间中留下实际位移。

4.1.4.2　“动作的开始及持续”义

当 C_1 在隐喻机制作用下，由空间域映射到时间域，表达非位移动作的开始及持续，并未产生实际位移，所形成的路径并非真实路径，而为假想性路径，“动作的开始及持续”义便应运而生，记作 C_2。在 C_2 中，所搭配动词主要为二价非位移动作动词，包括四类：第一类为言说义动词，如“说”“嚷”“喊”“叫”“闹”“吵”“唱”“聊”“谈”“打闹”“议论”等；第二类为思考义动词，如“想”“盘算”“琢磨”“研究”“打算”；第三类为吃喝义动词，如“吃”“喝”“尝”“品”等；第四类为收拾义动词，如“收拾”“拾掇”“布置”“办置”等。此时，均表达返身致使。例如：

（48）……邮递员老李迈着大步，兴致勃勃地朝镇头乡土桥炭坡陈家大屋奔去，一见陈章甫烈士的夫人毛秉琴，老远就喊开了：“陈大嫂，毛主席给您寄钱来了！毛主席给您寄钱来了”！（CCL 语料库，《人民日报》1993 年 11 月）

（49）而翠翠也是添乱，今早起来突然要去省城，说万宝酒楼上住着一个城里人介绍她到省城一家美容美发厅打工呀，梅花不让去，她偏要去，就打闹开了。（CCL 语料库，贾平凹《秦腔》）

（50）80 年代初，内地乡镇企业办得红红火火，我心里琢磨开了：能不能把村里的剩余劳动力组织起来，也办一点企业呢？（CCL 语料库，《人民日报》1995 年 11 月）

（51）以金不失为精明人，看到大伙儿都往一条道上挤，他又盘算开了，“吃蟹族”毕竟有限，如此滥养必招后患。（CCL 语料库，《人民日报》1995 年 5 月）

（52）她伸手夺过任保的一半瓜，贪婪地吃开了。（CCL 语料库，冯德英《迎春花》）

（53）康伟业林珠吃得非常开心，还喝开了白酒，两人举杯相碰，庆贺他们能够真诚地相知相爱，庆贺他们确立了美好的目标和开始了新的生活。（CCL 语料库，《作家文摘》1997 年）

（54）大家便收拾开自己的家伙，有的往鸟铳里装

药，有的磨自己的刀子。（CCL 语料库，刘震云《故乡天下黄花》）

（55）那天，风尘仆仆下了车，与办公室的同志一照面，张龙军就布置开了工作，让大家分头借资料、作调查……（CCL 语料库，《人民日报》1994 年第二季度）

例（48）中“喊”为言说义动词，“喊开”表示“喊”这一动作的开始和持续；例（50）中“琢磨”为思考义动词，“琢磨开”这一整体表示“琢磨”这一抽象动作的开始和进行；例（52）中“吃”为吃喝义动词，“吃开”结构描述了具体动作“吃”的发生和持续；例（54）中“收拾”为收拾义动词，“收拾开”这一结构表达了动作“收拾”的展开和持续进行。

4.1.4.3　“新情况的出现及持续”义

C_2 表示时间域的运动关系，当其在隐喻机制的作用下进一步由时间域扩展到状态域，此时便产生了另一隐喻义，即“新情况的出现及持续”义，记作 C_3。C_3 同样未发生真实运动，并未形成实际位移，所形成路径为假想性开放路径。在 C_3 中，所搭配的主要为性质形容词，如“冷”“热”“暖”“凉”等。例如：

（56）下了两天雨，天就冷开了。[《现代汉语词典》（第 7 版）]

（57）夏天一到，天就热开了。（自拟）

以上诸义，不管运动是发生在空间域还是发生在时间域或状态域，所形成路径是实际开放路径还是假想开放路径，都是路径事件框架开启“开端窗+中段窗”的结果。开端窗包含运动的动体和起点，中段窗包含运动形成的位移和方向，而在此注意力只关注中段运动产生的位移，并不关注方向。当注意力同时聚焦于起点和位移时，便形成了“V+开”的状态义。

4.1.5　“V+开”动补式同构多义演变过程

根据上述研究，可以将“V+开”动补式同构多义演变过程和具体情况归纳为图 4-5：

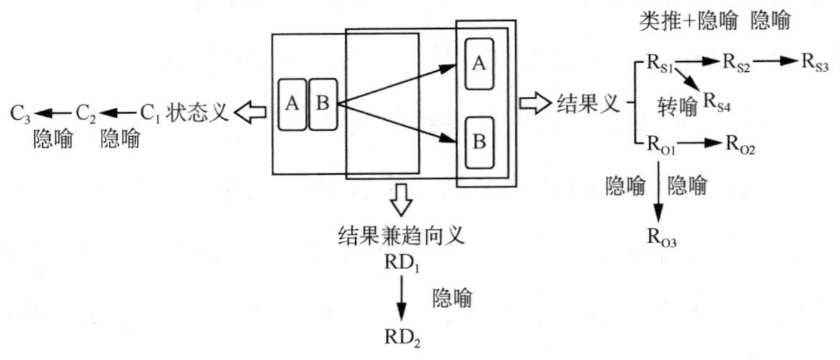

图 4-5　“V+开”动补式同构多义演变过程

具体来说，当注意力聚焦于路径事件框架末端开启“末端窗”时，此时“V+开”呈现出结果义，并且根据关注的侧重点不同，又可分为“打开”义 R_{O1} 和“分开”义 R_{S1}，R_{O1} 在隐喻机制作用下呈现出“扩展”义 R_{O2} 和“由纠结到舒畅”义 R_{O3}；

R_{S1} 在类推和隐喻机制的共同作用下产生“分离”义 R_{S2}，在转喻机制的作用下扩展出“容纳”义 R_{O4}，R_{S2} 则在隐喻机制作用下形成“区分”义 R_{S3}。当注意力焦点同时聚焦在中段和末端，开启“中段窗＋末端窗”时，“V＋开”便呈现出结果兼趋向义，具体表现为“展开”义 RD_1，其在隐喻机制作用下形成“扩散”义 RD_2。当注意力集中于运动的起点和位移，开启“开端窗＋中段窗”时，“V＋开”表现出状态义，具体意义为“位移的开始和持续”义 C_1。而 C_1 又在隐喻机制的作用下扩展到时间域和状态域，分别形成“动作的开始及持续”义 C_2 和“新情况的出现及持续”义 C_3。至此，“V＋开”结构的同构多义体系便已形成。

需要指出的是，在同构多义中存在一种特殊情况即同形同构异义，其外部形式和结构完全一样，但是在不同的语境中，却可以表达不同意义。“V＋开”动补式便存在上述情况，根据“开”不同义是否属于同一类，又包括两种情况：

第一种情况，“开”的不同意义属于同一类义，为不同具体义。以“展开”为例：

（58）荣桓瞄准那棵最大的重阳树，几蹬几蹬就攀了上去，坐在丫杈，展开书，认真读了起来。（CCL语料库，《人民日报》1993年3月）

（59）另据报道，摩洛哥警方26日也展开行动，在该国北部逮捕了数名涉嫌制造马德里爆炸案的疑犯。

（CCL 语料库，新华社 2004 年 3 月份新闻报道）

例（58）中，“展开”中的“开”为结果兼趋向义，具体义为“展开”；例（59）中“展开”的“开”同属于结果兼趋向义，具体呈现为“扩散”义，二者为同一类义下的不同具体义。

第二种情况，“开”各语义不完全为同一类义，为不同类义的交叉。以“跑开”为例：

（60）“太快了！我还没有跑开就结束了！”孙雯有些遗憾地说。（CCL 语料库，新华社 2004 年 7 月份新闻报道）

（61）那人一把抓过钱，连一句话也没说，站起身，头也不回地跑开了。（CCL 语料库，曹禺《日出》）

（62）他没等发令枪响就开始跑开了，最后因为抢跑取消了成绩。（自拟）

例（60）中“跑开”为结果义，具体表现为“由纠结到舒畅”义；例（61）中为结果义，具体为“离开”义；例（62）中为状态义，具体呈现为“动作的开始及持续”义。例（60）（61）中的“开”同属于结果义下的不同具体义，而与（62）则属于不同类义。

它们在不同句子中表达不同意义，而不会产生歧义，得益于语境和注意力窗口化标示语的支持。其中，语境主要为“V＋开”动补式所在句子上下文语境，可以为人们在理解的过程中提供背景支持。如例（60）中我们通过其所在句子的上下文语境“事件发生在一场赛跑比赛中，而且比赛结束得很快”，可以推知“跑开”在此表示结果义，表示“由纠结到舒畅”义。而注意力窗口化标示语则是指在“V＋开”所在的上下文语境中，往往会存在一个词语，标示出此时“V＋开”动补式开启的是哪一部分注意力窗口，从而让听话人快速做出判断并进行识解。例如，例（60）中的“还”与运动所产生结果的实现程度相关，标示结果义；例（62）中“开始”标示动体运动状态的改变，标示状态义。

4.2　虚义补语“V＋掉”动补式同构多义探究

在现代汉语中，“V＋掉”具有非常丰富的语义类型。例如：

（63）好像是要去开什么会议的样子，她用手将肩头上的花瓣拍掉。（CCL 语料库，今野绪雪《圣母在上》）

（64）在你的生活里，你就是主角，不用和其他人商量，丢掉烦恼，丢掉荣禄，享受私奔吧！（BCC 语料库，微博）

（65）据供应公司估计，在奥运比赛的 15 天里，运动员们大概要吃掉 10 万公斤面条。（CCL 语料库，福建日报 1992 年 7 月 30 日）

（66）抱起唐璨，他跟在曲展同身后，也忿忿地走掉了。（CCL 语料库，常欢《温柔藏在傲情里》）

（67）乐儿看了眼腕表，已经四点半了，想不到她睡掉了整个下午的时间。（CCL 语料库，可儿《穿越时空的灰姑娘》）

（68）想忘掉一个你爱的人，就像试图去想起一个你从未见过的人。（微博）

（69）莫不飞甜言蜜语说到一半，不料她有此豪放的行径，当场呆掉。（CCL 语料库，于晴《吉祥娘》）

以上各例中“掉”的意义，吕叔湘（1994：174）根据“掉”前动词是否及物对其意义进行区分：当搭配动词是及物动词时，“掉”表“去除”义，上述例（63）—（65）属于此类；当搭配动词为不及物动词时，“掉”表“离开”义，上述例（66）属于此类。刘焱（2007）将“掉”的意义分为三类，分别是表“客体脱离”的“掉$_1$”、表“客体消失”的“掉$_2$”和表“事件完成、状态变化”的“掉$_3$”，其中例（63）（64）属于“掉$_1$”，例（65）—（67）属于“掉$_2$”，例（68）（69）属于“掉$_3$”。王丹荣（2014）将“掉”归纳为四类，包括“脱落”义“掉$_1$”、“消失”

义“掉$_2$”、“动作完成”义“掉$_3$”和“状态实现”义“掉$_4$”，上述例（63）为“掉$_1$”，例（65）（67）属于“掉$_2$”，例（68）为“掉$_3$”，例（69）是“掉$_4$”。可以发现，前人对于“掉”语义的归纳和划分差异较大，而且未能对不同意义之间的关联性做出系统性表述。

基于人类认知角度，对“V＋掉”这一类补语的语义进行分类，并运用句法手段加以论证，能够更好地将不同意义之间的关联性展示出来，更有助于人们理解。其中，注意力（Attention）作为认知语言学的重要概念之一，与 Fillmore（1982）的框架语义学（Frame semantics）、Langacker（1987）的凸显（Profiling）理论以及 Talmy（2000）的图形-背景（Figure-ground）理论都有着密切联系。基于前人研究，Talmy（2000、2006、2007、2010）进一步提出了“注意力窗口化”理论，认为所有语言可以将一个连贯指称情景的一部分通过显性表达而使其处于注意力的前景部分，从而成为焦点，这一部分称为“窗”，而把该情景的其他部分经过隐性表达或忽略其存在将其置于注意力的背景部分，称为“隐没部分”（束定芳，2008：141）。

在这一认知过程中，涉及的情景为“事件框架”（Event frame），包括运动、因果链、循环、参与者互动和相互关系五种（Talmy，2000）。运动事件框架结构在五种框架中最为明显，是注意力窗口开启的典范（Ungerer & Schmid，2008：221），而运动事件框架中又以路径事件框架最为典型，包含开放性路径、封闭性路径和假想路径三种。实际上，本节要研究的“V+掉”动补式各意义背后均关联着路径事件框架，而其不同意义的形成，正是路径事件框架不同组成部分窗口化的结果。本节基于注意力窗口化理论，对补语“掉”语义的虚化过程进行探讨，并对“V+掉”动补式的同构多义现象进行研究。

4.2.1 “V+掉”动补式关联的路径事件框架

路径事件框架作为一个运动事件框架，一般至少包括焦点（Figure)、运动（Motion)、路径（Path）和背景（Ground）四个语义要素，路径又可进一步分为开端、中段和末端三个部分。在“V+掉”动补式中，“掉”的意义涉及结果兼趋向义和结果义，各意义背后又包含一些不同具体义，而“V+掉”动补式的路径事件框架，具体情况如图 4-6 所示：

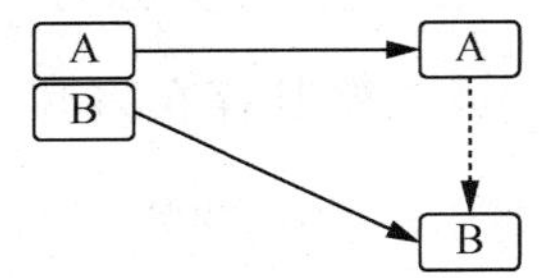

图 4-6 “V+掉”动补式关联的路径事件框架

在图 4-6 中，A 和 B 两个原本相互接触的物体，在作用力的驱使下按照一定的方向运动，形成位移，并最终导致二者分离。施动者的作用既可以是返身致使，驱动力作用于施动者本身，也可以是外向致使，驱动力作用于自身外的其他物体（周红，2017）。在这一路径事件框架中，开端为发生位移前的 A 和 B，中端为运动形成的位移和位移的方向，末端为最终发生分离的 A 和 B。补语“掉”结果兼趋向义、结果义的产生以及“V + 掉”同构多义的形成，正是不同部分路径窗口化的结果。下面，我们对此进行具体阐述。

4.2.2　结果兼趋向义

当注意力焦点集中在末端，开启末端窗时促使“掉”结果义的形成，而当注意力被聚焦于中段，开启中段窗时则会促使“掉”产生趋向义。当末端窗和中段窗被同时开启，此时“掉”兼具结果义和趋向义，既涉及运动形成的位移和位移方向，还包括最终发生分离的受动者 A 和 B。具体情况如图 4-7 所示（图中矩形表示注意力窗口，下同）：

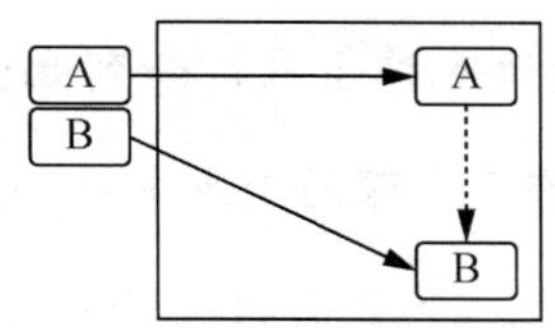

图 4-7　表结果兼趋向义的“V+掉”注意力开启窗口

在图 4-7 中，受动者 A 和 B 原本是相互接触的两个物体，在作用力的驱动下，受动者 A 水平移动，而受动者 B 则发生由上到下的运动，二者之间的距离不断增加，最终导致分离。当注意力集中在运动的位移、方向和终点时，“掉”便呈现出结果兼趋向义。

4.2.2.1 “下落”义

“掉”的结果兼趋向义，第一个具体意义为“下落”义，记为 RD_1。运动真实发生于物理空间，而且运动的起点和终点没有重合，始终处于空间中的不同位置，可见是开放性路径。与 RD_1 搭配的动词均为二价自主动词，主要包括两类：一类是“拍打”义二价自主动词，如“拍”“打”“敲”“抛”等，一类是“剥脱”义二价自主动词，如“剥”“脱”“拽”“拉”等，皆为外向致使。分别举例如下：

(70) 他笑嘻嘻地从她衣服上拍掉一片碎树叶，做作的摇头说：“没摔死，算你命大。”（CCL 语料库，林如是《十七岁的清纯》）

(71) 他边跑边脱掉上衣，奔到池旁，只见柯尔克孜族少年阿克力在 7 米深的涝池中打了几个转，就不见了。（CCL 语料库，《人民日报》1998 年）

在 RD_1 中，搭配的动词均为强致使性、强动作性动词，此时后接宾语皆为具体实体名词，如例（70）中的“碎树叶”、例（71）中的“上衣”，都是表示具体事物的名词。

4.2.2.2　“摆脱”义

在 RD_1 中，受动者 A 和 B 在作用力的驱动下，在物理空间发生运动形成实际位移，这是人眼可以看得到的、实实在在的运动。而当“掉”在隐喻机制的作用下，由具象空间域映射到抽象概念域，“掉”便产生了隐喻义，具体表现为“摆脱”义，记作 RD_2。在 RD_2 中，受动者并未发生实际的位移运动，取而代之的是人的注意力沿着假想路径运动，没有形成实际的位移，为假想性路径。此时，动词仍然为二价自主动词，同样主要包括“拍打”类和“剥脱”类动词，为外向致使。例如：

（72）渔人的心胸，就像大海一样广阔，他抛掉一切怨气，拿出当年的实干精神，投身到生产工作中去。（CCL 语料库，林群英《渔火赞》）

（73）这世间的真伪虚实，谁能说得清呢，没什么是可以推敲的，剥掉了浮华，下头总是千疮百孔……（BCC 语料库，微博）

在 RD_2 中，搭配的动词仍为强动作性、强致使性动词，而此时后接宾语均为抽象事物名词，如例（72）中的“怨气”和例（73）中的“浮华”都是抽象概念名词。

4.2.2.3　“消失”义

在 RD_1 中，受动者 B 在作用力的推动下，相较于受动者 A

发生了由高到低的变化，这与事物由显露到隐藏具有很大的相似性。在人们的认知中，一般来说高处的事物是明显的、外露的，低处的东西是隐藏的、易忽视的，事物由高到低的过程，也就是事物由出现到消失的过程。在隐喻机制的作用下，“掉”形成了又一结果兼趋向义，具体呈现为“消失”义，记为 RD_3。在 RD_3 中，并未发生真实的物理空间位移运动，而是抽象域的假想性路径。此时，所搭配动词仍为二价自主动词，包括两类：一类是“拆毁”义动词，如“拆”“毁”“烧”“删”等，另一类是“吃喝”义动词，如“吃”“喝”“抽[烟]”“吸”等，均表达外向致使。分别举例如下：

(74) 没过一段日子从他们住的地方又引起一场火灾，烧掉了好多树木和苇子。（CCL 语料库，《报刊精选》1994 年）

(75) 汤浚生喝掉了最后一口咖啡，回一回气。（CCL 语料库，梁凤仪《豪门惊梦》）

4.2.2.4 “消耗”义

当“$V+RD_3$”为了达到某种特殊表达效果或者表达特殊意义时，在类推机制的作用下，原本一些无法进入到结构中的动词如“坐”“躺”被临时借入，起初这是一种即兴的、偶发的临时现象，但随着这一临时形式的使用频率增加，它的性质便发生了变化，动词也被这一结构所接纳。在此基础上，便形成了“掉”的又一结果兼趋向义，具体表现为“消耗”义，记作 RD_4。在 RD_4 中，搭配的动词为二价自主动词和一价自主动词，前者如“问”“考”“等”“谈”等，后者如“坐”“躺”“睡”“站”等，均表达外向致使。分别举例如下：

（76）洗个头排这么久的队，我要疯了，半个小时等掉了！（BCC 语料库，微博）

（77）可是我是真的不舒服，这一坐又不知要坐掉几个小时，我真的很累的。（CCL 语料库，蓝其《情逢敌手多暧昧》）

在由 RD_3 扩展到 RD_4 的过程中，总共发生了两次类推。具体来说，人们借鉴“吃掉”“喝掉”等原型模式，仿造出“坐掉”“躺掉”等临时性新形式，这是第一次类推。随着“坐掉”“躺掉”使用频率的增加，人们进一步将与“坐”“躺”相近的一类动词如“站”“趴”“睡”“聊”等也填充到框架中，从而最终促成了 RD_4 的形成。

上述诸义，无论受动者是具体事物还是抽象概念，运动是发生在物理空间还是抽象空间，形成路径是开放性路径还是假想性路径，都是与“V + 掉”动补式相关联的路径事件框架开启“中段窗 + 末端窗”的结果。中段包括运动形成的位移和位移方向，末端为运动产生的结果，当注意力同时聚焦于二者时，便形成了“V+掉”动补式的结果兼趋向义。

4.2.3 结果义

当注意力聚焦于运动形成位移的终点，开启“末端窗”时，“V+掉”动补式便产生了结果义。在结果义中，受动者A和B原本相互接触，在作用力的驱使下，二者在物理空间运动形成位移，导致二者分离。具体情况如图4-8所示：

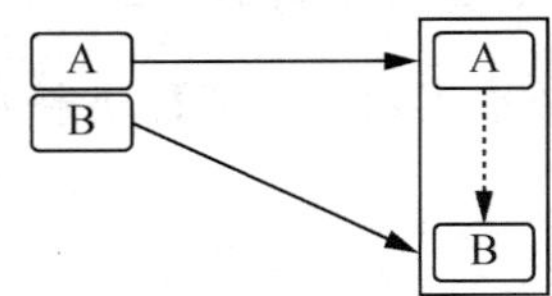

图4-8 表结果义的“V+掉”注意力开启窗口

在图4-8中，受动者A和B在作用力的驱动下，分别按照一定的方向运动形成位移，完成由接触到分离的变化。在这一过程中，注意力的焦点并不在于受动者A和B运动形成的位移和方向，而集中在A和B二者运动后造成分离的这一结果。下面，我们对结果义呈现的具体意义进行探讨。

4.2.3.1 “脱离”义

在“掉”的结果义中，第一个意义具体表现为“脱离”义，记作R_1，为开放性路径。此时，搭配动词主要包括两类：一类是“擦洗”义二价自主动词，如“擦”“洗”“刷”“抹”“冲”

等，一类是“切割”义二价自主动词，如“切”“割”“剁”“砍”“削”等，均表达外向致使。分别举例如下：

(78) 他回到马号就喂马，连着喂过两槽草料把牛马和骡子牵出来拴到树荫下，用扫帚刷掉牲畜身上的伤屑粪疤……(CCL 语料库，陈忠实《白鹿原》)

(79) 后来，庞涓当上了魏国的将军，嫉妒孙膑的才能，就把孙膑骗到魏国，割掉孙膑的膝盖骨。(CCL 语料库，《中国儿童百科全书》)

4.2.3.2　“离开”义

在 R_1 中，受动者 A 和 B 在作用力的驱动下发生了分离，受动者 B 最终与受动者 A 脱离，这一过程与离开的过程具有很强的相似性，二者都是以受动者 A 为参照点，受动者 B 在作用力的驱动下完成了分离。在此基础上，R_1 在隐喻机制的作用下形成了“离开”义，记为 R_2，为开放性路径。R_2 搭配的动词为一价位移性自主动词，如“走”“跑”“飞”“溜”等，均为返身致使。例如：

(80) 然而那位同学不申辩，他大概已经倦于所获得的教育，挟起书包，默默地走掉了。(CCL 语料库，《散文 2》)

（81）两只老燕子，飞回来看一下，看看没有窝，又飞掉了……（CCL 语料库，《都市快报》2003 年 6 月 3 日）

4.2.3.3 动作行为的完成

当 R_2 在隐喻机制的作用下，由空间域扩展至时间域，便形成了“掉”的又一结果义，具体呈现为“动作行为的完成”义，记为 R_3，为假想性开放路径。在 R_3 中，搭配的动词为一价非自主动词，主要包括两类动词，一类为“倒塌”义动词，如“倒”“塌”“垮”“坍”等，一类为“呆傻”义动词，如“呆”“傻”“疯”“癫”等，均表达返身致使。分别举例如下：

（82）现在这个喷口是建堤以来最大的，如果堵不住，北江大堤就可能从这里垮掉。（CCL 语料库，《人民日报》1994 年第 3 季度）

（83）那九个月，村里的气氛紧张、恐怖，其中几个重点排查对象，包括村里的老单身汉钱家豁子、梁家光义因反复被查问而吓得神经错乱，疯掉了。（CCL 语料库，梁鸿《中国在梁庄》）

4.2.3.4 状态变化的完成

R_3 在隐喻机制的作用下，进一步由时间域扩展至状态域，便形成了“状态变化的完成”义，记为 R_4。R_4 同样是假想性路径，此时搭配的述语不再是动词，而是部分性质形容词，如“臭”“馊”“烂”“红”“白”“黄”等。例如：

(84) 天热，当时连没有冷藏设备，厨房里怕剩饭剩菜馊掉，尽量吃个精光。(CCL 语料库，杨绛《回忆我的姑母》)

(85) 今年第一次吃甘蔗，才咬一节，嘴巴酸得要命，耳朵都红掉了。(CCL 语料库，微博)

以上诸义，无论受动者是具体物体还是抽象概念，运动是发生在空间域还是发生在时间域和状态域，路径是真实存在还是存在于想象之中，它们都是与“V+掉”动补式相关联的路径事件框架开启末端窗的结果。

4.2.4 “V+掉”动补式同构多义形成动因

“V+掉”动补式同构多义的形成动因包括内部动因和外部动因，其中内部动因是根本动因。以下，我们对此进行具体阐述。

4.2.4.1 内部动因：经济性原则和象似性原则的竞争和妥协

语言的经济性同象似性二者之间处于相互竞争的状态：语言的经济性原则要求语言系统自身或者语言应用的过程中，在保证言语交际效率的前提条件下，尽量对语言作出省时省力的最佳经济性安排，从而达到减少言语活动中自身力量的损耗（Zipf，1949）。而语言的象似性原则则希望语言能够在最大程度上如实地反映出客观事实，语言符号的能指同所指之间具有一致关系，构成一一对应的理想构架（Zipf，1949）。

根据我们的认知，在现实情况中两种状况都不可能发生，既不可能用几个熟知的、典型的语言形式将所有的事实囊括进去，也无法做到对每一个客观事实都创造一个相对应的语言形式。在此情况下，经济性原则和相似性原则二者之间实现了一种动态制约的平衡，即用一定数量的语言形式对客观事实进行描述，从而达到二者之间的统一。而“V+掉”同构多义的形成，正是这一平衡和统一产生的结果。

具体来说，首先“V+掉”同构多义的产生符合语言经济性原则的要求，用尽量少的语言形式表达尽可能多的意义。其次，“V+掉”同构多义的形成也符合语言象似性原则的要求，在某一具体语境中、同一时间只与一个客观事实相联系，二者之间是一对一的关系。例如：

（86）周雅安<u>抛掉</u>了书，站起身子，在室内绕了个大圈子，然后把手放在江雁容肩膀上……（CCL 语料库，琼瑶《窗外》）

（87）<u>抛掉</u>一切恐惧，因为所有快速和慢速行驶的

列车的卫生间窗户通常装的都是毛玻璃。（CCL 语料库，君特·格拉斯《狗年月》）

例（86）中“掉”表“下落”义，例（87）中“掉”为“摆脱”义，用“V+掉”同一结构表达不同的意义，符合语言的经济性原则。此外，例（86）中，通过“掉”搭配的具体名词宾语“书”，读者可以迅速、准确判断出此时的“掉”为表“下落”义的“掉$_1$”。同样，根据例（87）中的抽象名词宾语“恐惧”，可以快速、准确推断出此时的“掉”为表“摆脱”义的“掉$_2$”。可见，“V+掉”多义构式在具体运用中并不会造成语义的混乱，对结构式语义的识解造成消极影响。

可见，语言经济性原则和象似性原则的制约和统一，是“V+掉”多义构式产生的内部动因，其形成是二者相互竞争、相互妥协的结果。

4.2.4.2　外部动因：话语立场表达的需要

立场（stance）是指言者对所述命题的态度、判断、情感或承诺的显性表达，作为一个语义范畴，是一种静态的语义结果，其语义结果是从立场表达（stance-taking）中形成出来的，立场表达既指对说话人或作者所述信息的态度和评价，也包含说话人对受话人的态度，是一个动态的语言活动（方梅、乐耀，2017：39）。语言形式随着时间的推移和使用频率的增加，由最初的客观陈述事实到后来的开始表达言者的态度、情感和判断等，这必然会促进语言形式的演变。具体到“V＋掉”动补式，“掉”表“下落”义和“脱离”义时，基本上是对客观事实的陈述，不包含说话人个人的情感和态度，但当扩展到表“动作行为的完成”义和“状态行为的完成”义时，则在陈述客观事实的同时，带有说话人对于这一事实的态度和情感，且主要是持否定的态度和负面的情感。根据我们的统计，与表“动作行为的完成”义“掉”搭配的动词基本都是具有消极义的，包括“崩”“残”“痴”“呆”“癫”“废”“疯”“坏”“慌”“昏”“蒙”“傻”“死”“歪”“瞎”“晕”。例如：

(88) 她不过二十七八年纪，从未防过万一，平地一声雷，震得整个人呆掉，忙托罗布臣等人去探听兼夹设法挽回……（CCL 语料库，亦舒《流金岁月》）

(89) 我们当场傻掉，大张着嘴呆在那里，直到张宁生离去，才合拢嘴，立刻觉得嘴干得不行，咽吐沫都没有。（CCL 语料库，王朔《看上去很美》）

此外，即使某些情况下“掉”搭配的动词单独来看并不具有消极义，但是在具体语境中带有说话人对所陈述事实的否定态度和负面情感。例如：

(90) 他躲入被褥里，成天在睡觉，把生活都睡掉

了。（CCL 语料库，张小娴《情人无泪》）

（91）这么美好的一个上午，就被他俩这么聊掉了。（自拟）

例（90）中，“睡”本身并无消极义，但是与“掉”搭配用在句子中，除了表述“他成天睡觉”这一事实外，还表达了作者对“他”的这一行为不认同的态度和指责、不满的情感；例（91）中，“聊”本身也并无情感色彩可言，但当其与“掉”组合使用，除了陈述“他们聊了一个上午”这一事实外，也表达了对于他们浪费美好时间这一行为的否定态度和无奈、痛心的情感。

由此可见，话语立场表达的需要促使“V + 掉”动补式进行扩展，由最初的客观陈述事实到后面开始带有说话人对所述命题的态度、情感、判断和认识等，且主要是表达否定态度和消极情感。

4.2.5　“V＋掉”动补式同构多义扩展过程

依据上述研究，我们将“V + 掉”同构多义的扩展过程与具体作用机制进行归纳概括，如图 4-9 所示。

具体来说，当注意力同时聚焦在路径事件框架中段和末端，关注运动的方向、位移和结果，开启“中段窗 + 末端窗”，此时“V + 掉”呈现出结果兼趋向义，具体呈现为 RD_1“下落”义，RD_1 又在隐喻机制的作用下，扩展出 RD_2“摆脱”义，在类推机制的作用下形成 RD_3“消失”义，而 RD_3 又在隐喻机制的作

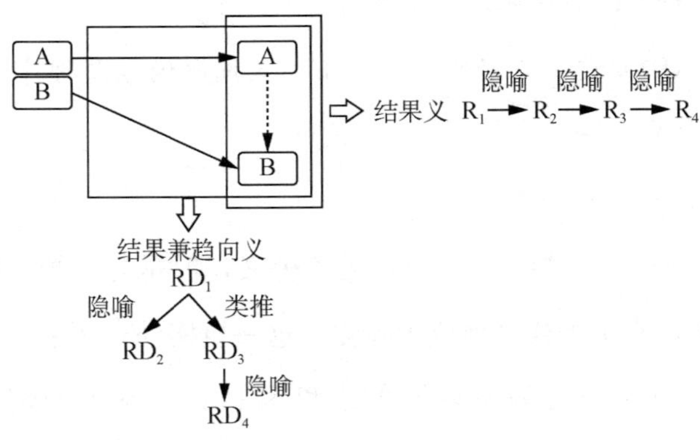

图 4-9 “V+掉”同构多义扩展过程与作用机制

用下产生 RD_4“消耗”义。当注意力集中于运动的结果，开启“末端窗”时，“V+掉”便呈现出结果义，具体表现为 R_1“脱离”义，R_1 在隐喻机制的作用下形成了 R_2“离开”义，R_2 又在隐喻机制的作用下由空间域映射到时间域，形成了 R_3“动作行为的完成”义，R_3 进一步扩展至状态域，产生了 R_4“状态变化的完成”义。至此，“V+掉”动补式的同构多义体系便已形成。至于形成的动因，则包括内部动因和外部动因两个方面，其中内部动因为根本动因，具体呈现为经济性原则和象似性原则之间的相互竞争和妥协，外部动因在形成过程中也发挥了重要作用，具体表现为话语立场表达的需要。

4.3 小结

我们探讨了实义补语“V+开”和虚义补语“V+掉”同构

多义形成过程和作用机制，并对这一现象产生内外部动因进行了探究。在由常规动补式向非常规动补式演变的过程中，动补式会出现同构多义现象，这是受到语言经济性原则的影响。当一个常规动补式形成之后，在语言经济性原则的制约下，必然会从最初形式与意义的一一对应向一对多的方向发展转变。一个形式承担更多的意义，不仅可以使语言更加简洁，同时也会减轻人们的记忆负担，提高语言交际效率。而扩充的主要方式之一就是运用注意力窗口化，通过将注意力集中在与动补式相关联的事件框架不同部分使其突显为焦点，其他部分弱化为背景，从而呈现出新意义。在此基础上，人们在认知中充分运用隐喻和转喻两种方式，将空间域的运动关系扩展到其他抽象域中之中，形成新的意义，再加上类推机制的作用，容纳的语义类型得以不断增加，实现了动补式语义容量的不断扩充，从而完成了从常规动补式到非常规动补式的转变。

随着动补式的语义容量不断增加，有时甚至会出现同形同构异义的情况。而在识解的过程中，听话人会根据具体的上下文语境以及相应的标示语，迅速判断出此时与动补式相关联的事件框架开启窗口的部分，准确定位此时该动补式所对应的意义，并不会造成歧义，影响交际。而且随着时间的推移，使用频率的增加，其标示语和动补式相应语义的对应越来越直接，在识解的过程中已经成为习惯性链接，不仅不会增加人们记忆和识解的负担，相反会促进语言的高效运转和交际的高效运行。

第5章 基于补语语义特征看非常规动补式的演变

本章基于补语的使用环境和语义特征的变化，以“V+死”为切入点探讨非常规动补式的句法语义演变过程。在现代汉语中，“V+死”具有非常丰富的语义类型。例如：

（1）法院认为，被告人陈福兆因痴迷于邪教“法轮功”，为提高所谓的“法轮功”“功力”，竟采取在饮料中掺毒的方法，连续杀死15名无辜公民……（BCC语料库，改自《文汇报》2004年1月1日）

（2）二大爷的遗孀吴娘出面，封死了各院的门洞，通知剩下的人赶快搬到祠堂的楼上去住，堵上祠堂的大门和院门。（BCC语料库，林可行《幻象大限》）

（3）另外，他们还对161个各类包工队进行重新登记、审核，从制度上堵死了个别人企图利用包工队谋私的现象。（BCC语料库，《人民日报》1993年）

（4）危机之前，泰国实行盯住汇率制度，即把泰国铢同一批货币其中主要是美国货币的比价定死。（BCC 语料库，《科技文献》）

（5）您知不知道，当我看见龄儿整个身子蜷缩在地上呻吟，却又不知道原因时，我有多慌？我差点被她给吓死。（BCC 语料库，贺宇慧《追求没有假期》）

（6）你不明白，她简直像没神经一样，明明知道我成天埋在女人堆里，可只要我一回家，她还是迫不及待地缠着我，真是烦死人了。战士道："成天搭奖券，烦死人啦！"（BCC 语料库，楼采凝《假面老公》）

把例（1）—（6）概括起来，"V + 死"共有四种类型，第一种为"打死""杀死""勒死""烧死""踩死"等，此时"死"为具体结果义"（生物）失去生命"（《现代汉语大词典》（第7版）），记作"$死_1$"；第二种为"堵死""封死""塞死"等，此时"死"为结果义"无法运行"，记作"$死_2$"；第三种为"看死""盯死""定死""说死"等，此时"死"为抽象结果义"不活动""不改变"，记作"$死_3$"；第四种为"想死""恨死""愁死""爱死""喜欢死"等，此时"死"为程度义"达到极点"，记作"$死_4$"。

目前对于"V + 死"动补式演变过程的研究，主要集中于从结果补语向程度补语的转变，如岳岩（2009）认为"S + W +

死 + O”为包含使动义句式“S + W + 死$_1$ + O”和自动义句式“S + W + 死$_2$ + O”的多义性句式，“死$_1$”和“死$_2$”的虚化途径和程度都不相同。唐贤清、陈丽（2011）探讨了“死”程度义形成机制以及程度副词的转变过程，并从类型学角度对此进行验证。李宗江（2017）对含有失去生命义的“死、拼命”等动词的虚化轨迹进行探究，认为其都经历了一个由动词到情状副词再到表量特征副词的过程。综观前人研究，对“V + 死”动补式句法语义演变的承继性研究少有涉及。

上述“V + 死”的四种结构形式都为构式，它们之间为同构异义关系，共同构成“V + 死”多义构式。多义构式皆由异质成员组成，包括典型成员、次典型成员和边缘成员，为原型范畴。其中，典型成员为常规构式，其他两种构式为非常规构式。我们基于补语的使用环境和语义特征的变化，对“V + 死”动补式的句法语义演变过程进行探究。

5.1 成员典型程度判定标准

“V + 死”多义构式由四个不同构式组成，它们之间必然存在典型程度的差别（施春宏，2016）。那么，该如何确定它们各自在多义构式中的成员地位呢？我们认为，既然“V + 死”属于更大的典型动补式的范畴，其典型成员就必然完全满足典型动补式的特点，再是次典型成员，而边缘成员与典型动补式的相似性程度最低。典型性越强，越是常规动补式；典型性越低，越是非常规动补式。

具体来说，典型动补式在语义和句法方面具有一些特点。语义方面，典型动补式动词和补语之间具有很强的相关性（董秀芳，2004），包括两种情况，一种是动词语义包含补语的意义，例如“缩小”中动词“缩”的语义中已经包含补语“小”的意义；另一种是补语的语义是动词动作行为能够引发的结果之一，例如“割破”中补语“破”所表示的意义属于动词“割”这一动作行为能够引发的结果中的一种。句法方面，典型动补式能够进行扩展和变换（吴为善，2016：126）。扩展方面，典型动补式既可以加“得/不”进行扩展，也能够进入“一……就……”结构式进行扩展。例如，“摔破”可以扩展为“摔得破/摔不破”“一摔就破”。变换方面，典型动补式动词和补语能够拆开，分别充当两个小句的谓语，例如“小明摔碎了杯子”可以变换为“小明摔杯子，杯子碎了”。下面，我们将根据上述标准，分别对“V＋死”多义构式的四个成员典型程度进行判定。

5.2　对成员典型程度的判定

“V＋$死_1$”构式具体表现为“踩死”“勒死”“烧死”等，以“踩死”为例。语义方面，其补语“死”和动词“踩”之间具有语义相关性，补语“死”表示的“（生物）失去生命”是动词

“踩”这一动作行为可能引发的结果之一。句法方面，“踩死”可以扩展为相关的动作和结果结构，比如可以加“得/不”扩展为“踩得死/踩不死”，也可以进入“一……就……”结构式扩展为“一踩就死”。而且，“踩死”可以进行变换，动词和补语分别充当两个独立小句的谓语。例如：

（7）泰国一大象发狂踩死游客。（CCL 语料库，新华社 2003 年 4 月份新闻报道）

（7′）泰国一大象发狂踩了游客，游客死了。

（8）那是一次恶性凶杀盗窃案件，凶手破门而入，捅死一位八旬老人和一名六岁儿童，抢去现金和珠宝首饰逃窜了。（CCL 语料库，《人民日报》2000 年）

（8′）那是一次恶性凶杀盗窃案件，凶手破门而入，捅了一位八旬老人和一名六岁儿童，老人和儿童死了，抢去现金和珠宝首饰逃窜了。

可见，“V＋死$_1$”构式满足上述所有条件，是典型的动补式，为“V＋死”多义构式的典型成员。

“V＋死$_2$”构式具体呈现为“堵死”“封死”“塞死”等，以“堵死”为例。语义方面，补语“死”与动词“堵”之间存在语义相关性，补语“死”表达的“无法运行”义是动词“堵”所表示的动作行为产生的结果。句法方面，“堵死”可以加“得/不”

扩展为“堵得死/堵不死”，可以进入“一……就……”结构式，变为“一堵就死”。但是，“堵死”变换之后，句子的可接受度大大降低。例如：

(9) ……巨石冲进院子，又堵死了整整一条巷道。(CCL 语料库，《报刊精选》1994 年)

(9′) ?……巨石冲进院子，又堵了整整一条巷道，整整一条巷道死了。

(10) 他花了 7 430 元买的 70 型车，行程 148 公里便在半路中车头失灵，推也推不动，拉也拉不走，雇了小车才硬把摩托车带回家，经检查为钢质太软，二轴四档齿轮严重损坏变形塞死整个传动系统。(CCL 语料库，《人民日报》1995 年 2 月)

(10′) ?……二轴四档齿轮严重损坏变形塞了整个传动系统，整个传动系统死了。

所以，“V＋死$_2$”构式除不能进行变换外，其他条件均满足，其典型性低于“V＋死$_1$”构式，为“V＋死”多义构式的次典型成员。

“V＋死$_3$”构式具体展现为“说死”“看死”“盯死”等，以“说死”为例。语义层面，补语“死”所表示的“不改变”义和动词“说”所表达的动作行为之间既不存在包含与被包含的关系，补语“死”也不是动词“说”这一动作行为能够产生的结果。所以，二者之间不具有语义相关性。句法层面，“说死”可以添加“得/不”变为“说得死/说不死”，但不能进入“一……就……”结构式扩展为“* 一说就死”。而且，“说死”也同样不能进行变换。例如：

(11) 我想，任何问题都不能把它说死。(CCL 语料库，《人民日报》1996 年 11 月)

(11′) *我想，任何问题都不能把它说了，不能把它死了。

(12) 总之，这部分钱怎么用，千万要让工人充分讨论，不要规定死比例，真正使工人成为企业的主人，不要首长说了算。(CCL 语料库，《作家文摘》1993 年)

(12′) *总之，这部分钱怎么用，千万要让工人充分讨论，不要规定比例，比例死了，真正使工人成为企业的主人，不要首长说了算。

可见，“V + 死$_3$”构式除了满足可以加“得/不”扩展外，其他条件均不满足，相对于前两个构式，其典型性进一步降低，但仍为“V + 死”多义构式的次典型成员。

“V + 死$_4$”构式具体形式包括“想死、爱死、恨死、烦死、麻烦死”等，以“想死”为例。语义层面，其补语“死”所表达的意义“达到极点”与动词“想”所表示的动作行为之间，既不是包含与被包含的关系，也不是动作行为与形成结果的关系，二者之间并无语义相关性。句法层面，“想死”既不能加“得/不”扩展为“*想得死/*想不死”，也不能进入“一……就……”结构式变为“*一想就死”，而且“想死”也不能进行变换。例如：

（13）中年汉子的手提包“啪”的一声掉到地上，张开双臂将飞奔过来的小孩紧紧抱在怀里：“儿啊，终于找到你了，家人想死你了。”（CCL语料库，《报刊精选》1994年）

（13′）*中年汉子的手提包“啪”的一声掉到地上，张开双臂将飞奔过来的小孩紧紧抱在怀里：“儿啊，终于找到你了，家人想你了，家人死了。”

（14）俺更是爱死她了，俺用力的推着她，挣扎着说：“俺被你抱的喘不过气了！松手松手快松手！俺俺俺……”（CCL语料库，网络语料）

（14′）*俺更是爱她了，俺死了，俺用力的推着她，挣扎着说：“俺被你抱的喘不过气了！松手松手快松手！俺俺俺……”

可见，“V+死$_4$”构式均不满足上述条件，其典型性比“V+死$_3$”还要低，为“V+死”多义构式的边缘成员。

通过上述研究可以看到，从“$V+死_1$”构式到“$V+死_4$”构式满足典型动补式条件的数量不断下降，其典型性不断降低，从而形成了由典型成员、次典型成员和边缘成员构成的原型范畴“V+死”多义构式。其中，“$V+死_1$”为常规构式，其他三个构式均为非常规构式，且在非常规构式中也存在程度差别，“$V+死_4$”构式的非常规程度最高，而“$V+死_2$”构式则最低。

5.3 “V+死”多义构式形成过程与作用机制

词义是在语用环境中形成，又是在语用环境中不断发展变化的，因此对词义的分析可以而且应该在其使用环境中进行（朱彦，2005）。在动词性语境中，对其词义影响最大的是其主体和客体角色（朱彦，2006）。其中，主体角色包括施事、致事、感事和主事，客体角色包含受事、与事、对象、结果和系事（袁毓林，2002）。具体到动补式中的“死”，在对其语义进行分析的过程中，除相关的主客体角色外，还包括与“死”搭配的动词，可以形式化为：

$$S_{主体}+［（V+死）+O_{客体}］$$

因此，我们可以从上述三个方面对补语“死”的语义角色进行分析，从而对“死”的语义进行归纳。词汇语义学认为，对词义的描写实际上就是对“义位”的分析，义位是最基本的语义单位（张志毅、张庆云，2005：13—14）。本章从语义特征的角度对补语“死”的义位进行分析，每一个义位都对应一个语义特征集。

5.3.1　典型成员“V+$死_1$”构式

“V+$死_1$”构式的雏形是先秦时期的“V而死”结构，此时“死”作为连动结构中的后一动词，而且在“V”与“死”之间往往有其他宾语[1]。例如：

（15）冬十月，以宫甲围成王。王请食熊蹯而死，弗听。（CCL语料库，战国·左丘明《左传·文公元年》）

例（15）中“死”为“食熊蹯而死”这一连动式的后一动词，并且在其前动词“食”之间，还有宾语“熊蹯”。在这一阶段，二者之间语义距离较远。

随着时间的推移，在先秦后期出现了“V+死”结构，但并不是动补式，而是“V而死”结构的省略，“死”依然充当连动式中的后一动词，但此时两个动词之间不仅省略了“而”，也不

1　关于“V+死”动补式产生原因和时间，前人研究很多。太田辰夫（1987）、梅祖麟（1991）、吴福祥（2000）和梁银峰（2006）等学者都对此进行过研究。本书中，我们采用梅祖麟（1991）关于“V+死”动补式形成动因和时间的观点。

再出现其他宾语。可见，二者之间的语义距离已经拉近。例如：

（16）居无何，二世杀死。（CCL 语料库，西汉·司马迁《史记·滑稽列传》）

到六朝时期，“V + 死”结构开始后接宾语，加上汉语双音节化趋势的驱动（梅祖麟，1991），该结构的语义平衡被打破，语义重心开始前移，“V + $死_1$”动补式便由此形成，入唐后逐渐增多。例如：

（17）是邻家老黄狗，乃打死之。（CCL 语料库，南朝·刘义庆《幽明录·太平广记卷》）

（18）射死万户一人，生获千户五人。（CCL 语料库，宋·员兴宗《采石战胜录》）

由此可见，“V + $死_1$”构式的产生是“V（而）死”结构与外部句法成分互动、韵律和语义以及语义与语法不同界面互动的结果。以例（17）中“打死”为例，当“打 + 死”结构整体后接宾语，“打”和“死”二者便在外部宾语即“老黄狗”的压制下拉近了语义距离，再加上韵律双音节化对其意义的压制作用，促使语义重心前移，“打”和“死”的意义发生融合，“死”的动作性降低，逐渐向表示动作行为产生的结果演变。而“死”动作性的减弱，语义地位的降低，对其句法角色形成压制，导致语法地位下降，不再与连动式中前动词“打”的句法地位平等，而处于次要地位，整体语法结构便由连动式转变为动补式。

根据搜集到的语料，“V + $死_1$”构式在形成初期，搭配的动词均为强动作性、强制性动词，如“砍”“剁”“敲”“锤”“捅”等；“客事”均为生命体受事，如“人”“羊”“树”“孩子”“农奴”等；“主事”为生命体施事或者非生命体致事。以“砍死”为例，在 BCC 语料库共搜集到 106 个例句，经验证均符合条件，客事为生命体受事的共 106 例，占总数的 100%；主事为生命体施事的为 106 例，占总数的 100%。因此，“$死_1$”的语义角色为：

$死_1$：[生命体施事或非生命体致事，强动作性、强致使性动词，生命体受事]。

此时，“$死_1$”的语义为“（生物）失去生命”，具体来说，“$死_1$”代表着生物体生命的终结（唐丽，2015），具有终结义；同时生命的终结意味着失去和分别，是人们所不希望看到和经历的，因而含有非期望义；并且生命体发生了由活着到死亡的状态变化，具有变化义；而且生命从起点（即出生）到终点（即死亡）是个时间过程，“死亡”是这一过程的终结，是一种“极点、顶点”的概念（唐贤清、陈丽，2011），为终极状态，具有不可逆性，含有终极义。因此，其语义特征可以具体表述为：$死_1$ = [+结束义][+变化义][+非期望义][+极性义]。

5.3.2 次典型成员“V+死$_2$”构式

随着时间的推移和使用频率的不断增加，“V+死$_1$”构式由只与生命体名词搭配扩展为可以和非生命体名词宾语组配。例如：

（19）说着，走到了老太太跟前，说：“痰啦痰啦，你快出来吧！老太太要堵死了。”（CCL 语料库，清·郭小亭《济公全传》）

（20）不多时，探子回来禀报说：“悬漠山这座山口连一个兵也没有，上无有旌旗，惟用木石堵死了山口。”（CCL 语料库，清·贪梦道人《康熙侠义传》）

例（19）中“堵死”非生命体“老太太”搭配，表示生命的消失；例（20）中“堵死”与非生命体“山口”搭配。此时，由于所搭配宾语本身并不具备生命，具有［+具体事物，-具有生命］的语义特征，便会产生语义异常句。再如：

（21）那两道小河源流的起点，离开包村不过二十多里，只要去把那个来源塞死，风水既破……（CCL 语料库，清·徐哲身《大清三杰》）

例（21）中，当“死”表示具体结果义“失去生命”时，“塞死”不能与“来源”搭配，“来源”也不能对“塞死”进行压制。此时，听话人的脑海中会形成双重影像（Double image）。所谓双重影像，是指语义异常句中的非常规搭配，不仅勾起了通常的联想关系以及相对应的意象，还同时诱发了听者对新的搭配所构成意象的想象（束定芳，2002），而激发双重影像的关键，则在于二者之间的相似性。例（21）中，非生命体“来源”（即水源）与生命体“人”等生命体看似并无联系，实际上却具有很大的相似之处：“来源”具有流动性，如果畅通，不断向外输送水分就是激活的状态，如果堵塞，停止向外输送水分就是死亡的状态；这与“人”具有很大的相似处，“人”是一种社会生命体，具有很强的社会活动性，当处于社会生活交际中，承担各种社会角色，源源不断为社会输出能量时，就为活着的状态，当从社会生活中消失，不再承担任何社会角色，停止向社会输出能量时，则为死亡状态。因此，听话人在对“塞死来源”进行识解的过程中，脑海中会同时形成“来源”和“人等有生命的物体”的双重影像，从而顺利完成识解。此时，“V＋$死_1$”构式整体语义发生变化，促使“$死_1$”的语义由“失去生命”义转变为表“无法运行”义的“$死_2$”，便形成了“V＋$死_2$”构式。

可见，后接非生命体名词宾语促使“V＋$死_1$”构式整体语义发生转变，导致“$死_1$”的意义变化，产生了“V＋$死_2$”构式。可以发现，“V＋$死_2$”构式的形成，是外部句法成分和构式体，以及构式体与构件之间多重互动的结果，整个过程主要作用于语义界面。具体来说，当“V+死$_1$”构式后接非生命体名词宾语时，其“表示动作行为致使生命体失去生命”的构式义不能满足非生命体名词宾语的语义要求，二者无法进行搭配。此时，“V+死$_1$”构式整体便在外部句法成分即非生命体宾语的压制下，语义发生变化，表示“动作行为致使事物无法运行”义。在此基础上，构式整体对构件“死$_1$”进行压制，促使“死$_1$”语义由“失去生命”义变为“无法运行”义。至此，“V+死$_2$”构式便已形成，它是在典型成员的基础上扩展而成，为该多义构式的次典型成员。

根据搜集的语料，“死$_2$”仍然与强动作、强致使性动词搭配，但受其动作行为影响的客事变为非生命体，主事仍为动作行为的发出者或致使者，语义角色具体表现为：

死$_2$：[生命体施事或非生命体致事，强动作性、强致使性动词，非生命体受事]。

在此情况下，“死$_2$”表“无法运行”义，非生命体停止运行，失去了发挥作用的价值，具有结束义；同时由正常运行的状态变为无法运行的状态，如“水源”由通畅到堵塞的状态变化，具有变化义；而且这种变化往往是人们所不希望看到的，如“大雪封死了山的出口”，“出口”是人们出山的重要甚至是唯一通道，出口的堵塞必然给人们的正常生活带来诸多不便和不利，因而具有非期望义；但“无法运行”并不是非生命体能够得到的最极端的情况，还有一些比这更严重的情况存在，并不是终极状态，如“水源”即使无法再输送水源，但还是可以存在，不至于消失，而且这种变化并不是不可逆的，在某种情况下可以再次恢复，如堵塞的“水源”可以在疏通之后重新使用，因而不具有终极义。因此，其语义特征可以具体表述为：$死_2$ = ［+结束义］［+变化义］［+非期望义］。

5.3.3　次典型成员“V+$死_3$”构式

如前所述，在“V+$死_1$”构式和“V+$死_2$”构式中，能够进入的动词均具有［+强致使性，+强动作性］的语义特征，如“杀”“勒”“掐”“堵”“塞”等。而随着“$死_1$”到“$死_2$”语义的虚化，对动词的语义要求降低，一些动作性、致使性不是很强的动词如“看”“说”“讲”“定”等得以进入到该结构式，“死”搭配动词的语义类型实现扩展，结构语义容量得到扩充。相较于“杀”“堵”等动词，“看”“说”等动词的致使性和动作性明显降低。而这些动词的加入，打破了原有语义关系的平衡，原本前动词和补语“死”之间具有很强的因果关系，“死”所表示的语义正是前动词所表示动作行为产生的结果，如“打死”的语义关系可以表述为“因打而死”。而当前动词扩展为“看、说”等致使性和动作性均较弱的动词时，此时动词和补语“死”之间的这种语义关系被削弱，二者之间不再具有强烈的因果关系。如“看死”二者之间的语义关系不能被具体阐述为“*因看而死”。

“看”“说”“讲”“定”这些动词的加入，反过来对“死$_2$”的语义形成压制，促使“死$_2$”的语义进一步虚化，由“无法运行”义扩展到“不活动”“不改变”义，“V+死$_3$”构式得以形成。例如：

(22) 曾杰一听，摇了摇头说;“五爷，您可别把话说死。之前，我不能把话说死。(CCL 语料库，张贺芳《小五虎演义》)

(23) 莫如我将她盯死，我跟姓马的，我也没有人家，倒是一件乐事。(CCL 语料库，清·贪梦道人《彭公案》)

可以发现，“V+死$_3$”构式的形成是构件之间多重互动的结果。“死$_2$”的语义发生虚化，对其所搭配的动词形成压制，致使该构式对动词的语义要求降低，一些动作性、致使性不是特别强的动词得以进入到构式中，而新进入的这些动词又反过来对“死$_2$”形成压制，促使其语义进一步虚化，便形成了“V+死$_3$”构式，它是在次典型成员的基础上扩展而成的，同为该多义构式的次典型成员。

此时，与“死$_3$”搭配的动词变为动作性、致使性较弱的动词，因而对客事的影响大大减弱，客事不再是动作所表示行为的承担者，而变为关涉的对象，既可以是生命体，也可以是非生命体，而主事则缩减为只能是动作行为的发出者。语义角色变为：

死$_3$：[生命体施事，弱动作性、弱致使性动词，生命体或非生命体对象]。

此时，“死$_3$”为“不活动、不改变”义，是对关涉对象所处状态的描述，关涉对象由不确定的状态发展到确定的状态，具有变化义；同时这一变化代表着不确定状态的结束，因而具有结束义；但这种变化并不是人们所不期望的，有些时候还恰恰是人们所期望看到，如“开会的时间迟迟没有定下来，直到昨天才定死”，而且关涉对象也没有受到任何损害，因而不具非期望义；并且这种变化并非所关涉对象能到得到的终结状态，同样具有可逆性，在某些情况下可以恢复，如“确定的时间”可以因为一些特殊情况或原因被提前或推迟。因此，“死$_3$”语义特征可以具体表述为：死$_3$＝［＋结束义］［＋变化义］。

5.3.4　边缘成员“V＋死$_4$”构式

“V＋死$_1$”构式用于说话人叙述时，“死$_1$”的语义只能关涉他人，而不能关涉说话人自身，因为已经失去生命的生命体无法再开口说话。而当说话人在交际的过程时，将“死$_1$”的语义指向说话人自身时，根据我们的认知，死人是不可能说话的，也不可能有感受，便形成了语义冲突。语义冲突又称语义偏离，是指在语言意义组合的过程中，打破语义选择的常理或者限制的语言现象，包括句子内部语义冲突和句子与语境之间语义冲突两类

(束定芳，2002)，本章的“气死”“饿死”等“V + 死$_4$”构式的形成属于第二种情况。例如，例（29）中当说话人表达自己被气死的意义时，根据我们的背景知识和认知，死人是不会开口说话的，此时句子与语境之间就形成了语义冲突，这是通过一个自我矛盾、自我毁灭的陈述形成一个看似自我矛盾、实则有特殊意义的句子。“毁灭”的是句子的字面意义，而新的意义正是在“毁灭”的过程中产生的（束定芳，2002)。听话人根据说话人表达的语境，推断出说话人所要表达的真正含义，“死”在此并非表达具体的结果，而是表达说话人生气的程度达到了可以死亡的地步。

所以，听话人在认知识解的过程中对“死$_1$”的意义进行调整，“死$_1$”不再表达具体结果义“失去生命”，而是表达说话人的主观感受。在动词所表示的动作行为对人体所产生的生命体征中，存在着一个量级（scalar）（董正存，2016)，包括“叫/喊”“哭/笑”“呆”“晕”“傻”“疯”“死”等。在这个程度量级表中，越往前其严重性越低，可实现程度越高；越往后其严重性越高，可实现程度越低。可实现程度越高，严重程度越低，越倾向于作结果补语；可实现程度越低，严重程度越高，越倾向于作程度补语。而“死”处于这一程度量级的顶端，在表达说话人主观感受时便产生了“达到极点”的意义，“死$_4$”的程度义由此形成，形成了“V + 死$_4$”构式。在形成初期，能够进入动词的动作性、致使性较强，如“气”“吓”“饿”“憋”“熏”“撑”等。这一时期，存在大量的同形同构异义的现象。例如：

(24) 闻爹遭困莫道梁生身气死，又道钱爷入见老夫人：今日边庭人走报，胡兵十万乱纷纷。(CCL 语料库，明·钟映雪《花笺记》)

(25) 好一个胆大的妇人，你敢不遵我的家规，真要把我气死。(CCL 语料库，清·杨德茂《大八义》)

例(24)中“气死”的“死”表示具体结果义，表示“爹”失去生命；例(25)中“气死”的“死”为程度义，表示“我”生气的程度达到极点的主观情感。

随着时间的推移和使用频率的增加，得以进入这一构式的动词语义类型得到扩展，一些动作性、致使性不强的心理动词也进入到该结构中，如“想”“狠”“愁”“喜欢”“讨厌”“担心”等，甚至部分性质形容词也进入了该构式，如“脏”“沉”“难”“挤”“便宜”“麻烦”等。此时，“死”只表示抽象程度义，而不再表示具体结果义，例如：

(26) 陈奶奶说：“童相公蒙他救我女儿，我今日不能救你，我都恨死了，我都急死了!”(CCL 语料库，清·崔象川《玉蟾记》)

(27) 铁拐先生不等她说完，大笑道：“你倒会客气，我可给你麻烦死了。你既要就正于我，怎么把我这徒弟抢了去?”(CCL 语料库，清·无垢道人《八仙得道》)

例（26）中“恨”为心理动词，“死”此时表达主观情感“恨”的程度达到了最高值；例（27）中“麻烦”为性质形容词，“死”在此表示事情情况的“麻烦”程度到达了最高点。

这与李宗江（2007）对动词后“死”的虚化过程描述具有一致性。李宗江（2007）将“死”前的动词分为三类，第一类为“杀”“打”“摔”等，称为 V_1，认为此时“死”为本义，表示动作行为对生命构成的损害，表结果；第二类为“气”“愁”“吓”等，记作 V_2，此时“死”不表示本义，而表示某一对象在动词所表示动作行为的影响下呈现出的痛苦、无奈的情态，表情状；第三类为“欢喜”“高兴”等动词或形容词，“死”只表达量上的特征，主要为表达程度，记作 V_3。实际上，“V_1 + 死”与“V + 死$_1$”相对，“V_3 + 死”与“V + 死$_4$”对应，“V_2 + 死”即为二者中间过渡状态，其演变过程具有一致性。如表 5-1 所示：

表 5-1 “V+死”的演变过程

<table>
<tr><td colspan="3">V_1 + 死（本义，表结果）→V_2 + 死（虚化，表情状）→V_3 + 死（虚化，表量）</td></tr>
<tr><td>V + 死$_1$（关涉他人）</td><td>V + 死$_{1/4}$（关涉他人或说话人）</td><td>V + 死$_4$（关涉说话人）</td></tr>
</table>

可以发现，“V + 死$_4$”构式是语用和语义界面以及构式体和构件之间互动的结果。具体来说，当说话人使用“V + 死$_1$”并且“死$_1$”的语义指向说话人自身时，从语义的角度看此句并不成立，但从语用的角度看，说话人之所以采用此种表达方式是为了表达自身的主观情感，达到一种特殊的语用效果。所以，语用界面便对语

义界面形成压制，促使“V+死$_1$”构式的语义进行调整，而“V+死$_1$”构式体又对构件“死$_1$”产生压制，促使“死$_1$”语义由表达具体结果义转变为表达抽象程度义，从而达到了特殊的语用效果，“V+死$_4$”构式也由此形成，为“V+死”多义构式的边缘成员。

在“死$_4$”的语义角色结构中，与其搭配的是动作性和致使性很弱的心理动词和部分性质形容词，受其影响，主事不再是动作行为的发出者，而是所表示心理活动和状态的感受者，客事为心理活动和状态关涉的对象，语义角色具体呈现为：

死$_4$：[生命体感事，心理动词和性质形容词，生命体对象]。

在表示“达到极点”义的“死$_4$”中，此时“死$_4$”表达感受者的主观情感达到极点（唐贤清、陈丽，2011），为程度补语，具有极性义，且此时仅表达主观上的程度义，词义甚虚，并不包含“死”的基本语义特征（唐贤清、陈丽，2011），因而不具有结束义，由基本义带来非期望义的也一并消失；人们在对程度深浅的衡量上，体现的是一种变化，即程度具有［+变化］的属性（王世凯，2010），受其影响“死$_4$”具有变化义。因此，“死$_4$”语义特征可以具体阐述为：死$_4$=［+变化义］［+极性义］。

5.4　小结

综上所述，我们探讨了“V+死”多义构式的形成过程，具体情况如图 5-1 所示。

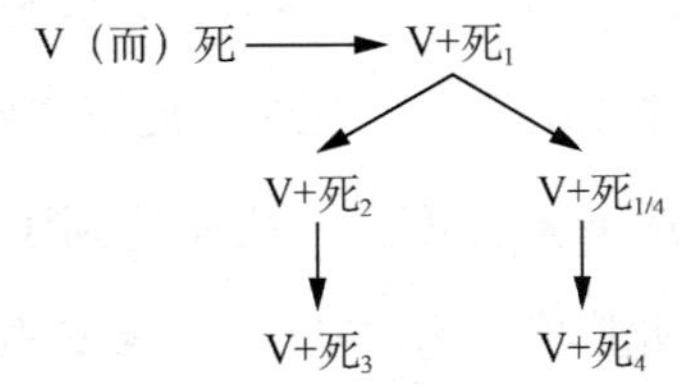

图 5-1 “V+死”多义构式形成过程

具体来说，“V + 死$_1$”构式是“V + 死”结构式与外部句法成分、韵律和语义界面以及语义和语法界面之间多重互动的结果；“V + 死$_2$”构式形成于外部句法成分和构式体、构式体和构件之间的多重互动；“V + 死$_3$”构式则是由不同构件间多重互动而来；“V + 死$_4$”构式产生自语用和语义界面以及构式体和构件之间的互动。至此，包含典型成员、次典型成员和边缘成员的“V + 死”多义构式便已形成。

根据上述分析，“死$_1$”到“死$_4$”的语义角色变化为：

死$_1$：[生命体施事或非生命体致事，强动作性、强致使性动词，生命体受事]

死$_2$：[生命体施事或非生命体致事，强动作性、强致使性动词，非生命体受事]

死$_3$：[生命体施事，弱动作性、弱致使性动词，生命体或非生命体对象]

死$_4$：[生命体感事，心理动词和性质形容词，生命体对象]

在由“死$_1$”扩展至“死$_3$”以及“死$_1$”扩展为“死$_4$”的过

程中，其相应的语义角色结构的变化为：“死”搭配的动词动作性和致使性不断减弱，由强动作、强致使性动词扩展为弱动作性、弱致使性动词再到心理动词和部分性质形容词；受搭配动词的影响，客事由生命体受事变为非生命体受事，再到生命体或非生命体对象，最后到生命体对象；主事由生命体施事、非生命体致事缩减为生命体施事，再到生命体感事。

在这一过程中，“死”的语义特征在不断缩减，具体情况如图 5-2 所示：

死$_1$：[+结束义][+变化义][+非期望义][+极性义] ⟹ 死$_4$：[+变化义][+极性义]

⇓

死$_2$：[+结束义][+变化义][+非期望义]

⇓

死$_3$：[+结束义][+变化义]

图 5-2　“死”语义特征变化

如图 5-2 所示，在由“死$_1$”扩展为“死$_2$”的过程中，失去了［+极性义］，在由“死$_2$”扩展至“死$_3$”的过程中，又失去了［+非期望义］；而在由“死$_1$”发展为“死$_4$”的过程中，则保留了［+变化义］和［+极性义］，失去了［+结束义］和［+非期望义］。可以发现，从“死”语义特征变化角度形成的“死”的语义演变过程，与从历时角度得出的“V+死”多义构式形成过程一致。可见，“死”的语义的变化与“V+死”构式的扩展密切相关，同时也验证了从补语语义特征角度对非常规动补式形成过程进行分析的合理性和准确性。

第 6 章　从补语语义指向探讨非常规动补式的形成

结果补语的语义指向问题，一直是汉语学界研究的热点。张国宪（1988）对动词充当结果补语的语义指向进行了研究，对其支配成分的数量、语义指向及其相应的形式标志进行了分析。梅立崇（1994）从述语动词、补语、宾语等成分的语义特点和语义联系方面，对补语的表述对象进行了考察。马婷婷（2017）从语义双向选择角度对结果补语语义指向对象进行了探究，认为决定其语义指向对象的关键因素为谓词的语义特征。然而，根据搜集到的文献，目前的研究主要集中于结果补语语义指向特征方面，而对补语语义指向对动补式自身演变作用的研究则比较少。我们认为，通过对补语语义指向的变化对非常规动补式的句法语义演变过程进行探究，不失为一种重要的研究思路。本章拟以"V + 死"动补式为切入点，对这一方面的研究进行探索和尝试。搜集的语料显示，现代汉语中"V + 死"动补式具有非常丰富的语义类型。例如：

（1）市、县公安部门的法医进一步鉴定，已确定凶手是该少年，他用菜刀杀死母亲后，自己畏罪自尽。（CCL 语料库，《报刊精选》1994 年）

（2）就在当天晚上，木漉死在家中的车库里，他将橡皮管接到 N360 的排气管上，再用橡胶胶带封死窗口，然后便发动引擎（CCL 语料库，村上春树《挪威的森林》）

（3）工商、监察、司法、公安、供销、技术监督等有关部门参加的巡回检查制度，坚决取缔一切棉花非法交易网点，查封一切小轧花机、小打包机及生产此类机械的厂家，从源头上堵死棉花黑市交易。（CCL 语料库，《市场报》1994 年）

（4）1991 年 5 月 1 日拉开工程建设的序幕以后，玻璃厂运用倒排工期法，定死点火日期，由后往前排，不留任何余地。（CCL 语料库，《报刊精选》1994 年）

（5）这时候小家伙看到卡尔松正去摸他的开关，小家伙都快吓死了，最后一秒钟可能坏了大事。（CCL 语料库，林格伦《小飞人三部曲》）

（6）胜利的喜悦印在你的脸上，也溢在我的心里"好女儿，爸爸想死你了！"（CCL 语料库，网络语料）

上述各例句中的"死"，例（1）为"失去生命"义，例

(2) 表示“无法通过”，例(3)表达“无法发生”义，例(4)呈现为“不改变”义，例(5)表现为“受到惊吓的程度很高”，例(6)具体为“想念的程度到达最高值”。概括起来，“V + 死”动补式包括四种结构形式：第一类为“打死、杀死、勒死、杀死”等，上述例(1)(2)均属于此类，此时“死”表示具体结果义“(生物)失去生命”，记作“$死_1$”；第二类包括“堵死”“封死”“塞死”“糊死”等，例(3)为此类，此时“死”表达结果义“无法运行”，记为“$死_2$”；第三类呈现为“定死”“说死”“讲死”“确定死”等，例(4)属于此类，在该类中“死”呈现为“不改变”“不活动”义，是为“$死_3$”；第四类包含“气死”“想死”“爱死”“恨死”“讨厌死”“喜欢死”等，上述例(5)(6)均为此类，而“死”的意义则为程度义“达到极点”，为“$死_4$”。

6.1 典型动补式补语的语义指向特点

语义指向是指，某一结构成分在语义方面同哪个或哪几个结构成分具有直接联系(赵世举，2001)。语义指向是分层次、多维度的，具体来说包括指向对象、指向、指域以及指量四个方面(马婷婷，2017)。其中，指向对象为被考察成分在语义方面直接相互关联的成分；指向为以考察成分作为参照点，与其具有直接语义联系的成分在线性排列句法结构中的位置与被考察成分的相对方向，包括前指和后指两种类型；指域表示被考察对象语义指向所关涉的范围，包括内指和外指，其中，内指表示考察对象在语义上指向其自身所在句子的成分，外指则为考察对象的语义指向其自身所在句子之外的成分；所谓指量则是被考察对象在语义方面所直接关联对象的数量，即语义指向的项数，包括单指和多指两类，单指为语义指向的项数为一，考察对象只与某一成分具有语义上的直接联系，多指则是考察对象语义上同时与两个或两个以上成分具有直接语义联系，指向项数不小于二。

上述“V+死”动补式所包含的四种结构形式，彼此之间具有同构异义的关系，根据 Goldberg（1995：4、2003、2006、2007）对构式含义的经典解读，凡是形义关系的结合体如词、短语、句子等，均可看作构式。因此，四种结构形式都是构式，它们共同形成“V+死”构式群（Construction group）（施春宏，2016）。构式群为原型范畴，均由异质成员组成，包括典型成员、次典型成员以及边缘成员，它们之间具有典型程度差异。典型性越高，越为常规动补式，形成时间越早；典型性越低，则越为非常规动补式，产生时间越晚。至于对相关成员典型程度的判定标准，则是典型动补式语义指向的特点，与典型动补式的相似特征越多，典型性越高，反之则越低。根据搜集到的典型动补式语料，以“摔碎”为例：

（7）但文成公主还是以和亲大事为重，毅然摔碎了宝镜，继续前行，从此赤岭便有了日月山的美名。

（CCL 语料库，《人民日报》1995 年 8 月）

例（7）中，动补式“摔碎”中补语“碎”指向对象为受事宾语“宝镜”；指向为后指；指域方面，所指对象“宝镜”在其所在句子之中，为内指；指量上只指向“宝镜”一个成分，为单指。需要注意的是，例（7）句式为最常见、最典型情况，在其他句式中补语“死”的语义指向会有所变化，例如：

（7a）镜子被文成公主摔碎了。

（7b）镜子文成公主摔碎了。

（7c）文成公主把镜子摔碎了。

在被动句例（7a）和主谓谓语句例（7b）中，补语“死”的语义指向对象不再是受事宾语，而是受事主语，并且在上述三个例句中，补语“死”语义的指向发生变化，由后指变为前指。根据沈家煊（1998）标记理论，例（7）是无标记句式，而例（7a）、（7b）和（7c）为有标记句式，添加标记分别为介词“被”、改换语序以及介词“把”。可见，典型动补式的语义指向特点为［+指向受事宾语$_{[无标记]}$ /+指向受事主语$_{[有标记]}$ ］[1]、

1 ［+指向受事宾语$_{[无标记]}$ /+指向受事主语$_{[有标记]}$ ］中“/”意为以［+指向受事宾语$_{[无标记]}$ ］为主，以［+指向受事主语］为辅，［+后指$_{[无标记]}$ /+前指$_{[有标记]}$ ］情况亦同。

［+后指$_{[无标记]}$/+前指$_{[有标记]}$］、［+内指］和［+单指］。我们据此，分别对“V+死”构式群四个成员的典型程度进行判定。

6.2 “V+死”构式群成员典型程度分析

6.2.1 “V+死”各成员语义指向特征

6.2.1.1 “V+死$_1$”构式

“V+死$_1$”构式中“死$_1$”呈现为“（生物）失去生命”义，具体表现为“杀死”“砍死”“烧死”“掐死”等，以“杀死”和“砍死”为例：

(8) 当她18岁时，异国军队入侵波兰，烧毁城市，洗劫村庄，杀死了无辜的百姓，也抓走了这位姑娘。（CCL语料库，《中国儿童百科全书》）

(9) 一九九三年十月八日，诗人在砍死了他的妻子后，吊死在新西兰的寓所里。（CCL语料库，《读书》1994年第178卷）

例（8）中，动补式“杀死”中补语“死”的语义指向对象为“无辜的百姓”，为受事宾语，其指向为后指；所指对象“无辜的百姓”与“死”在同一个句子之中，为内指；指量方面只关联一个句子成分“无辜的百姓”，为单指。而且，“V+死$_1$”构式所在典型句式可以进行变换，以例（9）为例：

（9a）妻子被诗人砍死了。

（9b）妻子诗人砍死了。

（9c）诗人把妻子砍死了。

根据我们搜集到的语料，“V+死$_1$”构式主要存在于一般主谓句中。以“杀死”为例，在CCL语料库中共搜集到5 171条词条，我们每隔50条抽取1条，共抽取词条103条，有效词条100条，其中一般主谓语79条，占总数的79%，被字句共11条，占总数的11%，处置句共9条，占总数的9%。

由此可见，“V+死$_1$”构式语义指向特征为［+指向受事宾语$_{[无标记]}$/+指向受事主语$_{[有标记]}$］、［+后指$_{[无标记]}$/+前指$_{[有标记]}$］、［+内指］和［+单指］，与典型动补式的语义指向特点完全一致，典型程度高，为常规动补式。

6.2.1.2　“V+死$_2$”构式

“V+死$_2$”构式具体呈现为“堵死、封死、盖死、塞死”等，此时“死$_2$”表示“无法运行”义，以“堵死”、“封死”为例：

（10）7月13日，湖北秭归县千将坪发生特大山体

滑坡，巨大的滑体堵死了长江支流青干河。（CCL 语料库，新华社 2003 年 7 月新闻报道）

（11）有感于世世代代、层出不穷的不幸事件，柯家封死了那口井，并且迁出寒松园，希望一切的悲剧到此为止。（CCL 语料库，琼瑶《鬼丈夫》）

例（10）中，受事宾语“青干河”为补语“死”的语义指向对象，补语“死”的指向为后指，且与指向对象“青干河”处于同一句子中，指域为内指，只指向“青干河”一个关联对象，指量为单指。同时，“V + $死_2$”构式所在一般句式可以变换为相应的被字句、主谓谓语句和处置句，以例（11）为例：

（11a）那口井被柯家封死了。

（11b）那口井柯家封死了。

（11c）柯家把那口井封死了。

除此之外，根据我们搜集到的语料，相较于一般句式，“V + $死_2$”构式更多用于被字句和处置句中。以“堵死”为例，在 CCL 语料库中共搜集到词条 356 条，其中一般主谓句 120 条，占总数的 33.7%，被动句 87 条，占总数的 24.4%，处置句共 93 条，占总数的 26.1%，被动句和处置句占总数的百分比为 50.5%。分别举例如下：

（12）这条路被堵死了，他们只能另辟新径。（CCL语料库，《作家文摘》1997年）

（13）大连新盛市场的防火卷闸门，由于施工不到位，不能起到防火的作用，摊位还把通道堵死。（CCL语料库，新华社2001年1月新闻报道）

可见，“V＋死$_2$”构式语义指向特征为［＋指向受事宾语$_{[无标记]}$／＋指向受事主语$_{[有标记]}$］、［前指$_{[有标记]}$｜＋后指$_{[无标记]}$］[1]、［＋内指］和［＋单指］，可见相较于“V＋死$_1$”构式，典型程度有所下降，但仍是比较典型的动补式，为常规动补式。

6.2.1.3　“V＋死$_3$”构式

在“V＋死$_3$”构式中，“死$_3$”的意义为“不改变，不活动”，包括“定死、说死、讲死、规定死”等，以“定死”“说死”为例：

（14）定死了数目，小毛说一个不能再少了。（CCL语料库，赵树理《李家庄的变迁》）

（15）总之，这部分钱怎么用，千万要让工人充分

1　［＋后指$_{[无标记]}$｜＋前指$_{[有标记]}$］中“｜”意为［＋后指$_{[无标记]}$］和［＋前指$_{[有标记]}$］二者所占比重大致相等，不存在主次之分。

讨论，不要规定死比例，真正使工人成为企业的主人，不要首长说了算。（CCL 语料库，《作家文摘》1993 年）

例（14）中，受事宾语“数目”为补语“$死_3$”的语义指向对象，“$死_3$”的语义指向为后指，所指称对象与其在同一句子中，指域为内指，并且只与一个指称对象发生直接语义联系，指量为单指。“V + $死_3$”构式所处句子可以变换为被字句、主谓谓语句和处置句，以例（15）为例：

（15a）比例被首长规定死了。

（15b）比例首长规定死了。

（15c）首长把比例规定死了。

实际上，根据我们在 CCL 语料库搜集到的语料，“V + $死_3$”构式主要用处置句。以“定死”为例，在搜集到的“定死”的 226 条语料中，有效语料为 30 条，其中处置句式有 23 条，占总数的 76. 7%，一般谓语句有 5 条，占总数的 16. 7%。例如：

（16）从诸多地方实行应试教育兼素质教育的情况上来看，这样做只会在应试教育的基础上，把硬性以外的科目都定死了，都变得应试化了。（CCL 语料库，网络语料）

（17）一直以来我都不会把方向和路线给自己定死，好的剧本、好的角色都会选择尝试。（微博）

由此可见，“死$_3$”的语义指向前指已经占据绝对优势，其语义指向特征呈现为［+指向受事宾语$_{[无标记]}$/+指向受事主语$_{[有标记]}$］、［前指$_{[有标记]}$/+后指$_{[无标记]}$］、［+内指］和［+单指］，与典型动补式补语的语义指向特点差距进一步拉大，相较于前两者典型程度进一步降低，为非常规动补式。

6.2.1.4　“V+死$_4$”构式

“V+死$_4$”构式中“死$_4$”表达“达到极点”的程度义，根据所搭配心理动词的语义类型，包括“使役心理动词+死$_4$”和“状态心理动词+死$_4$”两类，分别记作“V$_{使役}$+死$_4$”和“V$_{状态}$+死$_4$”。其中，使役心理动词是促使感事产生心理活动或心理状态变化的心理动词，如“迷”“恼”“疼$_{[心疼]}$”“气”“吓”等，状态心理动词表示感事心理活动或心理状态的变化，如“爱”“馋”“烦”“恨”“担心”等。分别举例如下：

（18）吕锡铅委屈地叹息着，摇摇紫红的大驴头：“柬芝，你不知道，这些穷小子真气死人，什么抗日呀，抓汉奸哪，在早先时候，我早打扁他们了。吓，特别是冯德强这伙小子！”（CCL语料库，冯德英《苦菜花》）

（19）“吓死我们了。”两个10岁左右的男孩从麦草

垛里探出头，惊魂未定地说。（CCL 语料库，新华社 2003 年 10 月新闻报道）

（20）后来孩子从妈妈怀中站起来时，她说出更有意义的话："我恨死他们了！若是哥哥活着，我一定告诉哥哥把他打死。"（CCL 语料库，萧红《生死场》）

（21）我都担心死你了你知道吗？（BCC 语料库，微博）

例（18）中补语"死$_4$"的语义指向对象为动词"气"和受事宾语"吕锡铅"，指向为前后兼指；所指对象与补语"死$_4$"在同一句子中，语域为内指；同时与两个成分具有语义上的直接联系，指量为多指。此时，语义特征为［+指向动词和受事宾语］、［前后兼指$_{[无标记]}$］、［+内指］和［+多指］。并且，"V$_{使役}$ + 死$_4$"构式可以变换为被字句和把字句，但不能变换为主谓谓语句，以例（19）为例：

（19a）"我们被这件事吓死了。"两个小男孩说。

（19b）*"我们这件事吓死了。"两个小男孩说。

（19c）"这件事把我们吓死了。"两个小男孩说。

例（19a）中，"死$_4$"的语义特征为［+指向动词和受事主语］、［前指$_{[有标记]}$］、［+内指］和［+多指］，例（19c）中，

"死$_4$"的语义特征为［+指向动词和受事宾语］、［前指$_{[有标记]}$］、［+内指］和［+多指］。通过上述分析，我们可以将"V$_{使役}$+死$_4$"中"死$_4$"的语义指向特征可以概括为［+指向动词和受事宾语/+指向动词和受事主语］、［+前后兼指$_{[无标记]}$/前指$_{[有标记]}$］、［+内指］和［+多指］。

例（20）中补语"死$_4$"与动词"恨"和施事主语"她（孩子）"存在语义上的直接联系，语义指向为前指；所指对象与其在同一句子，指域为内指；同时指向两个成分，指量为多指。此时，语义特征为［+指向动词和施事主语］、［前指$_{[无标记]}$］、［+内指］和［+多指］。"V$_{状态}$+死$_4$"构式不能变换为被字句和主谓谓语句，可以变换为把字句。以例（21）为例：

（21a）*你被我担心死了。

（21b）*你我担心死了。

（21c）你把我担心死了。

例（21c）中，"死$_4$"的语义指向特征为［+指向动词和施事宾语］、［前指$_{[有标记]}$］、［+内指］和［+多指］。在此基础上，我们可以将"V$_{状态}$+死$_4$"构式中"死$_4$"的语义特征概括为：［+指向动词和施事主语/+指向动词和施事宾语］、［前指$_{[无/有标记]}$］、［+内指］和［+多指］。

需要注意的是，使役心理动词和状态心理动词二者之间存在重合的现象，即有些心理动词如“想”“担心”等，既可以为使役心理动词，也可以充当状态心理动词。因此，当抛开语言使用的环境，单独对其所在句子进行分析时，其所在句子的语义格局难以确定。例如：

（22）妈妈想死儿子了。（自拟）

例（22）中，当“想”为使役心理动词，整句话表达“儿子很想妈妈”语义时，此时“死”的语义指向对象为施事宾语“儿子”，而当“想”充当状态心理动词，句子语义为“妈妈很想儿子”时，“死”的语义指向对象变为施事主语“妈妈”。但需要注意的是，不管“死”指向施事主语还是施事宾语，其语义指向必须与说话人保持一致。例如：

（22a）儿子说：“妈妈想死儿子了。”（使役）

（22b）*儿子说：“妈妈想死儿子了。”（使役）

（22c）妈妈说：“妈妈想死儿子了。”（状态）

（22d）*妈妈说：“妈妈想死儿子了。”（状态）

可见，实际上补语“死”的语义指向对象为句外言主语，而句内施事主语或者施事宾语只是使二者得以建立语义联系的中间桥梁，处于主导地位的不是句内指向成分，而是说话人。

在此基础上，我们可以将“$V_{使役}$ + $死_4$”构式中“$死_4$”的语义指向特征进一步概括为［+指向动词和说话人］、［+内外兼指］和［+多指］，把“$V_{状态}$ + $死_4$”构式中补语“$死_4$”的语义指向特征归纳为［+指向动词和说话人］、［+内外兼指］和［+多指］。因此，“$V_{心理}$ + $死_4$”中“$死_4$”的语义指向特征可归纳概括为［+指向动词和说话人］、［+内外兼指］和［+多指］。“$V_{心理}$ + $死_4$”构式典型程度相较于“V + $死_3$”构式进一步下降，典型程度很低，为边缘构式。

6.2.2 “V+死”各成员补语语义指向特征归纳

根据上述研究，我们归纳出“V + 死”构式群各成员补语的语义特征，具体情况如表 6-1 所示：

表 6-1 “V+死”构式群各成员补语语义指向特征情况

构式成员 语义指向	指向对象	指向	指域	指量
V + $死_1$	［指向受事宾语$_{[无标记]}$ / 指向受事主语$_{无标记]}$ ］	［后指$_{[无标记]}$ / 前指$_{[有标记]}$ ］	［内指］	［单指］
V + $死_2$	［指向受事宾语$_{[无标记]}$ / 指向受事主语$_{无标记]}$ ］	［前指$_{[有标记]}$ | 后指$_{[无标记]}$ ］	［内指］	［单指］
V + $死_3$	［指向受事宾语$_{[无标记]}$ / 指向受事主语$_{无标记]}$ ］	［前指$_{[有标记]}$ / 后指$_{[无标记]}$ ］	［内指］	［单指］
$V_{心理}$ + $死_4$	［指向动词和说话人］	无	［内外 兼指］	［多指］

根据表6-1可以看到，“V+死”构式群的演变过程包括两条路径：一条为语义指向逐渐由倾向于后指演变为倾向于前指，在这一过程中实现了由“V+$死_1$”构式到“V+$死_2$”构式再到“V+$死_3$”构式的扩展；一条为补语的语义指向对象逐渐扩展至动词和说话人，指向情况变得复杂，指域由内指扩展至内外兼指，指量由单指向多指发展，在这一过程中实现了从“V+$死_1$”构式至“$V_{心理}$+$死_4$”构式的转变。在此基础上，便形成了“V+死”构式群。

6.3　“V+死”动补式历时演变过程

根据吴福祥（2000），“V+死+O”动补式由“V+杀+O”类推而来，其形成是词汇兴替产生的结果。当“V+杀+O”结构式中“杀”自动词化形成动补式以后，由于“死”的词汇意义和语法意义与“杀”一致，所以便得以进入该结构式，形成“V+死+O”动补式。这一现象最早出现于六朝时期，至唐代时已比较普遍。例如：

（23）律师，律师，扑死佛子耶。（CCL语料库，唐·郑綮《开天传信记》）

（24）主人欲打死之。（CCL语料库，唐·窦维《广古今五行记》）

“V+死”动补式形成后，出现了两种演化路径。一条路径为随着使频率的不断增加，搭配的宾语语义类型得到扩展，由生命体名词扩展到非生命体名词，“死”的语义发生引申，形成“V+$死_2$”构式，这一现象最晚不迟于清朝时已出现。例如：

(25) 待石灰拉齐，将那老井一填，不论是什么妖怪，也就将它堵死。(CCL 语料库，清·张杰鑫《三侠剑》)

(26) 我那两道小河源流的起点，离开包村不过二十多里，只要去把那个来源塞死，风水既破，村中又断水道，不必三天，人心自乱。(CCL 语料库，清·徐哲身《大清三杰》)

在“V+$死_2$”构式基础上，搭配的宾语语义类型进一步扩展，由具体名词扩展为抽象名词，“$死_2$”的语义发生虚化，“V+$死_3$”构式便应运而生，直到近现代汉语才出现。例如：

(27) 王蒙总是从正反两面去分析问题，绝不会把话说死。(CCL 语料库，《报刊精选》1994 年)

(28) 总队员每周接受教练辅导的时间都是规定死的，只有 20 个小时，每天也就三四个小时的训练时间。(CCL 语料库，新华社 2001 年 8 月新闻报道)

另一种路径则为“V + 死 + O”直接从“V + 杀 + O”继承了程度补语的用法（岳岩，2009）。明代“V + 死”开始出现表程度义的用法，此时搭配动词均为心理动词，既可以是使役心理动词，也可以为状态心理动词。分别举例如下：

（29）直生喘息略定，道：“吓死人了。”（CCL 语料库，明・凌濛初《二刻拍案惊奇》）

（30）贾母说：“可是呢，好个孩子，要是有些原故，可不叫人疼死。”（CCL 语料库，清・曹雪芹《红楼梦》第 11 回）

（31）你江标今日糊涂死了，明明是个救命星到此，你还不快去求他！（CCL 语料库，清・坑余生《续济公传》第 149 回）

（32）张王氏不见犹可，一见女儿回来，不禁心花开放，赶上前，拦腰抱住说道：“我的儿，我想死你也。你这些时在哪里过来？叫为娘的哪一处不寻到。今天是谁送你来的？半夜三更，不要在外边着了凉，赶快到屋子里炕上去坐。”（BCC 语料库，清・惜红居士《李公案》）

通过对“V + 死”动补式历时演变过程的研究，可以发现“V + $死_1$”构式最早出现，由“V + 杀”类推而来。在此基础上，“V + $死_1$”构式一方面扩展出“V + $死_2$”构式和“V + $死_3$”构式，另一方面又从“V+杀”承继了程度义，形成了“V心理+死$_4$”构式。可以发现，从历时分析中得到的“V+死”动补式演化路径与我们从语义指向角度得出的结论一致，验证了从语义指向角度对动补式演变过程分析的合理性和准确性。

6.4 补语“死”语义指向变化动因

“V+死”构式群的演化路径有两条，相应的演变动因也有所不同：在“V+死$_1$”构式扩展为“V+死$_2$”构式和“V+死$_3$”构式的过程中，补语“死”的语义指向由倾向于后指转变为倾向于前指，相应动因为“一句一焦点”语义原则的压制；在“V+死$_1$”构式演变为“$V_{心理}$+死$_4$”构式的过程中，关键变化在于语义指向对象扩展为说话人，相应动因则为语言主观性表达的要求。下面，我们对此进行具体分析。

6.4.1 “一句一焦点”语义原则的压制

所谓“一句一焦点”语义原则，是指在一个句子中往往只有一个语义焦点，或者说只有一个主焦点。一般来说，在一个句子中只存在一个焦点，即句子末尾成分，一般为宾语。而在含有动补式的句子中，实际上存在着两个焦点，除了句尾成分外还含有补语这一焦点。以“打死”为例：

（33）有个西域到洛阳来的商人不知道这个禁令，打死了一只兔子。（CCL语料库，《中华上下五千年》）

例（33）中包含着“一只兔子”和“死”两个语义焦点，例（33）可以变换为两个独立的小句，动词“打”和补语“死”分别充当两个小句的谓语：

（33′）他打了一只兔子，兔子死了。

在变换之后的两个小句中，补语“死”位于整个句子的末端，可见其为主焦点，而宾语“一只兔子”则为副焦点。“V＋死”动补式在形成初期，后接具体名词作宾语，此时副焦点即具体名词宾语处于句子末尾，主焦点补语反而在次焦点之前，而句尾为句子的强焦点位置，强烈要求主焦点处于句尾，同时主焦点补语也有相同的诉求。在二者的共同推动下，宾语通过添加“被”“把”等标记或者变换语序的方式，被调整至主焦点“死”之前，而补语“死”则取而代之，处于句尾的焦点位置。

根据搜集的语料，在由“V＋$死_1$”构式扩展至“V＋$死_3$”构式的过程中，宾语位于补语之前的比例不断增大，发展至“V＋$死_3$”构式时，有些宾语已经无法回到句尾。以“说死”为例：

（34）他得留心别把话说死，闪烁其词，好像已经还了。（CCL 语料库，杨绛《洗澡》）

（34′）*他得留心别说死话，闪烁其词，好像已经还了。

可见，“一句一焦点”语义原则的压制，促使补语语义的指向由倾向于后指逐渐演变为倾向于前指，并且在这一过程中，促使“V＋死$_1$”构式向“V＋死$_2$”构式和“V＋死$_3$”构式演变。

6.4.2 语言主观性表达的要求

在补语“死”语义指向扩展至说话人，“V＋死$_1$”构式扩展为“V＋死$_4$”构式的过程中，主观性（subjectivity）在其中起到了重要作用。主观性由 Benveniste（1958）首先提出，基于语言交际的根本在于言者与听者构成的二分组合关系。沈家煊（2001）在对前人研究进一步归纳概括的基础上，认为主观性为在话语中含有说话者“自我”的表现成分，言者在说出一段话的同时表明自己对这段话的立场、态度和情感，从而在话语中留下自我的印记。根据搜集的语料，“V＋死$_4$”构式形成初期，在表达意义时除了对客观事实的描述之外，还包含说话人自身对事件的否定态度，具有消极的感情色彩，带有强烈的主观性。例如：

（35）老板娘叹了口气：“你啊，你这个人，实在是

烦死人了。”（CCL 语料库，古龙《陆小凤传奇》）

（36）“你害我们担心死了！”（CCL 语料库，水野良《罗德岛战记》）

例（35）中，说话人除了阐述“你很烦人”这一客观事实外，还表达说话人对于听话人无奈和责备的情感；例（36）中，说话人在说明“你让我们很担心”这一事实的同时，表达了对听话人责怪和埋怨的情感，带有一定的消极感情色彩。

而随着时间的推移，使用频率的增加，一些表示积极意义的心理动词如“欢喜”“激动”“崇拜”等也能够进入“V + $死_4$”构式，此时不再表达消极的感情色彩，而带有积极感情色彩。例如：

（37）董洁的鼻子真的好美啊，五官美得不行，欢喜死了。（BCC 语料库，微博）

（38）我真的很高兴你能带她去，哈利。她真的激动死了。（CCL 语料库，J. K. 罗琳《哈利·波特与混血王子》）

不管是表达消极情感还是积极情感，都是说话人在话语中打上自我烙印，包含着说话人自身对相关事件的态度和情感，具有强烈的主观性。可见，语言主观性表达的需求促使补语“死”的语义向说话人扩展，表达说话人自身的主观情感，从而引发了“V＋死$_1$”构式向“V＋死$_4$”构式的扩展。

6.5　小结

通过上述研究，“V＋死”构式群的演变过程如图 6-1 所示：

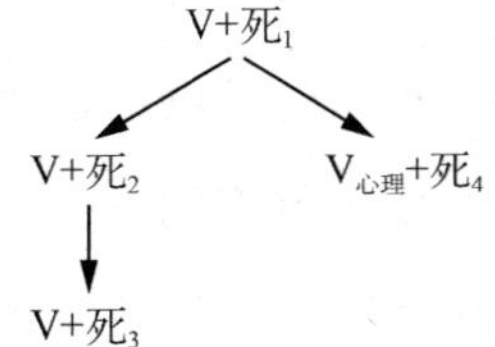

图 6-1　“V＋死”构式群演变过程

如图 6-1 所示，“V＋死$_1$”有两条扩展路径：一条为“V＋死$_1$”构式经“V＋死$_2$”构式至“V＋死$_3$”构式，在这一过程中补语“死”的语义指向不断前移，由倾向于后指到倾向于前指，相应的动因则为“一句一焦点”语义原则的压制；一条为“V＋死$_1$”构式至“V$_{心理}$＋死$_4$”构式，包括“V$_{使役}$＋死$_4$”和“V$_{状态}$＋死$_4$”两种具体表现形式，这一过程中补语“死”语义指向最大的变化为开始指向说话人，从而带来指向、指域和指量的一系列变化，相应动因为语言主观性表达的需要。

语义指向分析关注被考察成分与相关成分的语义关联，从语义角度出发能够发现一些句法层面无法观察到的现象，并且可以通过语义指向的多维层面进行分析。从语义指向的角度对动补式的语义演变过程进行分析，能够将语义、句法和语用统一起来，从而进行更加全面、深入的考察。

第 7 章　现代汉语消极义程度补语色彩义转变研究

在现代汉语中，存在一系列具有消极义且能充当程度补语的词语，如“惨”“疯”“坏”“慌”“死”“透”“晕”“炸”“半死”“不成”“够呛”“要命”“要死”“异常”“不得了”“够受了”“死去活来”“一塌糊涂”等。目前对消极义程度补语的研究，主要集中在消极义补语程度义的获得。如沈家煊（1999）、朱赛萍（2006）对“死”类词程度补语极性意义获得的研究，前者认为在“相反”这个概念域中，没有中间阶段，人类内心遵循着“非活即死”“非死即活”的二元判断，加上人们出于对生的追求、对死的排斥的本能，使得“死”类词很容易获得极性程度义；后者认为“死”类词极性意义的获得是两次词义跃升的结果，而词义跃升的推动力则源自人的认知途径和“死”类词语义特殊性的共同作用。秦晓君（2004）在“原型理论”的基础上，探讨了虚化程度补语“慌”“要命”“要死”“不行”的现实来源和心理来源。唐贤清、陈丽（2010）对“极”作程度补语的历时发展过程进行了探讨，认为“极”程度义获得的机制为隐喻，并从跨语言角度进行了考察和验证。宗守云（2010）从共时角度对补语“透”语义的虚化和泛化进行了考察，认为“透”程度补语的用法是从结果补语的用法发展而来，并从历时角度进行了验证。周晓林（2005）、唐贤清、陈丽（2011）讨论了程度补语“煞”，前者将“煞”极性程度义的来源概括为句法功能的抽象化和词汇意义的虚化两个大的方面，后者从历时视角对“煞”极性程度义的来源进行了研究，并且运用跨方言的方法加以验证。蔡丽（2012）运用认知域的投射对消极义补语获得程度义的现象进行解释，认为消极义补语程度义的获得是不同认知域之间投射的结果。此外，还有其他一些学者从不同角度对此进行了研究，限于篇幅，不再穷举。

然而，目前学界对消极义补语获得程度义以后，色彩义转变的研究则比较少。我们发现，消极义程度补语在形成以后，补语的消极义色彩在逐渐减弱，逐渐向中性义甚至是积极义转变。例如：

（1）哎哟，这节日真是热闹的，商家们都开心死了！（微博）

（2）终于，爸爸用全部的积蓄在市中心买了一套房，有80平方米大，一家人高兴坏了。（《文汇报》2003年12月27日）

可以看到，例（1）中的“开心死了”补语“死”和积极义心理动词“开心”搭配以后，消极义色彩已经明显减弱，甚至已经很难感受到消极感情色彩。例（2）的情况也类似，补语“坏”在和“高兴”搭配以后，消极感情色彩也大大降低。

在此基础上，本章对能够充当程度补语的消极义动词和形容词进行穷尽式考察，根据补语所表示的语义对它们进行分类，从而实现对消极义程度补语色彩义转变这一语言现象的全面性探究，并对产生这一语言现象的共同动因进行探讨。具体来说，本章主要考察以下几个问题：

第一，具有消极义且能充当程度补语的词语一共有多少个？这些词语能否根据语义划分为不同小类？

第二，如果能够划分为不同的小类，这些不同小类的消极义程度是否均发生了色彩义转变的情况，是否存在转变程度的差别？

第三，消极义程度补语色彩义转变的动因包括哪些？内部动因和外部动因分别是什么？哪一个是推动这一语言现象的根本动因？

7.1　表消极义能充当程度补语的词语及语义分类

目前，学界对能够充当程度补语的消极义动词和形容词还未进行穷尽式考察，对消极义程度补语的研究主要集中在“死”

“煞”“慌”“坏”“极”“透”等几个典型成员上，而对其他成员的关注则比较少。基于此，本节对相关动词和形容词进行全面考察。

7.1.1　表消极义能做程度补语的词语

根据搜集到的语料，具有消极义能做程度补语的词语一共有 54 个，其中单音节词 27 个，双音节词 20 个，三音节词 4 个，四音节词 3 个。下面，我们对此展开具体阐述。

表消极义能做程度补语的单音节词有 27 个，包括：爆、崩、毙、残、惨、痴、呆、翻、废、疯、坏、慌、昏、哭、裂、蒙、傻、煞、甚、死、塌、透、歪、瞎、凶、晕、炸。例如：

（3）本来觉得蓝正龙很帅，但是和峰峰一比，简直弱爆了！（BCC 语料库，微博）

（4）视频里有个踢腿的动作，真的是帅惨了！（BCC 语料库，微博）

（5）大哥也气疯了，他一直在旁边喊：有其父必有其子，有其父必有其子！（CCL 语料库，琼瑶《梦的衣裳》）

具有消极义能充当程度补语的双音节词有 20 个，包括：半死、不成、不过、不堪、不行、翻天、非常、够呛、过分、可怜、离谱、厉害、伤心、透顶、吓人、邪乎、邪行、要命、要死、异常。例如：

（6）门卫的态度相当明朗："你有工作证吗?"一句话，把这位老农噎个半死！（CCL 语料库，《作家文摘》1995 年）

（7）今天早上天还没亮就被拖去买菜，菜场已经极其喧闹，菜价贵得简直离谱。（BCC 语料库，微博）

（8）今天在成都竟然吃到了这个，鲜美异常！（BCC 语料库，微博）

带有消极意义且能做程度补语的三音节词有 4 个，包括：不得了、不像话、够受了、了不得。例如：

（9）哈哈，今晚妈咪十年来难得下厨，家里热闹得不得了！（BCC 语料库，微博）

（10）都立冬了，武汉的气温还高得不像话！（BCC 语料库，微博）

含有消极义能够充当程度补语的四音节词有 3 个，它们是：令人窒息、死去活来、一塌糊涂。例如：

（11）终于出太阳了，美到令人窒息！（BCC 语料

库，微博）

（12）这小姑娘也可爱了，我竟然被萌得一塌糊涂。（BCC 语料库，微博）

7.1.2　具有消极义能充当程度补语词语的语义分类

以上，我们对带有消极意义且能够充当程度补语的词语进行了穷尽式考察，并根据音节数对它们进行了分类。音节数是形式上的差别，那么这些词语之间是否存在着语义上的联系和区别呢？是否可以根据语义对它们进行分类呢？下面，我们对此进行探讨。

“消极”在《现代汉语词典》（第 7 版）中的解释是“否定的，反面的，阻碍发展的，跟‘积极’相对”，可见，消极义就是人们对人和事物持否定的态度，认为人和事物是反面的，是阻碍发展的。具体到表消极义能做程度补语的 54 个词语，根据我们的分析和归纳，主要包括四类具体的消极意义：表示对人的身体造成伤害、表达对人的心理造成伤害、表示让人感到畏惧或者阻碍发展、表达不符合人们期待的状况。下面，我们对此展开具体阐述。

7.1.2.1　表示对人的身体造成伤害

在表示对人的身体造成伤害这一小类中，具体是指对人的身体造成比较严重的伤害，甚至造成人生命体征的失去，达到死亡的状态。可见，外界事物对人体所产生的生命体特征中，存在着一个量级（scalar）（董正存，2016），具体到上述54个词语，包括“哭”“晕”“昏”“瞎”“残”“废”“半死”“要命”“要死”“令人窒息”“死去活来”“崩”“毙”“死”共14个属于这一小类，记作C_1。越往前其严重程度越低，可实现性越高，消极程度越低；越往后其严重程度越高，可实现性越低，消极程度越高。例如：

（13）观众已经能把惊悚片看出喜剧效果，这部电影已经把观众气哭。（BCC语料库，微博）

（14）不管了，好好打，再拿不到奖杯，教练会气死。（CCL语料库，《读者》（合订本））

可以发现，例（13）中“气哭”的程度远不及例（14）中的“气死”，可实现的程度高。因此，“哭”的消极程度要比“死”低。

7.1.2.2　表示对人的心理造成伤害

在表达对人的心理造成伤害这一小类中，具体来说是表示对人的精神状态造成比较严重的影响，甚至达到人的自我意识的失去，达到精神失常的状态。在这一过程中，同样存在一个伤害程度连续统，表达不同的伤害等级。具体到上述54个词语，其中“慌”“可怜”“惨”“蒙”“呆”“伤心”“不堪”“够受了”“够呛”

“傻”“痴”“疯”共12个词属于这一小类，记作C_2，从前往后严重程度越来越高，可实现程度越来越低，消极程度越来越高。例如：

（15）我已经很久没有出去了，我想出去透透气，待在宿舍里面憋得慌。（BCC语料库，微博）

（16）春季整修总在同一天结束：那天，他觉得连续不断的背痛要把他疼疯了。（CCL语料库，斯蒂芬·金《黑暗的另一半》）

可以看到，例（15）中的“憋得慌”表达的程度明显低于第（16）中“疼疯”表达的程度，“慌”所具有的消极程度低于“疯”。

7.1.2.3　表示让人感到畏惧或者阻碍发展

在让人们畏惧或者阻碍发展这一小类中，具体内容为词语所表示的事物让人们感到畏惧，或者动作带来的结果让人们认为事物脱离原来正常有序的状态，阻碍了事情的发展。在上述54个词语中，包括“爆”“翻”“翻天”“坏”“裂”“煞”“塌”“透”“歪”“凶”“炸”共11个词语属于这一小类，记作C_3。例如：

（17）可是等我们讲完电话的时候，两个人都已经气翻了。（CCL语料库，博尔赫斯《刀疤》）

（18）他们平日受尽纣的压迫和虐待，早就对纣恨透了，谁也不想为纣卖命。（CCL 语料库，墨人《中华上下五千年》）

7.1.2.4　表达不符合人们期待的状况

在表达不符合人们期待的状况这一小类中，具体表现为事情所处的状态是人们没有预料到的，或者说是没有达到人们的期待，从而造成人们内心失望的情感。在上述 54 个词语中，其中“甚”“不成”“不过”“不行”“非常”“过分”“离谱”“厉害”“透顶”“邪乎”“邪行”“吓人”“异常”“不得了”“不像话”“了不得”“一塌糊涂”共 17 个词属于这一小类，记作 C_4。例如：

（19）云南一天真的是四个季节，白天贼热，早上冻得我瑟瑟发抖，冷得不行！（BCC 语料库，微博）

（20）红肿干痒，脸肿得像气球一样，心情烂得一塌糊涂！（微博）

以上，我们对具有消极义且能充当程度补语的词语进行了全面考察，一共找到 54 个相关词语，并从语义的角度对这 54 个词语进行了分类，共包括表示对人的身体造成伤害、表达对人的心理造成伤害、表示让人感到畏惧或者阻碍发展、表达不符合人们期待的状况四个小类。

7.2　消极义程度补语色彩义的转变

消极义程度补语主要从结果补语虚化而来，在形成初期还保留了结果补语消极义的感情色彩，倾向于只能和具有消极感情色彩的动词和形容词搭配，而随着时间的推移和使用频率的增加，部分消极义程度补语开始跟中性的，甚至是积极义心理动词和形容词搭配。既然二者可以搭配，可见二者的语义色彩也是可以和谐相处的，不存在相悖的情况，所以此时的消极义程度补语其感情色彩至少是中性的。例如，“死”由结果补语转化为程度补语的最初阶段，只能和带有消极感情色彩的“气”“吓”“担心”等心理动词搭配，而后期开始跟“爱”“乐”“开心”“高兴”等积极义心理动词和形容词搭配，“死”的消极义感情色彩不断消减，已转变为中性义。并且，根据语义沾染理论（李小军，2014），消极义程度补语受积极义述语的影响，甚至有向积极义发展的趋势。例如，“帅炸了”中的补语“炸”，带有说话人“肯定”“赞美”的强烈情感，已经包含积极义的感情色彩。下面，我们分别对上述四个小类的消极义程度补语的色彩义转变情况进行探讨。

7.2.1　C_1 类消极义程度补语色彩义的转变

C_1 类消极义程度补语，其消极义具体表现为“对人的身体造成伤害”，如前所述，在这一小类补语中存在一个量级连续统，不同成员间存在着程度量级的差异："哭"处于这一连续统的最左端，严重程度最低，可实现性最高；"死"位于这一连续统的最右端，严重程度最高，可实现性最低。在此基础上，我们分别对 C_1 类消极义程度补语各成员与中性、积极义心理动词和形容词搭配的情况进行考察。研究发现，"哭""晕""瞎""半死""要命""要死""令人窒息""死去活来""毙""死"10 个词能够与中性、积极义心理动词和形容词搭配使用，心理动词如"爱""迷""佩服""喜欢""想"等，形容词如"帅""萌""高兴""浪漫"等。例如：

(21) 反正我嘴里就算不说出来，你也知道我心里一定喜欢得要命。(CCL 语料库，古龙《霸王枪》)

(22) 他第二次又来请我跳舞，我真高兴死了。(CCL 语料库，简·奥斯汀《傲漫与偏见》)

7.2.2 C_2 类消极义程度补语色彩义的转变

C_2 类消极义程度补语，其消极义具体表现为"对人的心理造成伤害"，同样存在一个伤害等级连续统，存在伤害程度的差别，越往左伤害程度越低，越往右伤害程度越高。具体来说，"慌"处于这一连续统的最左端，严重程度最低，"疯"位于这一连续统的最右边，严重程度最高。基于此，我们对 C_2 类消极义程度补语各成员与中性、积极义心理动词和形容词搭配的情况进行探究。探究发现，“惨”“蒙”“呆”“傻”“疯”5 个词可以和中性、积极义心理动词搭配，心理动词如“爱”“笑”“崇拜”“喜欢”“想”等，形容词如“帅”“美”“激动”“好吃”等。例如：

（23）辫子哥好可爱，英国鼓手帅疯了！（BCC 语料库，微博）

（24）我们花 20 块大洋给毛毛讨了位漂亮老婆，毛毛激动惨了。（BCC 语料库，微博）

7.2.3　C_3 类消极义程度补语色彩义的转变

C_3 类消极义程度补语，其消极义具体内容为“表示让人感到畏惧或者阻碍事情的发展”，其中表示感到畏惧的有“煞”“凶”，表示阻碍事情发展的有“爆”“翻”“翻天”“坏”“裂”“塌”“透”“歪”“炸”，在此基础上我们对 C_3 类消极义程度补语各成员与中性、积极义心理动词和形容词搭配的情况进行了探讨。研究发现，“煞”“爆”“翻”“翻天”“坏”“裂”“透”“歪”“炸”9 个词可以同和中性、积极义心理动词共同使用，心理动词有“爱”“迷”“感动”“想”“想念”等，形容词有“美”“熟”“幸福”“舒服”等。例如：

(25) 脚下的水呢，则是墨绿墨绿的翡翠，一齐发射着夺目的光芒，可真是绿透了一方天地，美煞了半个河源！(CCL 语料库，《人民日报》1996 年 4 月)

(26) 这时再喝上一杯蜜姜茶，简直是幸福透了！(CCL 语料库，席绢《嫁祸》)

7.2.4 C_4 类消极义程度补语色彩义的转变

在 C_4 类消极义程度补语中，消极义具体表现为“表达不符合人们期待的状况”，我们对 C_4 类消极义程度补语各成员与中性、积极义心理动词和形容词搭配的情况进行研究，发现“不行”“非常”“过分”“透顶”“不得了”“不像话”“一塌糊涂”7 个词能够与中性、积极义心理动词搭配使用，心理动词如“迷”“笑”“佩服”“满意”“想”等，形容词如“美”“萌”“开心”“洋气”等。例如：

(27) 语兰则是对他能在一瞬间就做出来的精彩动作，佩服得不得了。(CCL 语料库，湍梓《任性宝贝》)

(28) 之前我姐为了在金华买房子的事愁得不行，现在是开心得不行了。(BCC 语料库，微博)

7.2.5　消极义程度补语色彩义转变整体情况

通过上述研究，可以发现能够与中性、积极义心理动词和形容词搭配的消极义程度补语共有 31 个，具体情况如下：

C_1 类 10 个：哭、晕、瞎、半死、要命、要死、令人窒息、死去活来、毙、死；

C_2 类 5 个：惨、蒙、呆、傻、疯；

C_3 类 9 个：煞、爆、翻、翻天、坏、裂、透、歪、炸；

C_4 类 7 个：不行、非常、过分、透顶、不得了、不像话、一塌糊涂。

其中，C_1 类能与中性、积极义心理动词和形容词搭配的成员有 10 个，占该类成员总数的 71%[1]；C_2 类可同中性、积极义心理动词和形容词使用的成员有 5 个，占该类成员总数的 42%；C_3 类可与中性、积极义心理动词和形容词搭配的成员有 9 个，占该类成员总数的 82%；C_4 类能同中性、积极义心理动词和形容词搭配的成员有 7 个，占该类成员总数的 41%。能够发现，C_3 类即表示“让人感到畏惧或者阻碍发展”这一类消极义程度

1　这里的百分比只取整数，小数点后的数值根据四舍五入省略，以下均如此处理。

补语成员向中性义、积极义转化的比例最高。其次是 C_1 类表示“对人的身体造成伤害”的消极义程度补语，这两类消极义程度补语的成员色彩义转变比例虽然相差比较大，但都比较高，都超过了 60%。再次是 C_2 类表达“对人的心理造成伤害”类消极义程度补语，最后是 C_4 类表达“不符合人们期待状态”的消极义程度补语，这两类消极义程度补语的成员色彩义转变比例虽然相差不大，但都比较低，均低于 60%。

此外，根据对《汉语动词用法词典》和《汉语形容词用法词典》的穷尽式考察，我们发现共有 85 个中性、积极义心理动词和形容词可以和上述四类消极义程度补语搭配，其中心理动词 19 个，形容词 61 个，具体情况如下：

心理动词 19 个，其中中性义心理动词 4 个，积极义心理动词 20 个，具体情况如下：

中性义 4 个：懂、迷、想、想念；

积极义 15 个：爱、笑、爱惜、崇拜、感激、感谢、欢喜、满意、佩服、喜欢、欣赏、信任、兴奋、赞成、重视。

形容词 61 个，其中中性义形容词 11 个，积极义形容词 50 个，具体情况如下：

中性义 11 个：干、黑、红、黄、凉、绿、湿、熟、简单、便宜、神秘；

积极义 50 个：棒、火、绝、酷、乐、美、萌、妙、帅、甜、香、超脱、纯洁、聪明、方便、感动、干净、高兴、好吃、好看、好听、欢快、欢乐、机灵、精彩、精神、开心、可爱、激动、快活、快乐、浪漫、凉快、满意、暖和、漂亮、亲切、热闹、神奇、生动、舒服、舒心、甜蜜、爽快、痛快、温柔、兴奋、幸福、洋气、自由。

根据统计，在 C_1 类中，“死”能够搭配的中性、积极义心理动词和形容词数量最多，有 65 个，其中心理动词有 14 个，形容词有 51 个，占总数的 76%；在 C_2 类中，“疯”可以搭配的中性、积极义心理动词和形容词数量最多，有 17 个，其中心理动词 4 个，形容词 13 个，占总数的 20%；在 C_3 类中，“透”搭配中性、积极义心理动词和形容词数量最多，有 31 个，其中心理动词 2 个，形容词 29 个，占总数的 36%；在 C_4 类中，“不行”能够和最多的中性、积极义心理动词和形容词搭配，有 29 个，其中心理动词 7 个，形容词 22 个，占总数的 34%。可见，C_1 类消极义程度补语色彩义转变程度最高，其次是 C_3 类，再次是 C_4 类，而色彩义转变程度最低的是 C_2 类。

通过上述研究，我们可以对四类消极义程度补语色彩义的转变情况进行更加全面的描述，具体情况如图 7-1 所示。

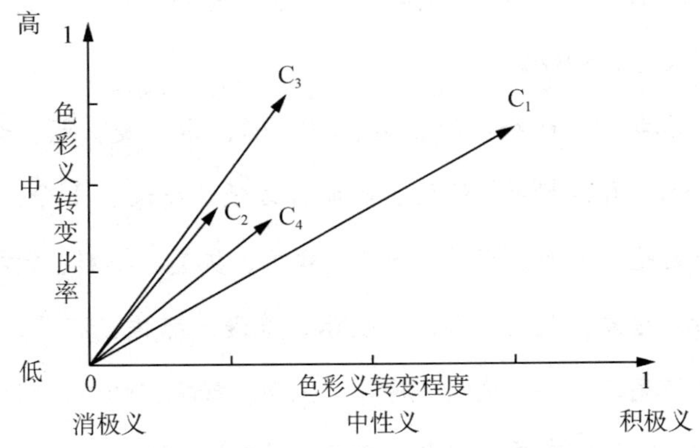

图 7-1　四类消极义程度补语色彩义转变总体情况

如图 7-1 所示，四类消极义程度补语均有成员出现了消极义向积极义的转变，有部分成员已经转变为中性义，已经脱离了消极义，还有部分成员已经出现了积极义的倾向。差别在于成员消极义向积极义转变的成员比例不同，最高的是 C_3 类，最低的是 C_4 类，C_1 类和 C_2 类居于二者之间。并且，我们分别找出每类消极义程度补语中搭配中性、积极义心理动词和形容词最多的补语，其中，C_1 类中的“死”可以搭配的中性、积极义心理动词和形容词最多，色彩义转变程度最高，其次是 C_3 类中的“透”，再次是 C_4 类中的“不行”，最低的是 C_2 类中的“疯”。可见，C_1 类色彩义转变程度最高，其次是 C_3 类，再是 C_4 类，而 C_2 类最低。

7.3　消极义程度补语色彩义转变的动因

我们对消极义程度补语色彩义转变的整体情况进行了探讨，那么为什么会出现这一语言现象呢？我们对消极义程度补语向积极义转变这一现象的动因进行研究，包括内部动因和外部动因。其中，内部动因是最根本的动因，具体表现为语言经济性原则的推动，外部动因我们从认知角度进行探讨，包括评价立场表达的对称性要求和语言陌生化表达的诉求。

7.3.1　内部动因：语言经济性原则的推动

语言的经济性原则要求使用尽量少的、省力的、具有较大普遍性的、已经熟悉了的或者比较习惯的语言单位（赵玉英，2003），要求语言系统本身以及在语言应用的过程中，在保证言语交际效率的同时，最大程度对语言做出省时省力的最佳经济性安排，以便达到减少言语交际中自身力量的消耗（Zipf，1949）。概括起来，语言的经济性原则力图使用最简单的几个语言结构形式，就将所有的客观事实涵盖。

消极义程度补语形成以后，由最初的只能和消极义动词和形容词搭配，扩展为可以和中性、积极义心理动词和形容词搭配，其最根本的动因是语言经济性原则的推动。具体来说，消极义程度补语如果只能同消极义动词和形容词共现使用，明显造成了语言结构形式使用的浪费，语言结构的使用率远远没有达到最大值，还有很多可以挖掘的使用空间。在这一背景条件下，语言的经济性原则对消极义程度补语构成的“$V + C_{程}$”结构式进行挤压，促使动程式对消极义程度补语的语义搭配要求降低，使得一些含有中性义和积极义的心理动词和形容词也得以进入到结构式中，从而实现了消极义程度补语和中性、积极义心理动词和形容词的搭配，提高了结构式的使用效率。例如：

（29）奶奶一定不会原谅我的，所以，我实在是担心死了！（CCL 语料库，岑凯伦《合家欢》）

（30）扈拉一见，就一头扑进拜音得里怀抱，急切地说：“俺都快想死了！”（CCL 语料库，李文澄《努尔哈赤》）

（31）杨钰莹：自己偷偷地开心死了，心想终于可以睡个懒觉了，因为那时候和其他小朋友相比我的懒觉实在太少了。（CCL 语料库，红伶《鲁豫有约》）

例（29）中消极义程度补语“死”与消极义心理动词“担心”搭配，例（30）中“死”同中性义心理动词“想”搭配，例（31）中“死”和积极义形容词“开心”搭配，例（29）是程度补语“死”最开始的用法，例（30）和（31）则是扩展的用法，从例（29）到例（31），实现了消极义程度补语“死”搭配的心理动词和形容词感情义类型的扩展，以及“V + 死”动补式用法的扩展。

7.3.2　外部认知动因

7.3.2.1　话语立场表达的对称性要求

“话语立场”（stance in discourse）作为一种主观性范畴，是指社会行为者通过对话的方式、运用外在的交际手段实现的公开行为，对客体加以评价，对主体加以定位，并与其他主体建立起评价、情感和道义三个方面的联系（Du Bois，2007）。其中，“评价”（assessment）是话语立场表达的重要内容之一，与交际中说话人的定位相关，用来表达说话人对评价对象某种特质的主观性认识。人们在与他人交际的过程中，参与社会交际事件并对相关事件加以评价，根据说话人对评价对象的态度，可将评价立场至少分为正面评价和负面评价。评价作为一种会话行为，需要相对应的语言形式在会话结构中运作，并且这种语言形式往往是相互对应的，具有对称性。具体到词语上，表现为具有相反语义的词语，既可以是反义词，例如有表达正面评价的“好”，相应的就必然会有表负面评价的“差”，也可以是相关词语的否定式，如“好”和它的否定形式“不好”。用法方面，则是用法上的一致性，都可以出现在相同的句法结构中，例如可以说“好极了”，也可以说“差极了”。

具体到消极义程度补语，当其与消极义动词和形容词搭配的时候，此时表达的是说话人对评价对象持否定态度，为负面评价。例如：

(32) 他今天一大清早脸色就不大好看，可现在简直难看透了。(CCL 语料库，海明威《海明威短篇小说集》)

例 (32) 中，说话人通过“难看透了”，表达了对“他”脸色状态的否定态度，是一种负面评价。当消极义程度补语“透”只能和表消极义的“难看”搭配使用，而不能同与“难看”相对应的积极义“好看”搭配使用时，此时评价这一话语行为语言形式的对称性要求并未得到满足。在此背景下，评价立场表达的对称性要求促使消极义程度补语“透”与含有积极义的“好看”搭配，表达正面评价。例如：

(33) 很有大家闺秀的味道，一双柔柔的眼像可以漾出秋水，好看透了。(CCL 语料库，席绢《独自去偷欢》)

例 (33) 中，说话人通过“好看透了”这一表述，表达了对女主人公“她”相貌的正面评价。可见，评价立场对称性表达的要求，在消极义程度补语色彩义的转变中同样发挥了重要作用。

7.3.2.2 语言陌生化表达的诉求

Shklovsky（1989：21）最早提出“陌生化”（Defamiliarization）这一概念，他认为多次重复、反复发生的动作会成为自动化的过程，自动的感知正是旧形式产生的结果。为了打破感知的这种自动性，就必须在常规形式的基础上，通过运用不同于传统的表达方式或运用新颖的词语，有意形成语言上的新鲜感（盖绍普，2002），创造出新的非常规形式，将语言使用者从自动感知中解放出来，重新回到最初的观察之中，从而产生新奇、反常、独特的表达效果，给听话人留下非常深刻、难忘的印象（孙国华，2014）。消极义程度补语色彩义的转变，语言陌生化表达的诉求在其中发挥了重要作用。

具体来说，消极义程度补语在形成初期，只能和消极义动词和形容词使用，当其和中性、积极义心理动词和形容词搭配使用时，便形成了相对新颖独特的表达形式，这是不同于传统表达方式的新奇表达，从而给听话人留下了强烈、难忘的印象，极大地提高了表达和交际的效果。试比较：

（34）每一帧都是名场面，他真是帅到让人窒息！（BCC语料库，微博）

（35）每一帧都是名场面，他真是特别帅！

例（34）中，对当今某当红明（他）相貌的评价是“帅到让人窒息”，这一表达是不同于传统的新颖表达方式，将“帅”这一抽象概念描述得具体形象，具有很强的画面感，并且表明“帅”的程度之高，给听话人以强烈的听觉冲击和视觉想象，从而达到了特殊的语用表达效果，产生了陌生化效果。而例（35）中，“特别帅”则是一种传统的表达，不仅表达“帅”的程度不如“帅到让人窒息”，而且也难以给人留下强烈、深刻的印象，没有形成特殊的语用效果。可见，语言陌生化表达的诉求，促使消极义程度补语与中性、积极义心理动词和形容词组配，形成新奇、具有特殊语用效果的表达形式。

需要指出的是，新的语言形式在满足听话人新奇感的同时，需要考虑不会对听者的识解产生阻碍，这就要求把陌生的对象，拉回到人们熟知的经验领域（谭学纯，2004）。上述例（34）中“帅到让人窒息”，其顺利识解是通过人们基于“窒息”对人类感官造成的刺激之强烈的认知实现的。只有在这一熟知经验的基础上，其陌生化的效果才能得以实现。

7.4 小结

本章对消极义程度补语进行了穷尽式考察，并从语义的角度进行了分类，发现消极义程度补语分为表示对人的身体造成伤害、表达对人的心理造成伤害、表示让人感到畏惧或者阻碍发展、表达不符合人们的期待四个小类。研究发现，四类消极义程度补语都发生了不同程度的色彩义转变，由表示消极义向中性义甚至是积极义转化，在这一过程中，存在量的差别。具体来说，从成员消极义向积极义转变的比例来看，最高的是 C_3 类，其次是 C_1 类，再是 C_2 类，C_4 类最低；从色彩义转变程度来看，最高的则是 C_1 类，然后是 C_3 类，再是 C_4 类，最低的是 C_2 类。至于消极义程度色彩义转变的动因，则包括语言内部动因和外部动因，其中内部动因是最根本的动因，具体表现为语言经济性原则的推动，而外部动因我们从认知角度进行了探讨，包括评价立场表达的对称性要求和语言陌生化表达的诉求两个方面。

第 8 章　常规和非常规动补式词汇化研究

词汇化包括共时意义上的词汇化和历时意义上的词汇化两个方面，本章对于非常规动补式词汇化的研究，主要是指历时意义上的词汇化。从历时层面来说，“词汇化”一词包含各种不同意义，本章选取最直接和最宽泛意义上的“词汇化”，即进入到词库中，从而成为词库中存储的归约性成分和整体性的单位（Blank，2001；Lehmann，2002）。在此基础上，本章对非常规动补式词汇化的类型进行分析，并对相应的机制和动因进行探讨。

8.1　所有动补式复合词

首先，我们对《现代汉语词典》（第 7 版）进行了穷尽式搜查，找出在现代汉语中所有动补式复合词，共 931 个。分别按拼音顺序列举如下：

A（2）：挨近、安好；

B（48）：拔除、拔高、摆好、摆平、摆脱、搬移、搬运、办结、剥离、剥落、剥蚀、奔放、逼近、逼和、逼平、捕获、迸发、迸裂、把牢、把稳、拜倒、拜识、扳倒、扳平、保不定、保不齐、保不住、保全、爆破、备不住、崩裂、贬低、变乱、表明、屏除、屏弃、屏退、摒除、摒绝、摒弃、播发、播放、驳倒、驳回、勃起、搏杀、步入；

C（73）：裁定、裁减、裁撤、测定、拆除、拆穿、拆分、拆毁、拆建、拆解、拆散（上声）、拆散（去声）、铲除、阐明、唱空、唱衰、唱多、扯平、撤回、撤除、撤离、撤免、撤退、撤销（撤消）、沉降、沉落、沉沦、沉迷、沉没、沉陷、沉着、吃准、吃不服、吃不开、吃不了、兜着走、吃不消、吃不住、吃得开、吃得消、吃得住、吃透、吃准、冲高、冲积、冲扩、冲决、冲破、冲销、抽缩、出来、出去、出缺、除开、除去、除外、触动、触发、触怒、触杀、串通、创立、蹿红、摧残、摧毁、挫折、撮合、挫败、挫伤、挫损、错乱、斥退、戳穿；

D（69）：打败、打倒、打动、打发、打垮、打蔫儿、打破、打通、打响、打消、打压、打皱、打住、带动、淡出、淡入、淡忘、荡除、荡平、捣毁、捣乱、倒闭、倒塌、到了、道破、抵补、抵偿、抵触、抵达、抵还、抵消、抵销、点爆、点拨、点补、点穿、点明、点破、点燃、垫补、凋败、凋敝、凋零、凋落、凋萎、调动、调离、调转、掉转、跌落、跌破、订正、丢掉、动摇、冻结、冻伤、逗乐儿、逗笑、毒害、读破、断绝、断裂、对消、夺取、躲避、躲藏、躲让、躲闪、堕落；

E：无；

F（37）：发出、发动、发起、发散、翻动、翻改、返还、返回、返贫、返青、犯不上、犯不着、犯得上、犯得着、放大、放还、放空、放宽、放晴、放生、放松、飞跨、飞散、分成、分发、分解、分开、分离、分裂、分明、分清、封闭、封禁、缝合、扶正、浮动、奋起；

G（35）：改动、改进、改良、改善、改正、赶上、干掉、搞定、告成、高发、割除、割断、割裂、革除、革新、搁不住、搁得住、隔断、隔绝、攻破、攻取、攻陷、勾通、勾销、关紧、贯穿、贯通、归回、归来、滚动、过不去、过得去、过来、过去、干裂；

H（26）：夯实、耗损、合并、合得来、合得着、和好、和解、核实、轰动、轰赶、划不来、划得来、划清、唤醒、挥动、回来、回去、回稳、回涨、毁害、毁坏、毁灭、毁弃、毁伤、毁损、豁出去；

I：无；

J（67）：击败、击毙、击发、击毁、击溃、击落、击破、缉捕、缉获、缉拿、激动、激发、激愤、激活、激怒、集合、集结、集聚、加固、加急、加紧、加快、加强、剪除、剪灭、间（去声）断、讲和、绞杀、矫正、搅动、搅浑、搅混、搅和、搅乱、校正、教正、揭穿、揭发、揭露、揭破、揭晓、截断、截获、截取、解除、解放、解散、禁不起、禁不住、禁得起、禁得住、进来、进来（趋向动词）、进去、惊动、惊骇、惊愕、惊厥、惊吓、惊醒（上声）、惊醒（轻声）、警醒（警省）、纠缠、纠合、纠正、举发、掘进；

K（39）：开动、开发（阴平）、开发（轻声）、开放、开来（趋向动词）、开明、开去（趋向动词）、开展、看穿、看淡、看得起、看好、看紧、看来、看轻、看齐、看破、看上、看上去、看上眼、看死、看透、看重、靠得住、靠不住、靠近、靠准、扣除、扣减、框定、亏负、亏空、溃败、溃烂、溃乱、溃散、溃退、扩大、扩张；

L（37）：拉动、拉平、来不得、来得（轻声）、来得（轻声）、来得及、捞着、离解、离开、离弃、离散、立定、撩拨、撩动、缭乱、临近、灵透（轻声）、流放、流放（两个词）、流露、流落、流散、流失、流逝、流通、流亡、镂空、漏失、录取、录入、掠取、沦落、沦没、沦殁、沦陷、落败、落空；

M（8）：埋没、忙乱、迷乱、迷醉、免不得、免不了、免得、磨（去声）得开；

N（4）：捏合、捏造、挪动、挪移；

O：无；

P（25）：爬升、排放、排解、派发、派生、判明、判定、刨除、配平、劈杀、飘动、飘落、飘散、飘逝、平定、平服、平复、平息、评定、破除、破获、破解、破裂、破碎、破损；

Q（30）：起动、起获、起开、起来（阳平）、起来（轻声）、气急、气恼、抢断、敲定、切除、切分、切（阴平）换、切入、切（去声）中、窃取、侵夺、侵害、侵凌、侵入、侵吞、侵占、擒获、清除、清缴、驱除、驱动、驱散、去除、劝解、劝和；

R（42）：燃爆、燃点、燃放、禳解、攘除、攘夺、让渡、饶恕、扰动、扰乱、热爆、忍耐、忍让、忍受、认得、认定、认可、认识、认同、认为、认证、容纳、溶化、溶解、溶蚀、溶胀、熔合、熔化、熔解、熔融、融合、融和、融化、融解、融通、糅合、糅杂（杂糅）、濡湿、辱没、入选、润滑、润泽；

S（183）：洒落、散播、散布、散发、散落、散失、散佚、丧失、丧亡、骚动、骚乱、扫除、扫平、杀害、杀戮、杀灭、杀伤、芟除、芟夷、删除、删改、删略、删汰、删削、扇动、煽动、闪避、闪躲、闪让、闪射、闪烁、闪现、闪耀、善于、缮发、擅于、伤残、伤害、商定、上进、上来、上去、上升、上扬、上涨、烧化、烧毁、少不得、少不了、绍介、赊销、折耗、舍不得、舍得、舍弃、设定、设立、赦免、摄取、慑服、摄于、申明、伸延、伸展、伸张、深入、审定、审结、渗漏、渗入、渗透、升腾、升涨、生成、生发、声明、声扬、声张、胜出、剩余、失败、失落、失去、失掉、失却、失散、失误、失陷、施加、施放、施加、施舍、施与、施展、识破、实现、拾取、使不得、使得、仕进、释放、收服、收复、收回、收获、收集、收敛、收拢、收纳、收清、收取、收入、收缩、抒发、舒散、舒展、舒张、疏导、疏放、疏解、疏散、疏松、疏通、疏远、输出、输入、数不上、数不着、数得上、数得着、树立、竖立、刷新、衰败、衰变、衰竭、衰减、衰老、衰落、衰退、衰弱、衰退、衰微、衰萎、衰亡、衰朽、顺服、顺随、说不定、说不过去、说不来、说不上、说穿、说合、说得过去、说得来、说服、说和、说开、说明、说破、撕毁、松动、松缓、松懈、耸动、耸立、耸峙、搜获、搜集、损害、损坏、损毁、损伤、损失、缩短、缩合、缩减、缩聚、缩略、缩微、缩小、锁定；

T（41）：塌落、塌陷、踏空、抬高、抬升、坦露、逃离、逃散、逃脱、陶醉、套牢、提高、提起、提取、提升、挑（阳平）拨、调和、挑（上声）动、跳跃、投入、投向、突破、推倒、推动、推翻、推广、推进、推升、推脱、推卸、推移、推展、退出、退回、吞灭、吞没、吞占、脱离、脱落、拓宽、拓展；

U：无；

V：无；

W（12）：挖空心思、完成、完了（liǎo）、完善、挽回、挽救、挽留、晚上、往后、忘掉、望断、畏缩；

X（37）：洗白、限定、陷入、陷于、相中、降伏、降服、想不到、想得到、想开、想来、向上、向好、向着（zhe）、消除、消解、消灭、消灭、消磨、消失、消逝、消损、消停（轻声）、消退、消亡、消歇、销毁、泄露、泄漏、形成、修好、修正、修筑、削除、削减、削弱、削平；

Y（28）：压倒、压低、压服、压缩、压制、压制（两个词）、延长、延后、延缓、延迟、延展、扬长、扬升、摇动、咬定、移动、议定、引爆、引动、引发、引进、引起、引退、拥堵、拥塞、涌动、涌现、越过；

Z（88）：凿空、造成、增补、增大、增高、增加、增进、增强、增长、摘除、择（zhái）不开、展出、展开、展露、展现、战胜、站立、站住、张大、张扬、召回、召开、照明、折叠、侦破、振动、振兴、震动、震惊、震怒、震慑、震悚、镇定、镇压、证实、指不定、指定、指明、指向、指正、制定、制服、制胜、制止、注定、注销、注重、抓紧、转变、转动、转发、转换、转向、转移、转运、转正、转动（去声）、坠毁、坠落、缀合、走低、走动、走高、走光、走红、走漏、走露、走偏、走强、走热、走软、走失、走向、走形、阻截、阻绝、阻塞、阻止、阻滞、组成、组合、作成、作乱、作难、坐大、坐失、坐实、坐误。

8.2　所有能作补语构成词的单音节动词和形容词

在这 931 个动补式词中，我们进一步找出所有能够充当补语构成词的单音节动词和形容词，共 95 个。具体情况如下：

A：无；

B：败、闭、补（3）；

C：残、偿、成、出、除、触、穿（7）；

D：达、大、倒、定、动、断、多（7）；

E：无；

F：发、放、分（3）；

G：改、赶、高（3）；

H：好、合、和、红、坏、回、毁、获（8）；

I：无；

J：积、降、结、解、近、进、决（7）；

K：开、空、扩、垮、跨、宽（6）；

L：来、离、立、良、了、乱、落（7）；

M：免、灭、明、没（4）；

N：怒（1）；

O：无；

P：贫、平、破（3）；

Q：弃、清、晴、去、缺（5）；

R：入（1）；

S：散、杀、伤、上、实、蚀、衰、松、缩（9）；

T：塌、透、通、退、脱（5）；

U：无；

V：无；

W：外、稳（2）；

X：陷、响、醒、消、销（5）；

Y：压、移、运（3）；

Z：涨、着、折、皱、住、准（6）。

在我们穷尽式搜索出的 931 个动补式复合词当中，一定存在着常规动补式复合词和非常规动补式复合词。根据对 95 个能作补语成词的单音节动词和形容词的考察，以及对构成非常规动补式复合词补语“穿”“淡”“低”“跌”“发”“服”“高”“光”“好”“合”“和”“红”“紧”“开”“漏”“露”“明”“破”“强”“俏”“轻”“热”“软”“弱”“上”“失”“示”“死”“透”“晓”“涨”“重”“中”“准”的分析，发现补语“破”构成词的动补式词中，既包含常规动补式词，也含有非常规动补式词，是构成动补式复合词中补语的典型成员。在此基础上，我们以补语“破”为切入点，通过“V + 破”对动补式复合词的类型以及相应的机制、动因进行探究。

8.3　基于“V＋破”对动补式词汇化研究

统计发现，《现代汉语词典》（第 7 版）中“破”充当补语构成的词有“爆破”“冲破”“打破”“道破”“点破”“跌破”“读破”“攻破”“击破”“揭破”“看破”“识破”“说破”“突破”“侦破”等共 15 个，其实现代汉语中“V + 破”动补式还有很多，如“喊破”“咬破”“穿破”“撞破”等，但判定这十五个动补式成词的标准是什么？对此，学界进行过相关探讨，李亚非（1990）、顾阳（1996）、李亚非（2000）从语义的角度出发，认为具有使役意义的双音节动补式是词，而董秀芳（1998）、梁银峰（2006：11）认为能否带宾语是判定动补式是否为词的标准，认为能带宾语的双音节动补式是复合词。另外，帅志嵩（2009）探讨了“哭湿”类动补式的衍生以及其词汇化过程，并且指出汉语的动补式词汇化程度比较高，从而使汉语动补结构配位具有有别于英语、韩语、日语等语言的特点。以上这些研究对本章很有借鉴意义，然而还有进一步讨论的余地。我们认为，判定动补式是否成词，应首先对其词汇化程度进行考察和判定，在此基础上再判定是否为词。

8.4 对动补式词汇化程度的考察

判定动补式词汇化程度，其实就是判定动词和补语之间语义距离，即二者之间的整合度（吴为善，2016：126）。动补式未成词时，动词和补语之间语义距离较远，具有意义的独立性，整合度低，而成词时，动词和补语在意义上已经发生概念整合，失去意义的独立性，整合度较高。具体到句法上，主要从两方面展开探讨：1. 能否进行变换，动词和补语能够独立运用；2. 能否扩展。吴为善（2016：126）、吴春相、陈建萍（2017）对此已有所提及，但还有进一步探讨和挖掘的空间。下面，我们分别对这两方面进行具体讨论。

8.4.1 进行相应的变换

梁银峰（2006）认为动补式是由上古时期双动共宾结构语法

化而来，第一个动词为及物动词，第二个动词是不及物动词临时及物化的结果，例如“战败”“击毁”等。在使用过程中，第二个动词的使动性逐渐消失，语义上变成第一个动词的结果，动补式随即产生。可见，动补式的补语虽已发生变化，但根据语法化保持原则[1]，还会保留动词的一些特点。我们据此提出，如果动补式在后接宾语时可以变换，动词和补语能够独立使用，则二者距离较远，词汇化程度低，而当后接宾语不可变换时，则二者距离较近，词汇化程度较高。例如：

（1）他用刀片割破了自己的手腕。（CCL 语料库，《青年文摘》2003 年人物版）

（2）他用刀片割自己的手腕，自己的手腕破了。

（3）她戳破了对方大腿上的静脉，鲜血喷了出来，溅到了她的嘴上和眼睛里，浸湿了她的头发。（BCC 语料库，南希·泰勒·罗森堡《黑色警局》）

（4）她戳了对方大腿上的静脉，对方大腿上的静脉破了……

（5）贫道实在没有想到，他年纪轻轻，就已看破了世情，但愿他早归道山。（CCL 语料库，古龙《陆小凤

1　Hopper（1991）提出语法化的 5 条原则：并存原则、歧变原则、择一原则、保持原则、降类原则，其中保持原则指实词虚化为语法成分后，还会保持原来实词的一些特点。

传奇》）

(6) *他已看世情，世情破了。

(7) 有些事情真是不吐不快，讲破天地，讲到自己，不觉残酷，太阳已经升起。（BCC 语料库，微博）

(8) *有些事情真是不吐不快，讲天地，天地破了……

例（1）中“割”和“破”可以分别与“手腕”搭配变换成例（2），例（3）中的“戳”和“破”可以分别同“静脉”搭配，变换为例（4）；例（5）中“看”和“破”不可分别与“世情”搭配进行变换，例（6）不成立，例（7）中的“讲”和“破”不能分别与“天地”搭配，变换成例（8）。可见，“割破”“戳破”的词汇化程度比较低，而“看破”“讲破”则比较高。

值得注意的是，有一些动补式在某些情况下可以变换，在有些情况下却不能变换，如“打破”“冲破”等。以“打破”为例：

(9) 小明打破了玻璃。（自拟）

(10) 小明打玻璃，玻璃破了。

(11) 梁健平打破了沉默。（CCL 语料库，《报刊精选》1994 年）

(12) *梁健平打了沉默，沉默破了。

例（9）中“打破”可以变换，例（11）中则不可以。对此，我们认为可以区别对待，例（9）中的“打破”词汇化程度比较低，例（11）中的“打破”词汇化程度比较高。此处下文还会进一步探讨，在此就不再赘述。

8.4.2　进行相应的扩展

判定动词和补语之间的语义距离，除了通过能否进行变换外，还可以通过能否进行扩展来判定。一般来说，大部分动补式都可以加“得/不”表示可能性，例如“洗破”可以加“得/不”变为“洗得破/洗不破”，“看破”可变为“看得破/看不破”，但有一些动补式则不可加“得/不”扩展，例如“降低”“扩大”等。除此之外，即使都可以加“得/不”扩展的动补式，能否进入“一……就……”“没……就……”等结构式的情况也不尽相同。所以，我们据此将能否进行扩展细化为两条标准：能否插入“得/不”进行扩展；除加“得/不”外还能否扩展或能否进入“一……就……”“没……就……”等结构式。

动词和补语之间语义距离远近与能进行扩展的类型数量成反比，如果一个动补式，除加“得/不”扩展外可以进一步扩展，还可以进入“一……就……”“没……就……”等结构式，则二者之间语义距离较远，此时动补式词汇化程度较低，反之则比较高。例如：

（13）摔碎：a. 这个杯子摔得碎。（自拟）

b. 他把杯子摔得粉碎。

c. 这个杯子一摔就碎。

（14）洗破：a. 这双鞋洗不破。（自拟）

？b. 她把鞋子洗得很破。

c. 鞋子还没洗就破了。

（15）看破：a. 那个和尚看不破红尘。（自拟）

*b. 那个和尚把红尘看得很破。

*c. 红尘一看就破了。

（16）扩大：*a. 这件事扩得大他的影响。（自拟）

*b. 这件事把他的影响扩得很大。

*c. 他的影响一扩就大。

例（13）中，“摔碎”除能够加“得”外还可以扩展为“摔得粉碎”，并且可以进入“一……就……”结构式，所以“摔碎”词汇化程度很低；例（14）中，虽然“洗破”扩展为“洗得很破”后接受程度有所下降，但能够加“得”还可以进入“没……就……”结构式，所以“洗破”词汇化程度也很低；例（15）中，“看破”可以加“不”，但不能进行其他扩展，也不能进入“一……就……”结构式，所以“看破”词汇化程度比较高；例（16）中“扩大”即不能加“得”，也不能进行其他扩展，并且不可以进入“一……就……”结构式，所以“扩大”的词汇化程度最高。

8.4.3 词汇化程度高的动补式特点

据此，我们提出判定动补式词汇化程度的标准，词汇化程度高的动补式应具有以下几个特点：

A. 动补式不能变换分解成两个表达式；

B. 不能进行扩展，又包括两方面：

B_1. 不能插入“得/不”；

B_2. 除“得/不”外，不能进行其他扩展或者不能进入“一……就……”“没……就……”等结构式[1]。

根据上述特点，先判定出动补式词汇化程度，然后再判定其是否为词。这里所说的词，是广义概念上的词，包括词汇词和词法词。Aronoff（1976：31）指出，在判定词与非词时，要注意区分词库和词法两个概念。词库是一个语言中拥有特异性（idiosyncrasy）的词汇单位的总和，在语义上有任意性和不规则性，而词法（morphology）则是一个语言中可能出现或者可以接受的词的内部结构的相关知识（董秀芳，2007），是一套规则系统。进入词汇的成分必定是词，而未进入的成分也可能是词，只不过是内部语义透明的词。由词法生成的形式都是词，只是有一些词的结构具有可分析性，意义具有可预测性，可以在线生产

1　此条件为或然性条件，即 pVq，满足其中一个子项即满足此条件。

和理解，没有进入词库，这类词是词法词，而进入词库的那类词则是词汇词。

8.4.4 动补式成词的判定标准

根据上述判定标准，经过探究发现，如果一个动补式满足A、B两个条件，则其已经固化，进入词库，成为词汇词，这类词在动补式中所占比例较少，只有“提高”“降低”等为数不多的几个词；如果满足条件A和B_2，则其词汇化程度比较高，虽尚未固化，但已经是词，只不过还未进入词库，是词法词，这类词是动补式构成词的主要部分，因为大多数动补式都可以加“得/不”扩展；如果只满足一个条件或者完全不满足，那么词汇化程度低，此时动补式是短语。例如：

（17）摔碎：a. 他摔碎了杯子。（自拟）

b. 他摔了杯子，杯子碎了。

c. 这个杯子摔得碎。

d. 他把杯子摔得粉碎。

e. 杯子一摔就碎。

（18）冲垮：a. 洪水冲垮了大堤。（自拟）

b. 洪水冲了大堤，大堤垮了。

c. 洪水冲得垮大堤。

*d. 洪水把大堤冲得很垮。

e. 大堤一冲就垮。

（19）看破：a. 那个和尚看破了红尘。（自拟）

*b. 他看红尘，红尘破了。

c. 那个和尚看得破红尘。

*d. 那个和尚把红尘看得很破。

*e. 红尘一看就破。

（20）扩大：a. 这件事扩大了他的影响力。（自拟）

*b. 这件事扩了他的影响力，影响力大了。

*c. 这件事扩不大他的影响力。

*d. 这件事把他的影响力扩得很大。

*e. 他的影响力一扩就大。

例（17）中的“摔破”条件A、B均不满足，是短语；例（18）中的“冲垮”虽然除加“得/不”外不可以扩展，但能够进入“一……就……”结构式，不满足条件B_2，同样不满足条件A、B，也为短语；例（19）中“看破”满足条件A和条件B_2，不满足条件B_1，是词法词；例（20）中“扩大”满足条件A、B，是词汇词。

可以发现，从“摔破”到“扩大”的词汇化程度在不断提高，而且有一些词语，在某些情况下符合条件A和B_2，某些情况下又不符合，例如上文提到的“打破”“冲破”等。而且，对于能否加“得/不”进行扩展这一标准，有一些动补式对“得”和“不”的反应也不一致，例如“揭破”，可以加“得”扩展为“揭得破”，但是加“不”扩展为“？揭不破”的接受度则大大降低，由此可见，像“打破”“冲破”以及“揭破”都处在过渡状态，所不同的是“打破”“冲破”在向词法词过渡[1]，而“揭穿”则在向词汇词过渡。可见，在确定的词法词和词汇词之间还存在着一些过渡类型，动补式的词汇化程度处在一个动态的、不断变化的过程中，从而形成一个由短语到词法词再到词汇词的连续统，其词汇化程度由低到高动态提升。具体情况如图 8-1 所示：

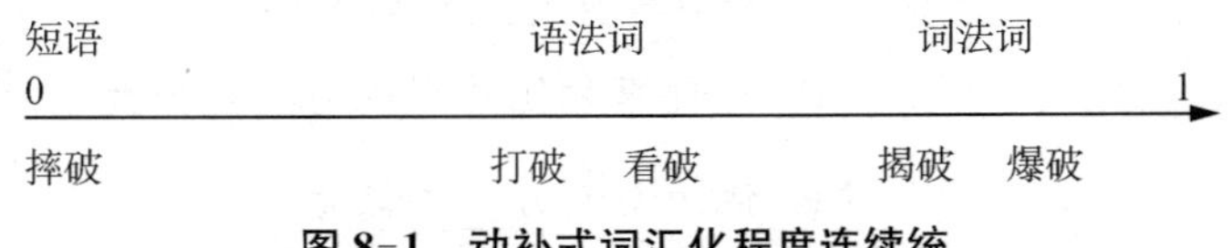

图 8-1　动补式词汇化程度连续统

根据标准，对“破”做补语构成的 12 个词语一一鉴定，发现都为词，其中“爆破”完全满足条件 A、B，是词汇词，剩下的 11 个均为部分满足，都是词法词。

8.5　动补式词汇化机制探析

通过上述研究，我们发现由“破”组成的这 12 个动补式都

1　在本书中，处于过渡状态的“打破”“冲破”这一类动结式，我们都统一作为词来看待，均为词法词。

是词。根据动词和补语是否具有语义相关性，可以将这12个词分为两大类：一类是“爆破”“冲破”“打破”“点破”“攻破”“击破”“跌破”，动词和补语之间具有意义相关性，记作为Ⅰ类词；另一类是“道破、识破、说破、揭破、看破”，动词和补语之间很难说具有意义上的相关性，记为Ⅱ类词。下面，对两类词的词汇化机制分别进行探讨。

8.5.1　Ⅰ类词词汇化机制探析

这里的语义相关性，包括两种情况：第一种情况，动词的语义中已经蕴含了补语的意义，例如“爆破”，“爆”的语义中已经包含了“破”的意义，类似的还有“降低”“提高”“扩大”等，均属于这一情况；第二种情况，补语所表示的意义是动词所表示动作行为可能引发的几种结果中的其中一种，例如前面提到的“打破”，还有“冲破”“跌破”“攻破”等均属于这种情况。对此，我们可以对Ⅰ类词进一步进行区分，“爆破”属于第一种情况，而“冲破”“攻破”等属于第二种情况。

从语义的角度，动词和补语均可以看作两个原型范畴，均有自己的典型义位和非典型义位。具有语义的相关性，说明二者在某些义位中存在着相似或者相关的关系。在词汇化的过程中，为二者之间发生词汇化提供了可能性。

我们认为，动补式发生词汇化，固化成词的过程，也就是“概念整合”的过程。动词所表示的概念域与补语所表示的概念域，进行概念整合，在整合的过程中发生词汇化，固化成词。而在整合的过程中，二者之间的心理距离对于能否进行“概念整合”具有十分重要的影响。当二者之间相关性越大，心理距离也就越近，就越容易发生概念整合，这也符合经济性原则。

但二者之间的相关性只是词汇化得以实现的必要条件，不是充分条件。促使动补式发生词汇化，还需要一定的外在条件。那这种外在条件是什么呢？通过对“提高”“打破”“冲破”等 8 个词用法的研究，发现它们有一个共同点：都能后接表抽象意义的抽象名词宾语，如“常规”“束缚”“传统”等。对于判定后接宾语是否为抽象名词，我们的判定标准是其能否接受数量结构修饰[1]。如果前能加数量结构是具体名词，反之则是抽象名词。例如，“杯子”可以前加数量结构“一个”变为“一个杯子”，所以“杯子”是具体名词，而“沉默”则不能前加数量结构，所以“沉默”是抽象名词。

动补式后接具体名词和抽象名词作宾语时，其情况并不相同。当动补式后接具体名词宾语时，并不会促使其发生词汇化，此时动词和补语之间距离较远，可以进行拆分，分别与宾语搭配；而当后接抽象名词宾语时，动词和补语则在隐喻机制作用下，整体发生隐喻，成为一个整体再与抽象名词搭配。例如：

1　这里所说的量词，指的是由名词演化而来的量词，也称物量词，如“本”“条”“根”等。

(21) 我赶紧跑去拿酒，但刚才发生的这一切弄得我心慌手乱，结果我打破了杯子，把酒桶的龙头也堵上了。(BCC 语料库，史蒂文森《金银岛》)

(22) 我打了杯子，杯子破了。

(23) 舒宁终于打破沉默。(CCL 语料库，中杰英《在地震的废墟上》)

(24) *舒宁终于打了沉默，沉默破了。

例句（21）中的“打破”可以拆开，分别与宾语“杯子”搭配变为例句（22），此时“打”和“破”之间距离较远，结合并不紧密。例句（23）中，后接抽象名词“沉默”作宾语的“打破”不能拆分，分别与“沉默”搭配，例句（24）不成立。此时“打”和“破”之间的距离相对于例句（21）要近，结合比较紧密。

例（21）具体情况如图 8-2 所示：

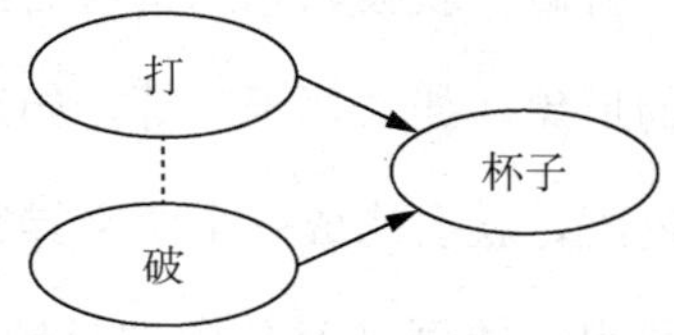

图 8-2　例（21）中“打”和“破”的关系

图 8-2 中动词“打”和补语“破”在语义上分别与“杯子”直接联系，它们之间是直接关系，“打”和“破”之间并没有直

接关系，而是间接关系。此时，“打”和“破”没有发词汇化，二者关系比较远。

例（23）具体情况如图 8-3 所示[1]：

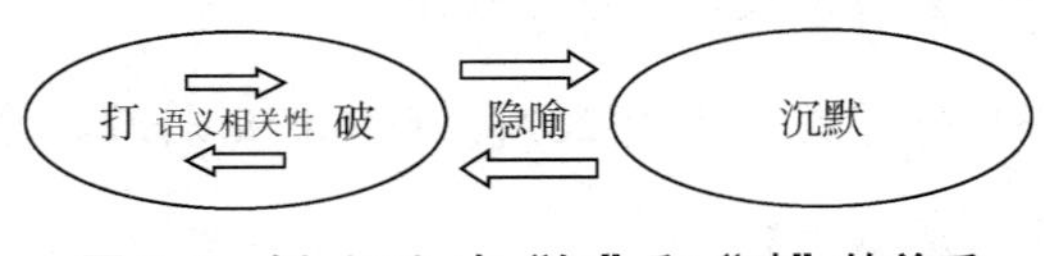

图 8-3 例（23）中“打”和“破”的关系

图 8-3 中动补式“打破”后接抽象名词宾语“沉默”，“打”和“破”在隐喻机制的作用下发生词汇化。在词汇化的过程中，发生概念整合，成为一个词。

根据束定芳（2011：12），隐喻有两种工作机制，一是隐喻中双重影像（double image）[2]，二是隐喻中本体和喻体的相似性（resemblance or similarity）。每一个词（语）都处于聚合关系和组合关系两种联想网络之中，如“打破”与“击破”处于一种聚合关系，与“杯子”或“有具体形状的物体”处于一种组合关系中。听到或者读到“打破”就会联想到常与之搭配的词（语）及它们所代表的物体的形象，如“杯子”等。如果将“打破”与没有具体形象的物体搭配，就会构成一个语义异常句，同时也会引起“双重影像”的联想。如例（23）中“打破沉默”，我们会同

1　图中“隐喻”上下方的箭头表示作用机制。

2　双重影像指隐喻中的称异或非常规常搭配，不但能够形成常规的联想关系，以及相对应的意象，还可以诱发听话者对新搭配构成意象的相关想象。

时联想到“沉默”和“有具体形状的物体”。

隐喻中喻体和本体的相似性是构成隐喻的基础。单独来看“杯子”和“沉默”，二者之间似乎并无相似性，“杯子”是一种喝水的工具，而“沉默”是一种交谈中的状态。但是当“杯子”进入“打破+NP”这个结构框架时，二者之间就的相似性就突显出来。具体来说，进入到结构框架中，“杯子”的主要义素“喝水的工具”被抑制，其次要的义素“一个有形状的物体”则被突显，成为显著义素。作为“有形状物体”的“杯子”和“可以感知的状态”的“沉默”就具有了相似性，二者都是“处于一种稳定的状态，可以在外力的作用下发生质变”。所以，这里所说的二者具有相似性，不是孤立来看“杯子”和“沉默”，而是把二者放到“打破+NP”这一结构式中进行对比和观察的结果。

至于隐喻运作的方式，则是投射（mapping）。Lakoff（1980）首先提出这一概念，将源域（source domain）和目标域（target source）之间带方向的互动称为“投射”。投射通常由源域向目标域开展，所以具有单向性的特点。投射还具有系统性特点，即源域的结构系统地投射到目标域中，这就是著名的“不变原则”（Invariance Principle）。在由“打破杯子”到“打破沉默”的隐喻过程中，源领域是杯子，目标领域是沉默。源领域包含以下显著特征：

（G1）有形的物体；

（G2）其形状具有稳定性和持续性；

（G3）在外力作用下其形状可以发生质变。

在隐喻的过程中，源域的各种显著结构特征，就被系统地映射到目标域中。因此，“沉默”也就形成了相似的显著特征：

（M1）可以感知的状态；

（M2）其状态具有稳定性和持续性；

（M3）在外力的作用下其状态可以发生质变。

通过投射，“打破”就可以与“沉默”搭配，构成“打破沉默”。在这一过程中，动词“打”和补语“破”在隐喻机制的作用下整体发生隐喻，与“沉默”组合。加之二者之间本身就具有语义相关性，具有概念整合的语义基础。二者在隐喻机制的作用下，进行概念整合，词汇化程度提高，发生词汇化。

我们不禁要问，均是在隐喻机制作用下发生词汇化，为什么“提高”“爆破”已经成为词汇词，而“打破”“冲破”还是词法词，甚至还处在向词法词转化的过程中？为什么会存在词汇化程度差异？原因在于，它们动词和补语语义相关性程度不同。相对于“打破”“冲破”，“提高”“爆破”动词和补语语义相关性程度更高，语义距离更近。像“爆破”“提高”等词，动词语义中已经蕴含了补语意义，两个范畴已经发生交叉，语义相关性程度高。而像“打破”“冲破”等词，动词所表示的意义是动词所表示动作行为可能引发结果中一种，两个范畴之间并没有交叉，只是语义距离比较近，语义相关性程度相对前者要低。

所以，Ⅰ类动补式进行词汇化，要满足两个条件：一是动词和补语具有语义相关性，并且语义相关性越强，词汇化程度也就越高；二是后接抽象名词宾语。作用机制则是隐喻机制，动词和补语在隐喻机制作用下，整体发生隐喻，从而固化成词。

8.5.2　Ⅱ类词的词汇化机制

“说破”“看破”等词，其动词和补语之间在语义上很难说具有相关性，也就无法在隐喻机制作用下进行词汇化，那么这一类动补式是如何发生词汇化的？其词汇化机制又为何？

以“打破”为例。在“打破 + 具体名词宾语”发展为“打破 + 抽象名词宾语”的过程中，“打”和“破”的语义均发生了变化，“打”的语义发生了虚化（或称泛化），而补语“破”也在隐喻机制的作用下，其意义发生引申，产生新的义素。

从语义的角度来看，每个语素或者词都是一个原型范畴，都有其典型范畴和非典型范畴。词义范畴表现出家族相似性特征，它们的结构呈现集合和重叠意义的辐射集。词义范畴没有明确的边界，随着范畴的扩展其边缘变得越来越模糊，并且出现与其他词义范畴的交叉（赵艳芳，2001：92）。“破”作为一个词，本身就是一个语义范畴，除了其典型范畴，又扩展出非典型范畴，其语义范畴发生扩展。在此基础上，“破”可以跟动作性不强或者致使性不强[1]的动词进行搭配，搭配动词的范围扩大。“破”可以跟动词“说”“道”“看”等搭配，“说破”“道破”“看破”等词也就应运而生，扩展过程如图 8-4 所示：

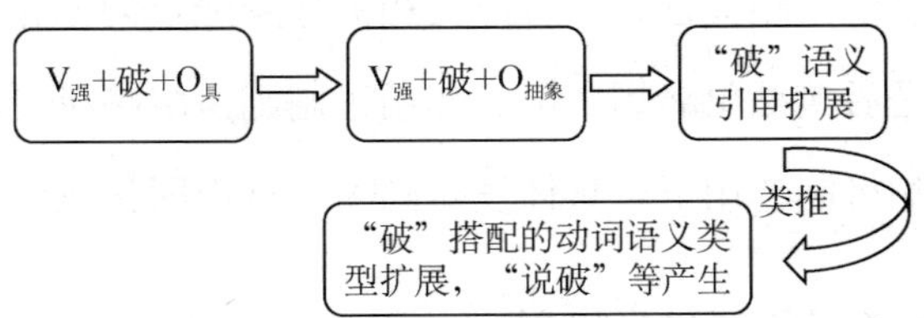

图 8-4　“说破”“看破”“道破”等词类推过程

根据图 8-4，从“$V_{强}$ + 破 + $O_{具}$”发展到“$V_{强}$ + 破 + $O_{抽象}$”过程中，“破”的语义发生引申扩展，“破”的语义范畴得到扩展，“破”所搭配的动词语义类型也相应地发生扩展，由只能加强动作性、强致使性动词扩展为可以与动作性或者致使性相对较弱的动词搭配，在类推机制作用下，产生了“说破”“道破”“看破”等词。

问题是，既然“道破”是从“打破”类推而来，为什么“道破”的词汇化程度反而比“打破”高呢？原因在于，“道破”是从后接抽象名词宾语的“打破”类推而来，而此时的“打破”已经在隐喻机制的作用下整体发生隐喻，成为词法词，所以由其类

1　这里所说的动作性不强或者致使性不强的动词，是跟“打”“挖”“摔”等动词相对而言。其实“看”“说”等动词本身也具有一定的动作性和致使性。例如，在“她把他看羞了”这一例句中，“看”就有比较强的致使性。

推而来的“道破”也是词法词。这一点在“说破”后接宾语的情况中也得到了印证。由“打破”通过类推机制形成的“道破”“识破”“说破”等词，一般只能与抽象名词宾语搭配，很少能后接具体名词宾语。例如：

（25）夏侯杰不禁暗暗佩服，觉得徐文长在剑术的造诣上，果有其独到之处，居然一言就道破了其中奥秘。（BCC 语料库，司马紫烟《仙剑》）

（26）但是，时代变了，中国人民掌握了马列主义、毛泽东思想，能够识破一切骗子的谣言和诡辩。（BCC 语料库，《福建日报》1972 年 02 月 08 日）

（27）如果有一个人，还没等你说她就说破了你的心意，是不是一件很幸福的事呢？（BCC 语料库，微博）

例（25）（26）（27）例句中，“道破”“识破”和“说破”后接的宾语“规律”“本质”以及“心思”都是抽象名词宾语。

需要指出的是，“道破”“识破”“说破”等Ⅱ类词由Ⅰ类词类推的过程并不是一蹴而就的，而是一个由点到面、逐渐扩展的过程，最初可能只是类推到一两个词上，而在使用的过程中随着“破”语义的扩展变化，其搭配的动词不断增加，逐渐形成新词。

根据搜集到的语料，“道破”早在唐代就已经产生，而“看破”则产生于宋代。例如：

（28）师云：“今日事被梨道破，称得老僧意。”（CCL 语料库，南唐·静筠二禅师《祖堂集》）

（29）粉白黛绿者，俱是火宅中狐狸、射干之流，愿公以道眼看破。（CCL 语料库，北宋·苏轼《东坡文集》）

Ⅱ类词的形成，除了类推机制外，现代汉语词的双音化也是其产生的一个重要原因，正是因为汉语词由古代汉语中的单音节词向现代汉语的双音节词过渡，才为动补式和补语“破”语义的扩展和类推提供了可能。此外，“道破”“说破”等本身所表示意义的独特性，加之表意的具象化特征，在使用中被高频使用，对于其固化成词也十分重要。

通过上述研究发现，两类词语的词汇化机制并不相同：Ⅰ类词是在具有语义相关性的基础上，动词和补语在隐喻机制的作用下发生词汇化；Ⅱ类词则是在类推机制的作用下，由Ⅰ类词类推而来。除此之外，现代汉语词的双音节化、其表意的特殊性和具象性以及高频使用，也都起到了十分重要的作用。

8.6 小结

本章基于“V + 破”对动补式词汇化现象进行考察，探讨了判定动补式词汇化程度的形式标准，据此将其分为短语、词法词和词汇词三类。对已经成词的，根据动词和补语是否具有语义相关性可分为两类，具有相关性的一类，词汇化机制为隐喻机制，而另一类则为类推机制。

第 9 章　主宾可易位动补式探究

在汉语中存在一种特殊的句法结构现象——主宾可易位结构，即主语和宾语可以进行易位，而句子的基本义[1]却并没有改变。在这一类句法结构中，主宾可易位动补式是典型成员之一。根据我们搜集的语料，“$V_{心理}$ + 死”主宾可易位动补式是其中的典型代表。因此，本章以“$V_{心理}$ + 死”主宾可易位句为例，对这一类特殊句法结构进行探究。

9.1　“$V_{心理}$＋死”主宾可易位句

“$V_{心理}$ + 死”句是指在一个句子中，动词为心理动词，补语由“死”承担，除此之外还包括处于心理动词之前的主语和补语“死”之后的宾语，因此我们可以将其进一步完整表述为“S +

1　这里的“基本义”为句法结构所描述的客观场景，即句法结构的真值条件，不包含完整语义所包含的其他因素，如认知因素、语用因素等。

$V_{心理}$ + 死 + O”。这一特殊结构在基本义不变的前提下，主语和宾语可以比较自由地易位。例如：

（1）a. 我想死你了。

b. 你想死我了。（CCL 语料库，李佩甫《羊的门》）

（2）a. 我担心死你了。

b. 你担心死我了。（微博）

例（1）中，句子主语“我”和宾语“你”位置互换，但句子的基本义始终为“我想你”，补语“死”的语义指向一直为“我”；例（2）的情况也一致。从句法语义的角度看，汉语的基本句式为自动和使动（徐通锵，1997），其中例（1）a 为主动句，（1）b 为使动句。二者之间的变换，实际上是自动句和使动句之间的转换。对于这一现象，学界曾有学者对此进行过研究或有所涉及。王希杰（1992）对“想”类动词的句法多义性进行了研究，但只是对由“想死”充当谓语核心的一类句子主宾语易位这一现象的描述，且并没有对形成条件与动因展开分析。任鹰（2001）在对主宾可换位动结式动补式进行分析的过程中，对“$V_{心理}$ + 死”有所涉及，但同样未对形成条件和动因进行考察。可见，对“$V_{心理}$ + 死”所在句子主宾可易位这一现象的研究还有进一步挖掘的空间，本章拟对其形成条件和语用动因进行考察。

9.2 心理动词类别

心理动词为表示人的心理活动的动词，是汉语动词下属的一个特殊小类。目前，对心理动词的分类主要有两种，一种是将心理动词分为状态和使役两类（张京鱼，2001），另一种是分为正向和反向心理动词（张幼军，1998）。我们认为，既然从句法语义的角度看汉语的基本句式可以分为自动和使动两种句式，因而可以据此将心理动词分为自动心理动词和使动心理动词，并且可以从语义和句法两个方面对此进行界定：语义方面，自动心理动词为表示感事心理活动或心理状态变化的心理动词，而使动心理动词为致使感受者产生心理活动或心理状态产生变化的心理动词；句法方面，自动心理动词是可用于自动句式中的心理动词，使动心理动词是具有使动用法的心理动词。相较于状态和使役、正向和反向，用自动和使动进行命名更为直观和贴切。下面，我们在《动词用法词典》（1999）的基础上，对两类心理动词进行探究。

9.2.1 自动心理动词

自动心理动词是汉语中最为常见、最常使用的一类心理动词，用来表示感事心理活动或心理状态的变化。在自动心理动词充当谓语构成的句子中，主语为心理活动、心理状态的感事，宾语为该心理活动、状态变化关涉的对象，即客事。例如：

(3) 乐乐想妈妈。(CCL 语料库，电视剧《温柔陷阱》)

(4) 我真的喜欢他。(CCL 语料库，电视剧《浪漫的事》)

例(3)中主语“乐乐”为心理活动“想”的感受者，宾语“妈妈”为“想”的关涉对象，例(4)的情况也相同。目前对于心理动词的研究主要集中于自动心理动词，而且基本是从语义特征的角度进行界定，而以语法特征作为形式标准进行界定的很少，只有周有斌、邵敬敏(1993)、张京鱼(2001)等。其中，周有斌、邵敬敏(1993)用“主(人) + {很 + 动词} + 宾语”这一结构形式作为鉴定标准，认为能够进入这一格式的均为自动心理动词，反之则不是。张京鱼(2001)在这一鉴定式的基础上进一步扩展出“S(人) + 对 + O + 很/感到 + 动词/形容词”，并将这两个结构式作为鉴别标准，满足条件的为自动心理动词，否则不是。

我们在前人研究的基础之上，认为对自动心理动词的判定应该兼顾形式和意义两个方面。自动心理动词既然在语义上表示感事的心理活动和状态变化，所以以“打心眼儿里”作为语义方面的鉴定标准，那么其必然能够进入“打心眼儿里 + ____”这一结构式之中，二者之间具有语义上的适切性。在此基础上，我们将鉴定式修改为“$S_{(感)}$ + 打心眼儿里 + 动词 + $O_{(客)}$”[1]，对相关心理动词进行判定。根据我们限定的语料范围，共找到60个自动心理动词，其中单音节13个，双音节共47个，分别列举如下：

单音节自动心理动词：爱、馋、愁、懂、烦、怪[责怪]、恨、迷、怕、疼[心疼]、想、信、怨；

双音节自动心理动词：爱好、爱护、爱惜、抱怨、崇拜、担心、惦记、发愁、反对、服从、感谢、关心、害怕、后悔、怀念、怀疑、欢迎、欢喜、嫉妒（忌妒）、计较、可怜、埋怨、满意、蔑视、佩服、轻视、热爱、伤心、生气、讨厌、体谅、同情、同意、痛恨、喜欢、羡慕、相信、想念、欣赏、心疼、信任、拥护、赞成、着急、支持、重视、尊敬。

9.2.2 使动心理动词

使动心理动词是促使感事产生心理活动或心理状态变化的心理动词，在由其充当谓语组成的句子中，主语呈现为致事，宾语表现为感事。例如：

（5）你可让我担心死了。（CCL语料库，塞林格

1 鉴定式中 $S_{(感)}$ 为感事主语，$O_{(当)}$ 表示当事宾语。

《九故事》）

(6) 这些动词兴奋了屋子里所有的人。(CCL 语料库，丁玲《一颗未出膛的枪弹》)

例(5)中的主语“你”为心理状态“担心”的致使原因，而宾语“我”则是“担心”这一心理状态的承担者，例(6)的情况与之一致。张京鱼(2001)将使动心理动词的判定标准定为“$S+V+O_{(感事)}$”以及其语义镜像格式“$S+使+O_{(感事)}+V$”，并且要求两个格式中的V至少在语音方面同形。在其研究的基础上，我们将使动心理动词鉴定式确定为：“$S_{(致)}+使+O_{(感)}+打心眼儿里+动词+O_{(致)}$”和“$S_{(致)}+动词+C+O_{(感)}$”[1]，其中“$S_{(致)}$”与“$O_{(致)}$”同指，并将“C”具体化为补语“死”，从而构成鉴定式“$S_{(致)}+动词+死+O_{(感)}$”[2]，能够同时进入上述两个鉴定式的为使动心理动词，以此对相关心理动词进行判定。在我们所选择的语料范围内，共发现使动心理动词39个，其中单音节12个，双音节27个，具体情况如下：

单音节使动心理动词：爱、馋、愁、烦、恨、怕、气、迷、恼、疼[心疼]、吓、想；

双音节使动心理动词：操心、崇拜、担心、惦记、恶心、发

1　鉴定式中，$S_{(致)}$表示致事主语，$O_{(感)}$为感事宾语，C为补语。

2　需要指出的是，此鉴定式中的“死”须为程度补语。

愁、感动、害怕、后悔、嫉妒（忌妒）、苦恼、了解、满意、佩服、伤心、讨厌、同情、痛恨、为难、喜欢、心疼、羡慕、想念、委屈、兴奋、着急、震惊。

9.2.3 双能心理动词

通过上述研究，可以看到一些心理动词既可以作为自动心理动词，也可以充当使动心理动词，我们将这些心理动词称为“双能心理动词”，共包括 27 个，分别列举如下：

单音节双能心理动词：爱、馋、愁、烦、恨、迷、怕、疼$_{[心疼]}$、想；

双音节双能心理动词：崇拜、担心、惦记、发愁、害怕、后悔、嫉妒（忌妒）、满意、佩服、讨厌、同情、痛恨、喜欢、心疼、羡慕、想念、欣赏、着急。

我们根据“$S+V_{心理}+死+O$”结构式，对上述双能心理动词进行一一分析，发现均可以在保证基本句义不变的情况下，进行主宾语易位。在此基础上，我们对上述所有自动和使动心理动词进行分析，找出所有能够进行主宾换位且保持基本句义一致的心理动词，所得出的结果与双能心理动词的结果一致。由此可见，进入到“$S+V_{心理}+死+O$”格式在确保基本语义不变情况下进行主宾易位的心理动词，须具有“双能”的特征。

9.3 与主宾语相关语义角色的成分选择限制

主宾语从语义的深层角度来看，实际上是相应语义角色的外在表现。同一成分既可以充当主语[1]，又可以作为宾语，而关键则在于与其相关联的语义角色。在“$V_{心理}$ + 死”这一主宾可易位动补式中，处于自动句中与其在语义上相关的语义角色为感事和客事，感事是心理活动的发出者或者心理状态的持有者，因而一定由表人名词或者人称代词充当，如例（1）a 中的“我”就是感事，而客事则是心理活动或心理状态关涉的对象，如例（1）a 中的“你”为客事，而在使动句中则为感事和致事，致事为导致心理活动、心理状态发生变化的对象，既可以是表人名词和人称代词，也可以为表物名词，如例（1）b 中的“你”为致事。本章从自动视角对相关语义角色的成分选择限制进行探究，因此除需明确区分二者外，我们将客事和致事统称为客事，下文若无特别指出，均用客事来指称二者。因而可以将“$V_{心理}$ + 死”所在句子的语义角色概括为“感事 + 客事”，包括“人称代词 + 人称代词”“指人名词 + 指人名词”“指人名词 + 指物名词”“指人名词 + 人称代词”以及“人称代词 + 指物名词”五大类，各大类下

1　根据宋文辉（2018：5）的说法，语法研究中“主语”这一概念至少包括语法主语、逻辑主语和心理主语三个，本章讨论的主语只涉及语法主语。并且，主语一般是话题，因而本章对主语和话题不做细致的区分。

又包括一些不同的小类。

9.3.1 人称代词充当感事和客事

人称代词包括第一、第二和第三人称代词，第一人称如“我”“我们”等，第二人称包括“你”“你们”等，第三人称为“他”“她”“它”等。下面，我们对此分别进行探讨。

9.3.1.1 第一、第二人称代词充当感事和客事

第一人称代词充当感事，客事由第二人称代词充当，进入到“S + $V_{心理}$ + 死 + O”结构式中所形成的句子，均可以进行主宾语易位，而句子的基本语义不发生变化。例如[1]：

(7) a. 我们担心死你了。(自动) ↔b. 你担心死我们了。(使动)(电视剧《太阳滴血》)

(8) a. 我恨死你了。(自动) ↔ b. 你恨死我了。(使动)(电视剧《温柔陷阱》)

例 (7) a 的基本义为“我们担心你”，例 (7) b 的基本句义为“我们担心你”，二者基本语义完全一致，可以自由进行互换。并且只有一个基本语义，不存在歧义情况，例 (8) 的情况具有

1 下文的例句除自动句和使动句都为引用外，其他例句的出处均指自动句的出处，考虑到不影响变换的连贯性，故将出处均放在句末，特此说明。

一致性。

当感事为第二人称代词，客事由第一人称代词充当时，此时构成的句子独立性很差，只有放到一定的语境中才可以成立。例如：

（9）a. 你想念死我们了。（自动）

（9）b. 你想念死我们了。

（9）c. 我知道你想念死我们了。

原因在于，在交际的过程中，作为交际的双方，我们无法充分感知对方的心理状态或心理活动，因而第二人称代词不能充当感事，只能作为客事。在此种条件下客事限制为第二人称，感事固定由第一人称代词充当，所形成的句子表意明确，不具有歧义性。

9.3.1.2　第一、第三人称代词作感事和客事

当在“S + $V_{心理}$ + 死 + O”结构式中，由第一人称代词作感事，第三人称代词来充当客事时，此时构成的句子，同样可以在保证句子基本意义不发生改变的情况下，主宾语进行易位。例如：

（10）a. 我恨死她了。（自动）↔b. 她恨死我了。（使动）（余华《活着》）

（11）a. 我烦死他了。（自动）↔b. 他烦死我了。（使动）（微博）

例（10）a 的基本意义为“我恨她”，例（10）b 也可以同样表达“我恨她”这一基本义，此时二者可以进行主宾语互换，例（11）的情况与例（10）相同。

而当感事为第三人称，客事由第一人称来担任时，此时构成的句子独立性很差，只有在特定的语境下才能够成立。例如：

（12）a. 他嫉妒死我了。（自动）

（12）b. 你说他嫉妒死我了？

（12）c. 我猜他嫉妒死我了。

这是因为在交际的过程中，包括“我”在内的第一人称代词与说话人（即感事）相一致，从而带有很强的主观性，这与客事语义角色的特征有所冲突，因而第一人称在静态句中只能充当感事，从而将第三人称限定为客事。

9.3.1.3 第二、第三人称代词担任感事和客事

如前所述，第二人称代词不能充当感事，只能作为客事，因而在此情况下第三人称代词被限定为感事。具体表现为主语由第三人称代词充当，宾语为第二人称代词，在“$S+V_{心理}+死+O$”结构式基础上产生的句子，同样可以进行主宾语易位，句子的基

本义保持不变。例如：

（13）a. 他们喜欢死你了。（自动）↔b. 你喜欢死他们了。（使动）（微博）

（14）a. 她惦记死你了。（自动）↔b. 你惦记死她了。（使动）（微博）

例（13）a 表达的基本句义为“他们喜欢你”，例（13）b 同样表达“他们喜欢你”的基本语义，能够进行互换，并且二者均表义明确，不存在歧义情况，例（14）的情况与之相同。

9.3.1.4　第三人称代词作为感事和客事

当“$S+V_{心理}+死+O$”句法结构中，感事和客事均由第三人称代词充当时，构成的句子在保持同一基本义的情况下主宾语可以互换，例如：

（15）a. 他烦死她了。（自动）↔b. 她烦死他了。（使动）（微博）

（16）a. 她想念死他了。（自动）↔b. 他想念死她了。（使动）（微博）

例（15）中的2个例句，孤立来看都存在歧义情况，含有两个基本义，分别呈现为“他嫌她烦”和“她嫌他烦”。例如例

（15）（16）可以转换为：

（15′）a. 她烦死他了。（自动）↔b. 他烦死她了。（使动）（微博）

（16′）a. 他想念死她了。（自动）↔b. 她想念死他了。（使动）（微博）

由此可见，第三人称代词则相对自由，既可以作为感事，也可以承担客事这一语义角色。

9.3.2 表人名词充当感事和客事

当感事和客事均为表人名词时，与“$V_{心理}$ + 死”搭配形成的句子可以在保证基本义不变的情况下，进行主宾语易位。例如：

（17）a. 老张讨厌死主任了。（自动）↔b. 主任讨厌死老张了。（使动）［转引自王希杰（1992）］

（18）a. 张三恨死李四了。（自动）↔b. 李四恨死张三了。（使动）［转引自任鹰（2001）］

此情况下，构成的句子孤立来看均为歧义句，含有自动义和使动义两个基本义。如例（17）中两个例句，例（17）a 的自动义为“老张讨厌主任”，使动义为“主任讨厌老张”，例（17）b

的情况正好相反。例如：

(17′)a. 主任讨厌死老张了。(自动)↔b. 老张讨厌死主任了。(使动)

可以发现，表人名词充当感事和客事的主宾互易情况与第三人称代词的情形一致。

9.3.3　表人名词和表物名词充当感事和客事

感事是具有感知能力的生命体，因而表物名词不能充当感事，只能作为客事，因此在此情况下，表人名词被限定为感事。此时，二者之间可以进行主宾语换位，且基本句义保持一致。例如：

(19) a. 老李愁死这座老房子了。(自动)↔b. 这座老房子愁死老李了。(使动)(自拟)

(20) a. 小红恨死这辆破自行车了。(自动)↔b. 这辆破自行车恨死小红了。(使动)(自拟)

如上所述，表物名词只能充当客事，表人名词被限定为感事，所以构成的句子表意明确，不存在歧义情况，如例(19)a、b的基本语义均为“老李很愁这座房子”。由此可见，表人名词和表物名词充当感事和客事的主宾互换情况，与第一、第二人称代词以及第二、第三人称代词作为感事和客事的情况相同，因此表物名词与第二人称代词在语义功能上具有一致性，均固定充当客事。

通过上述研究，可以发现表人名词与第三人称代词作用一致，既可以充当感事，也可以作为客事；表物名词与第二人称代词的语义功能一致，只能担任客事，不能充当感事这一语义角色；第一人称代词只能作为感事，不能承担客事。因此，我们可以推知人称代词与表人名词充当感事和客事的主宾语易位情况和人称代词与第三人称代词的情况相同，而人称代词与表物名词充当感事和客事的主宾语易位情况和人称代词与第二人称代词的情形一致。感事可以由第一人称、第三人称代词以及表人名词充当，而客事则由第二人称、第三人称代词、表人名词以及表物名词担任。其情况具体如图 9-1 所示：

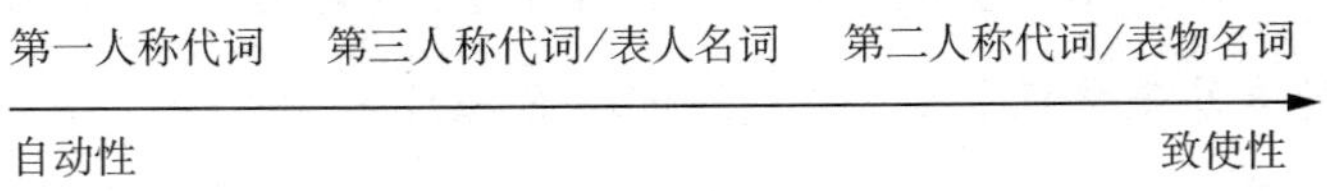

第一人称代词　　第三人称代词/表人名词　　第二人称代词/表物名词

自动性 ——————————————→ 致使性

图 9-1　能够充当主宾语的代词和名词的语义特征

通过图 9-1 可以看到，第一人称的自动性即感知性最强，只能用于承担感事这一语义角色，表现在句法上则是倾向于充当句子主语；第二人称代词和表物名词的致使性最强，只能作为客事，具体到句法上则呈现为倾向于作宾语；第三人称代词和表人名词介于二者之间，既具有一定的自动性，也拥有一定的致使性，因而既可以担任感事，也可以充当客事，具有较大的自由性。

9.4　补语“死”的句法语义要求

在满足心理动词句法特征要求，以及与主宾语相关语义角色的成分选择限制条件下，句子还是不能发生主宾语互换。例如：

(21) a. 我烦你 =⊁b. 你烦我

(22) a. 我佩服你 =⊁b. 你佩服我

例（21）中，谓语为双能心理动词“烦”，满足能够进入格式的心理动词的句法特征；感事为第一人称代词“我”，充当主语，客事为第二人称代词“你”，作为宾语，均满足语义角色成分的选择限制，但主宾语进行易位，基本句义发生改变。所以，除满足上述条件外，还需补语“死”才能在基本义一致的情况下进行主宾互换。例如：

(21′)a. 我烦死你了↔b. 你烦死我了（微博）

(22′)a. 我佩服死你了↔b. 你佩服死我了（微博）

可见，相关语义角色的选择限制和心理动词的句法特征只是“$S+V_{心理}+死+O$”结构式能够进行主宾互换的必要条件，而非充分条件，补语“死”也是必要条件之一。然而，并非所有的补语“死”都可以承担这一职责，只有表程度的“死”即程度补语才可以，而不能为表结果的补语“死”。例如：

（23）司马库这个狗杂种气死了俺娘。（CCL 语料库，莫言《丰乳肥臀》）

(23′)俺娘气死了司马库这个狗杂种。

例（23）中的“死”意义实在，为结果补语，此时如果主宾语进行易位，变换为例（23′），意义发生根本性变化。可见，能够进入“$S+V_{心理}+死+O$”结构式中的“死”一定为表程度，而不能表结果。

9.5 主宾可易位动补式形成的语用动因

以上，我们探讨了主宾可易位动补式的形成条件，下面我们对这一特殊句法现象形成的语用动因进行探究。研究发现，其语用动因包括“话题的延续性”规则与“线性增量”原则的双重制约、评价立场表达的需要和交互主观性表达的需求三个方面。

9.5.1 “话题的延续性”规则与“线性增量”原则的双重制约

所谓话题延续性（topic continuity），是指在言谈中引入一个话题之后，这个话题一般要或长或短延续一段时间（沈家煊，1999）。“S + $V_{心理}$ + 死 + O”结构式在实际使用、交际的过程中，往往是处于上下文语境之中。话题作为句子的出发点，通常出现在句首的位置，承担着承上启下的推进作用。因此，话题一般由主语来充当。汉语作为话题显赫的语言，典型的主语往往同时为话题。促发“S + $V_{心理}$ + 死 + O”结构在保证基本语义一致的情况下进行主宾易位的，正是为了保持话题的延续性。例如：

（24）你真是个蠢猪，（你）烦死人了。（电视纪录片《北京人在纽约》）

（24′）你真是个蠢猪，人烦死（你）了。

例（24）中前一句的话题为“你”，后一句的“你”为话题的直接延续，为承上而来，句子读起来非常顺畅，可接受度高；而例（24′）中的后半句话题为“人”，此时与前半句话题“你”的延续性被打断，整个句子读起来有些别扭拗口，可接受度降低。

除了“话题的延续性”规则的制约外，“线性增量”原则在这一过程中也起到了重要作用。一个句子包括“话题”和“焦点”两个部分，话题作为谈论的对象，是听者已经熟悉或者意料之中的信息，是“旧信息”；而听话人毫无了解、出乎意料的“新信息”，则为焦点。一般来说，一个句子的焦点往往在谓语部分，如果谓语动词带有宾语，宾语一般为语义的重点即“自然焦点”。

“线性增量”原则认为，在自然条件下即没有干扰因素的情况下，随着句子由左到右移动，句子成分所负载的意义会越来越重（Bolinger，1952）。Firbas（1992）在此基础上提出“动态交际值”，用来指称一个语言成分在推进交流、完成交际目的过程中所发挥作用的大小程度。例如：

(25) A_1：“妹妹，你这几天跑哪里去了？”

B：“怎么了？”

A_2：“（你）可急死我了。”（改编自电视剧《知情者》）

$A_{2'}$：“我可急死你了。”

例（25）中，A的交际目的是说明B（妹妹）对自己“我”所产生的影响，就达成这个目的来说，“你”的贡献小，动态交际值低，“急死我了”的动态交际值高，贡献大。A_2 符合“线性增量”原则，语言成分动态交际值从左到右逐渐增高，“我”为自然焦点，句子可接受度高；而 $A_{2'}$ 相关语言成分的动态交际值逐渐减少，违背了“线性增量”原则，因而可接受度大大降低。

由此可见，在“话题的延续性”规则和“线性增量”原则的双重制约下，促使“S + $V_{心理}$ + 死 + O”结构在保证基本语义不变的情况下，进行主宾易位。

9.5.2 评价立场表达的需要

话语立场（stance in discourse）是指由社会行为者以对话的方式、通过外在的交际手段发出的公开行为，这种公开行为在社会文化领域中的任意显著维度上，并同时对客体进行评价，对主体进行定位，与其他主体建立联系，包括评价、情感和道义三个方面（Du Bois，2007）。其中，“评价”（assessment）为立场表达者用来明确立场对象，并因某些特征或特质对其进行赋值的过程（Du Bios，2007），是一种会话行为。人们在日常交流的过程中，参与社会交际事件的同时也在对相关的事件进行评价，同时也被他人或自己评价。评价立场与话语中说话人的定位有关，用来表达说话人对评价对象某种特质的主观认识。“S + $V_{心理}$ + 死 + O”结构式主宾语易位而保持基本义不变，实际上是为了满足评价表达的需求。

在现代汉语中，陈述和肯定是话语非常重要的两个功能，其中“有”是陈述的标记词，而肯定的标记词则为“是”（王冬梅，2014）。除此之外，说话人在阐述一个命题的同时，还包含着自身对所述命题的评价，至于评价的标记词则是“不是我说你”，原因在于此格式的特点为强调评价的客观性，从而排除主观性的嫌疑，其后续句都是表示评价的（方梅、乐耀，2017：203）。我们可以据此对主动句和使动句的语用功能展开分析。具体情况如下：

（26）a. 我恨死你了。b. 你恨死我了。（微博）

a1. 我有恨死你了。b1. 你有恨死我了。

a2. 我是恨死你了。b2. 你是恨死我了。

a3. 不是我说你，我恨死你了。

b3. 不是我说你，你恨死我了。

（27）a. 我担心死你了。b. 你担心死我了。（微博）

a1. 我有担心死你了。b1. 你有担心死我了。

a2. 我是担心死你了。b2. 你是担心死我了。

a3. 不是我说你，我担心死你了。

b3. 不是我说你，你担心死我了。

可以发现，主动句可以与“有”进行搭配，表示陈述；而使动句插入“有”之后可接受度大大降低，可见其陈述程度很低；主动句和使动句都可以与“是”进行搭配，所以二者都可以表达肯定；主动句用在“不是我说你”后，句子的可接受度很低，其表达评价的功能很弱，而使动句可以作为“不是我说你”的后续句，因此其具有表达评价的语用功能。概括起来，主动句主要用来表达陈述和肯定，使动句的主要功能为肯定和评价，二者之间构成一个语用功能连续统。具体情况如图 9-2 所示：

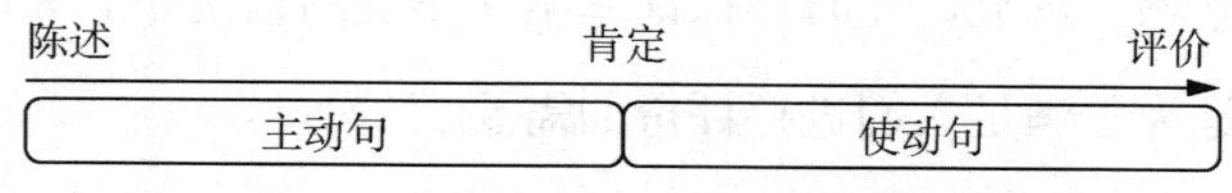

图 9-2　主动句和使动句的语用功能连续统

因此，主动句是对事件的客观描述说明，为典型的陈述，而使动句则是在对事件客观叙述的基础上，同时表达对这一事件的主观评价。我们运用话语标记词“可 + 真”对此进行验证，发现主动句插入语气副词“可 + 真”进行扩展后可接受度大大降低，而使动句的可接受度依然很高。例如：

(28) a. 我愁死你了。b. 你愁死我了。(微博)

(28’)? a. 我可真愁死你了。b. 你可真愁死我了。

根据我们在微博搜集到的网络语料，例（28’）a 未搜索到 1 例，而例（28’）b 则多达 14 例。并且在搜集到的语料中，均含有十分明显的评价立场。例如：

(29) 天啊，吴莫愁啊，你可真愁死我了，一身鸡皮疙瘩，原谅小弟才疏学浅不能理解你的音乐。(微博)

例（29）中，网友通过“你可真愁死我了”，在对“吴莫愁参加中国好声音”这一事实客观叙述的同时，对这一事件做出负面评价，认为吴莫愁唱歌十分难听，表达了自己特别无奈、无能为力的立场。可见，此时在保证基本义不变的情况下，发生主宾语易位是为了满足人们进行评价的需要。

9.5.3 交互主观性表达的需求

使动句在表达命题意义的同时表达“言者意义”，体现了语言的主观性（subjectivity）。除此之外，还表达了交互主观性（intersubjectivity）。交互主观性是指说话人/作者运用明确的语言形式表达对听话人/读者“自我”的关注（Traugott，1999），在此具体体现为说话人视角的转变。视角是指说话人对客观情景的观察角度或者对其进行描述的出发点。在“$S+V_{心理}+死+O$”结构式进行主宾语易位，由自动句转变为使动句时，说话人在对同一命题意义进行描述的同时，叙述的视角发生了改变。例如：

（30）a. 我爱死你了。↔b. 你爱死我了。（微博）

（31）a. 我惦记死你了。↔b. 你惦记死我了。（微博）

例（30）中的两个例句均表达“我爱你”这一命题意义，例（31）中的两个例句都表达命题意义“我惦记你”，但二者中相关的两个参与者在事件中的地位不同，说话人的关注点不同。例（30）（31）a中从“我”的视角出发对事件进行描述，“我”在对这一事件观察和叙述的过程中始终占据主要地位，而“你”则是处于次要地位，此时说话人的关注点为自身；例（30）（31）b则是以“你”为事件叙述的出发点，在对整个事件观察和描述的过程中“你”一直处于主要地位，而“我”则处于次要地位，此时关注的焦点在于听话人。可见，说话人视角的改变以及交互主观性表达的需求，能够促使“$S+V_{心理}+死+O$”结构式在表达同一命题意义的前提下，进行主宾语换位。

9.6 小结

本章以“$V_{心理}+死$”为例，探讨了“心理动词+补语”这一类主宾可换位动补式。研究发现，在“$S+V_{心理}+死+O$”这一结构式中，能够进入这一结构框架的心理动词为双能心理动词，既具有自动的用法，也可以出现在使动句中。而与主宾语密切相关的语义角色则为感事和客事（致事），通过对可进入成分的分析，发现第一人称代词自动性最强，在静态句中只能用于充当感事；第二人称代词和表物名词的使动性最强，在静态环境中只用来担任客事（致事）这一语义角色；第三人称代词和表人名词则介于二者之间，既可以充当感事，也可以充当客事（致事）。由第一人称代词到第三人称代词和表人名词，再到第二人称代词和表物名词，其自动性逐渐减弱，而致使性则不断增强。

除此之外，补语“死”在其中发挥着重要作用，能够进入这一结构式中的“死”只能为程度补语，不能表示结果。“$V_{心理}$+死”主宾可易位动补式形成的语用动因则包括三个方面：一是“话题的延续性”规则与“线性增量”原则的双重制约；二是为了满足说话人评价立场表达的需要；三是交互主观性表达的需求。

本章对由心理动词充当谓语的“$V_{心理}$+死”主宾可易位句的形成条件和语用动因进行了探究，而由其他动词和形容词充当谓语的情况，如“笑死”“疼死”等也可以构式主宾可易位句，例如“小红笑死小明了”也具有自动和使动两种用法，可以进行主宾语换位而保持基本义不变，本章的研究对于这一类乃至整个可换位动补结构都具有一定的参考意义，提供了一种解决这一相关问题的思路和方法。

第10章 新兴主观极量表达中补位强势现象分析

当前，随着网络语言的迅猛发展，出现了大量新兴主观极量表达形式，且主要以动补式为主，而状中式极少。对于这一语言现象，张谊生（2000）对程度副词充当补语的情况进行考察，认为在现代汉语中有相当一部分程度副词可以充当补语，并且提出“唯补副词”这一概念。赵日新（2001）认为，表达程度高到极点以至无以复加，这正是“形容词+得+程度补语”这一结构的语法意义。吉益民（2017）在前人的基础上，进一步提出唯补优选这一观点，认为在程度表达的两种句法取位中，在满足主观极量表达需求时，补位相较于状位更具极性程度表达的优势，基于补位所生成的唯补结构处于优先选择的地位。然而，目前对于这一现象的具体句法表现和相应动因，从整体角度进行的系统性研究并不充分。

鉴于此，本章拟在现有研究的基础上重点探讨如下相关问题：（1）以动补式为主的主观极量具体表现形式；（2）相较于状位，补位成为主观极量表达首选句法取位这一现象形成的动因。

10.1 新兴主观极量表达形式多为动补式

在现代汉语中，程度范畴的表达包括前置状语和后置补语两种选择，相应的，从句法位置来看则分为状位和补位。张谊生（2013）指出，从语言类型和语序位置来看，充当状语表示程度无疑是汉语程度副词的常态，但是我们也不能忽视有相当一部分副词可以在补语位置上强调极性程度，尽管这类表达方式要受到一些限制且范围相对有限。这里所说的“受到一些限制”以及“范围相对有限”，显然是从常规语法结构角度对可出现在状位的程度副词情况的描述，但如果立足于当代网络语境，将考察范围扩展到所有可以出现在补位表达极性程度的语言成分，情况似乎正好相反，新兴的极性程度表达形式，主要为动补式，状中结构极少。

10.1.1 粘合式主观极量动补式

从极性程度表达的视角出发，相较于状位只有“程度副词+中心成分”这一种表达形式，可以出现在补位的成分则灵活多变、种类繁多。概括起来，从结构方式来看主要包括粘合式和组合式两种形式。

所谓粘合式主观极量动补式，是指表达极性程度成分直接黏着在其所限量的动词成分之后，二者之间并无其他成分，可以将其码化为“V/A + C +（了）”。根据搜集到的语料，从补语成分音节的角度划分，以单音节为主，除此之外还包括一些双音节情况，前者如“爆”“崩”“毙”“残”“惨”“痴”“呆”“翻”“飞”“废”“疯”“翻”“挂”“坏”“昏”“极”“尽”“哭”“裂”“傻”“煞”“甚”“死”“塌”“透”“歪”“瞎”“晕”“炸”等，此时动词既可以是单音节，也可以是双音节；后者如“非凡”“非常”“过分”“绝顶”“绝伦”“透顶”“无比”“万分”“异常”“之极”“之至”“至极”等，此时所搭配动词只能为双音节形式。分别举例如下：

（1）撒宇的这个小女人真有趣，他还是第一次听到女人这么形容撒宇的，撒宇要是听到的话，不气爆了才怪。（BCC 语料库，原梦《囚爱撒旦》）

（2）谈恋爱不是玩死亡游戏，你要先把父母兄弟亲戚朋友以及你自己放在主要的位置上，你这样子闹情绪，大家都不好过，说不定你妈妈已经担心坏了，她又做错了什么？（BCC 语料库，亦舒《星之碎片》）

（3）而刘诗诗和吴奇隆两个人在公开恋情后的首次亮相，真的甜炸了！（CCL 语料库，人民网 2016 年 6 月 24 日）

（4）要真是那样的话，农民们就高兴死了，不光省

劲还节省钱哩。（BCC 语料库，《人民日报》1996 年）

（5）而最主要的是，白素的话，说出了十二天官心中想说，但又不知如何开口才好的话，所以，他们的高兴，难以形容，个个激动无比。（BCC 语料库，倪匡《大秘密》）

（6）日本是发明这种筷子的专利国，可日本人“精明绝顶”，从不在国内生产，而到国外去买，筷子用后再统一回收用于造纸，基本收回了进口木筷的成本。（BCC 语料库，《人民日报》1997 年）

例（1）—（4）中，补语均为单音节形式，分别与单音节和双音节心理动词“气”“担心”以及单音节和双音节形容词“甜”“高兴”搭配；例（5）（6）中，补语为双音节形式，均与双音节动词搭配，既可以为“激动”等动词，也可以为“精明”等形容词。

10.1.2 组合式主观极量动补式

组合式主观极量动补式，指的是表极性程度的成分与所限量的动词成分不能直接组合，二者之间必须借助补语标记（Marker），主要的补语标记为“得”和“到”，分别码化为“V/A+得+C”和“V/A+到+C”。分别举例如下：

（7）他看黑板，她看他，那帅得冒泡的侧脸让她流尽口水。（微博）

（8）同学们都羡慕得不行了，可我最烦电话了，铃声一响，家里连饭都吃不成。（BCC 语料库，《科技文献》）

（9）看大家都在吐槽 ios7，忍不住好奇更新了，图标实在是丑到哭！（微博）

（10）天天不是顶着烈日就是冒着台风穿梭在图书馆和寝室间，我都被自己感动到了，有没有感动到上天。（微博）

例（7）（8）中补语标记为“得”，补语搭配的述语分别为单音节形容词“帅”和双音节心理动词“羡慕”，例（9）（10）中补语标记是“到”，补语组配述语分别为单音节形容词“丑”和双音节心理动词“感动”。根据搜集的语料，“V/A + 得 + C”和“V/A + 到 + C”两个结构式中述语主要为单双音节形容词和动词。而补语部分音节数量却十分灵活，除上述诸例中的单音节、双音节之外，还可以为三音节、四音节、五音节等，甚至在某些情况下可以接近无限扩展。分别以“帅”和“丑”为例，前者如“帅得不像话”“帅得一塌糊涂”“帅得令人窒息”“帅得天崩地裂”“帅得一塌糊涂”“帅得无与伦比”“帅得不要不要的”“帅得让人口水直流”“帅得让人移不开视线”等，后者如“丑到没朋友”“丑到天理不容”“丑到一种境界”“丑到让人怀疑人生”“丑到超出一般人的认知”等。

除此之外，还存在一种零形式的特殊情况，补语的位置出现空化现象，即补语位置不出现任何成分。例如：

（11）这是上初中的时候学校举行的知识竞赛的一道题目，我一下子就猜出来了，可是当时老师就是看不到我，给我急得。（BCC语料库，微博）

（12）我在雨里等了她两个多小时，她来了以后不仅没道歉，反倒找起我的不是了，说我这也不好，那也不好，这把我气得！（BCC语料库，微博）

（13）张艺兴有一次吃果冻差点卡住，给吴亦凡吓得，完了以后还在他背上狠敲了好几下，张艺兴吐槽说：“我不被卡死算万幸，可是被你拍死那我也死得太没尊严了。”（BCC语料库，微博）

此种情况下，动词需重读，且音长加长，如例（11）中的“急”、例（12）中的“气”以及例（13）的“吓”，都为重音，并且音长变长。在有些情况下，补语的空位上可以添加表达极性程度的成分，而且可以填充的成分数量较多，类型多样。例如，例（11）中“急得”之后可以补充出“不行”“一头汗”“不得了”“一拍大腿”“不知如何是好”“不住地跺脚”“两只眼睛都突了出来”“两只脚不停地左右倒换着”等，此时动词“急”不再重读，音长缩短，而且添加之后给人感觉语义上的极性程度量没那么高，而且限制了听话人和读者进行自主填空的自主性，给人造成无限遐想的语用功能也随之消失。由此可见，这一补语空位式主观极量动补表达形式结构语义已经高度规约化，并且具有独特的语用表达效果。

10.2　补位成为主观极量表达强势取位的形成动因

以上，我们探讨了新兴主观极量表达形式多为动补式，而状中式很少这一语言现象，那么这一现象形成的动因是什么？我们认为，这一语言事实形成的动因主要包括三个方面：一是补位极量表达的专职性；二是网络语境表情性的要求；三是汉语信息结构表达特点的制约。下面，我们对此展开具体分析。

10.2.1　补位极量表达的专职性

在现代汉语程度范畴的表达中，状位可以用来表示各个量级，包括低量、中量、高量和极量在内的全程量级。而补位只用作表达极量，不能表达其他程度量级。例如，就对“帅”的程度量级限定来说，同状位相关的可以有“不帅”“不怎么帅”“有一点儿帅”“比较帅”“很帅”“特别帅”“极帅”等不同程度量级的状中式表达方式，而与补位相关的动补式只能表达极量，如“帅爆了”“帅惨了”“帅呆了”“帅得很”“帅得不得了”“帅得惊天地泣鬼神”“帅得让人魂不守舍”等均表达极量量级。这一程度量级表达规律已被相关研究所证实，马庆株（1992：153）研究发现，程度补语表示程度（Degree）和量幅（Extent）时，只表示程度高，并不表示同样的程度或者较低程度，而程度状语则可以表示各种程度。由此可见，补位是专司高层量级的语法位置，具有极量表达的专职性，我们可以运用状中式变换为动补式之后语义的变化对此进行进一步验证。研究发现，上述状中式的各种量级表达形式中至少是高量才有可能变换成相应的动补式，如“很帅”“非常帅”“极帅”可以分别变换为“帅得很”“帅得非常”“帅极了”，并且转换之后，有些所表达的程度量级有所提升，原本在状中结构中表达高量，变换为动补式之后表达极量。试比较：

（14）少年的身材很帅，长腿细腰，一个倒三角的胴体，宽厚的胸膛上，两块胸肌罴张的隆起。（CCL 语料库，白先勇《孽子》）

（14′）少年的身材帅得很，长腿细腰，一个倒三角的胴体，宽厚的胸膛上，两块胸肌罴张的隆起。

例（14）中“很帅”表达高量，变换为相应的动补式“帅得很”之后所描述程度量级明显提升，表达极量。可见，补位是表达极端量级的专职句法位置。

除此之外，补位还与主观性表达具有很强的适配性。主观极量表达是带有说话人强烈的个人情感，表达自我的感受程度高到极致，无法复加，而补位具有专司极量表达的语义功能，且可表达强烈的主观评价，褒贬色彩非常鲜明，二者之间具有很强的适配性，从而成为强烈主观极性评价的有效载体，而状位可以表达不同量级，主要用来描写，表达相对理性，程度发生弱化，感情色彩比较淡薄（吉益民，2017），无法有效地进行强烈主观评价。在此基础上，二者在不同量级的表达上形成互补关系[1]。具体情况如图 10-1 所示：

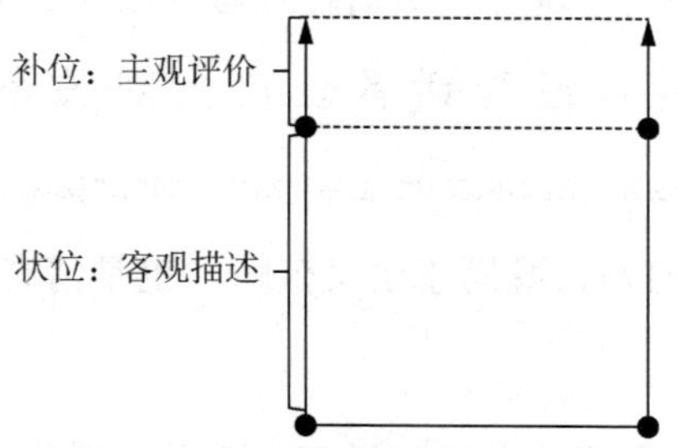

图 10-1　补位和状位表达量级分布情况

图 10-1 中，状位可以表达各种量级，而且与主客观都能进行搭配，所表达的语义程度范围很广；而补位只能表达极量量级，且只能与主观进行搭配，从而专门用来承担主观极量表达这

1　须指出的是，状位和补位之间的这种互补关系并不是绝对的，状位也可以表达主观极量，只是形式较少。

一语义功能。由此可见，补位极量表达的专职性以及与主观评价的适配性，促使其成为主观极性表达的最佳选择。

10.2.2 网络语境表情性的要求

本章所研究的新兴主观极量表达形式，最先在网络中产生并流传，且目前仍主要在网络环境下使用。与传统的语言环境相比，新媒体网络语境具有一些自己独有的特征，其中最重要的特征之一就是表情性，而新兴主观极量表达多为动补式，正是为了满足这一特征的要求。具体来说，表情性是语言与言语单位、是整个语篇或者片段语义-修辞特征的总和，这些语义-修辞特征承担保证语言和言语单位、整个语篇或者片段在交际行为中表现话语发出者对内容或受话者表达主观关系能力的职能（Лингвистический энциклопедический словарь，1990：591，转引自王辛夷，2017），既属于语义范畴，也是情感-评价范畴（王辛夷，2017）。

一般来说，表情性主要包括四个要素：强化性、情感性、形象性以及评价性。其中，强化性是指词或者话语所呈现的语义饱和度；情感性是从主体特征的角度出发，主体感受情感并运用语言将其展现出来；形象性则为一种复杂且又多义的修辞范畴；评价性为说话人对所言事物的主观态度与相应评价（王辛夷，2017）。因此，网络语境的表情性要求新兴的主观极量表达形式需具有较强的语义饱和度和形象画面感，而且同时还能够强有效地表达说话人的情感和态度。动补式能够很好的满足这一要求，而状中式却无法满足。例如：

(15) 站务司事，矮矮的，胖得眼睛挤成一条细缝，说话时脸微微向上仰着，腰挺得很直，短短的两只手交握在背后，一顶漆光的黑军帽，一身蓝布制服，告诉着他的身份和履历。(CCL 语料库，吴伯萧《夜发灵宝站》)

(15′)站务司事，矮矮的，特别胖，说话时脸微微向上仰着，腰挺得很直，短短的两只手交握在背后，一顶漆光的黑军帽，一身蓝布制服，告诉着他的身份和履历。

例 (15) 中，“胖得眼睛挤成一条细缝”充分说明了被描述对象“站务司事”胖的程度之高，具有很强的语义饱和度，且画面感十足，具有很强的具象性，同时还表达了说话人对站务司事颐指气使姿态不满的态度和情感。如果将动补式“胖得眼睛挤成一条细缝”替换为状中表达形式“特别胖”，则其语义饱和度和画面感极大降低，说话人的态度和情感的表达强度也被大大削弱。

同时，相较于面对面交流等传统的语言环境，新媒体网络语境下，交际呈现出交际双方身份隐蔽化、地位平等化以及言语行为和责任分离的新特点，从而大大降低了语境对言语行为的约束、限制能力。尤其在情感表达方面，新媒体网络语境与其他语言环境相比更为自由宽松，这极大地削弱了说话人情感表达的限制和约束，使说话人得以自由且充分地表达、宣泄个人情感。说话人所宣泄的情感往往是非常强烈的，而且是各种各样、千奇百怪的，可以是惊叹赞美，也可以是抗议谴责。这就要求相对应的主观极量表达的形式多种多样，从而给说话人以足够的空间来充分地发挥自己的想象力和创造力，充分宣泄自我强烈的情感，将其淋漓尽致地表达出来。

如前所述，状中式表达极性程度量级的表现形式十分有限，能够进入状位的成分主要为单音节和双音节程度副词，留给说话人自我发挥的余地非常少，而动补式表达极性程度量级的结构形式非常丰富，能够出现在补位的成分不仅仅局限于单音节和双音程度副词，多音节短语甚至是小句都可以进入到补位，从而使说话人情感的充分释放以及想象力和创造力的充分使用成为可能。以“胖”为例，状中式表达“胖”极性程度的形式有“特胖”“极胖”“非常胖”“极其胖”“特别胖”等有限的几个，且都是同一般常见的表极性程度副词组配，而动补式则有“胖极了”“胖死了”“胖哭了”“胖得变形”“胖得吓人”“胖得只剩肉”“胖得不像人”“胖得不像话”“胖得不能见人”“胖得呼吸困难”“胖得不好意思”“胖得不堪回首”“胖得不忍直视”“胖得体无完肤”“胖得不成人形”“胖得不成样子”“胖得像个包子”“胖得失去了原型”“胖得一发不可收拾”“胖得什么也穿不下了”“胖得自己都看不下去了”“胖得两张面膜都盖不住了”“胖得两个人住不下月亮天宫把天兔给挤下来”等，表达形式非常丰富。可见，补位可填充成分的多样性和灵活性，极大地满足了说话人主观情感的丰富性以及发挥自我想象力和创造力的能动性需求。

此外，还存在一种补位成分为模糊成分的特殊情况，这一现象的出现主要包括两种情况：一种是说话人所要表达的情感过于复杂，一时找不到准确的词语进行清晰明确的表达；另一种是说话人故意而为之，故意将部分内容模糊化，说话人在表达自身情感的同时，给听话人留下想象的空间，从而形成特殊的表达效果。例如：

(16) 人家说他是个冷血动物，可他心里明白自己极易动感情，有谁偶尔帮了他点什么忙，他就感动得什么似的，有时甚至连口也不敢开，生怕让人发觉自己的声音在发抖。(微博)

(17) 这几天不出门、不吃晚饭，吃夜宵、吃零食，胖得跟什么似的了。(微博)

例（16）中，说话人很难准确描述出“他”被人帮助时的心理活动，从而使用了模糊成分“什么似的”，表达“他”内心复杂的情感；例（17）中，说话人本可以对自己“胖”的状态进行比较明确的说明，但是却运用模糊成分“跟什么似的了”进行描述，在表达对自己因为饮食作息不规律造成肥胖这一事实的自责和不满情绪的同时，同时给听话人留下了想象和填补的空间，如听话人可以填充出“胖得跟猪似的”“胖得跟球似的”“胖得跟座山似的”“胖得跟天蓬元帅似的”等，从而成功抓住读者的眼球，吸引了注意力。

10.2.3 汉语信息结构表达特点的制约

所谓语言的信息结构，是指当人与人之间进行言语交际时，凭借语言这一载体传递信息所形成的由不在一个层面上的种种信息元素所组合成的以信息流形态呈现的一种结构（陆俭明，2017），包括句子信息结构和篇章信息结构两个方面，其中句子信息结构为语言信息结构中最基本的结构。结合这些认识，本章在此只探讨句子信息结构。

在汉语中，一个句子包括“话题”与“焦点”两个部分，话题作为被谈论的对象，是受话人早已熟知或者预料之中的信息，即“旧信息”，而受话人并不知情、出乎意料的“新信息”，则是焦点。汉语信息结构表达的特点是，在没有外界因素干扰的自然情况下，随着句子从左到右的移动，句子成分所承载的信息意义会越来越重（Bolinger，1952），句子的信息编码往往遵循由旧到新的原则，越靠近句末，信息内容也就越新（张伯江、方梅，1996：73），因此，汉语中句子末尾通常是句子自然焦点所在（刘丹青、徐烈炯，1998），可以凸显有关结构成分所要传达的新信息，相应的语义功能的表达也更加强烈（吉益民，2017）。

具体到主观极量的表达方面，之所以基于补位形成的动补式会成为优先选择的表达方式，原因在于补位处于动词之后，与汉语“语义尾重”的信息表达原则一致，为句子表达的自然焦点之所在；而状位则是处于动词之前，与表达原则相违背，不能成为句子的自然焦点。说话人在使用主观极量表达形式对相关对象作出评价、表达自我情感和态度时，该结构成分所负载的内容为说话人所要传递的核心信息，而处于自然焦点的补位正好满足了说话人的这一表达需求。从听话人的角度来说，正是因为主观极量动补表达形式处于焦点位置，说话人在愿意花更多的时间和精力对此进行识解，从而实现社会交际的正常、高效运行，这一情况在补位为复杂填充成分时体现得尤为明显。例如：

(18) 小时候读过《圣经故事》，依稀记得“莎乐美”美到可以让巴比伦国王以半壁江山来换她一支舞。(改自微博)

(19) 许久没有亮相了，头发尴尬期丑得不敢见帅哥靓女们了。(微博)

例（18）中，说话人使用“美到可以让巴比伦国王以半壁江山来换她一支舞”这一复杂动补式来表达“莎乐美”美丽的程度之高，并且表达自己被她的美貌深深折服的惊叹之情，这一信息处于句子的末尾，为句子信息结构的焦点，传递主要信息。而听话人在听到这句话之后，在补语标记“到”的标示作用下，迅速确定出句子所要表达的主要信息为其之后的结构成分所包含的内容，从而将更多的时间和精力花费到这一相关成分中，顺利完成识解，确保交流的正常进行。例（19）的情况具有一致性，主要的区别点在于补语的标记词由“到”变为“得”，但总体情况并未发生改变。可以发现，汉语“语义尾重”信息结构表达特点的制约，促使补位成为主观极量表达形式的优先选择。

10.3　小结

综上所述，本章对新兴主观极量表达形式以动补式为主这一语言现象进行了探究。研究发现，当代新媒体语境中涌现的大量新兴主观极量表达形式以动补式为主，状中式极少。从结构方式来看，这些新兴的主观极量动补式主要包括两大类：一类为粘合式主观极量动补式，另一类为组合式主观极量动补式。至于这一现象形成的动因，则包括补位极量表达的专职性、网络语境表情性的要求以及汉语信息结构表达特点的制约三个方面。

语言表达系统具有很强的生态性，动态变化是其发展的客观规律，新陈代谢永无止息。在当代网络语境中，语言所要表达的网友情感内容越来越丰富多样，相较于状位，补位能够更好地满足这一发展的需求。目前，网络语境中涌现出一大批新兴的、富有创造性的主观极量动补式用例，相信这一现象会不断持续下去，始终充满活力。

第11章　非常规动补式句法语义演变机制

非常规动补式和常规动补式的不同之处主要在于：语义上非常规动补式的语义透明度低，动词和补语之间很难说具有理据性，不能通过在线推导获得；语法上动词和补语之间的整合程度高，扩展和变换的能力大大减弱。在对非常规动补式句法语义演变过程的探究中，我们发现在这一过程中发挥作用的机制主要为重新分析、类推、隐喻和转喻。其中，重新分析和类推在句法和语义两个方面均起到了重要作用，而隐喻和转喻则主要是在语义方面发挥作用。

11.1　句法语义机制

在非常规动补式句法语义演变过程中，重新分析和类推两种机制在句法结构扩展和补语语义演变方面都起到了非常重要的作用。

11.1.1 重新分析

Harris & Campbell（1995：50）将“重新分析”定义为：“重新分析是指改变了一个句法模式的底层结构但不涉及其表层形式的任何直接或内在的改变。”这里所说的“底层结构”（Underlying structure）包括以下相关内容：（1）成分组构（Constituency）、（2）层次结构（Hierarchical structure）、（3）语类性质（Category labels）、（4）语法关系（Grammatical relations）以及（5）粘聚性（Cohesion）；而“表层形式”（Surface manifestation）则包括两个方面：（1）形态标记（Morphological marking）和（2）语序（Word order）（Harris & Campbell，1995）（参见吴福祥，2013）。根据 Harris 和 Campbell（1995：61）的研究，一个特定的重新分析可能主要对底层结构的某一方面产生影响，也可能同时对底层结构的若干方面造成影响。

在常规动补式向非常规动补式演变的过程中，底层结构发生重新分析，其底层结构中的成分组构、层次关系、语类性质、语法关系以及粘聚性可能只有某一方面发生变化，也可能所有方面都发生变化。据此，可将重新分析分为单方面重新分析和多方面重新分析。下面，我们对此展开具体的论述。

11.1.1.1 单方面重新分析

单方面重新分析，是指在常规向非常规动补式转变的过程中，重新分析主要影响底层结构的某一方面，而对其他方面的影响并不显著。在实义补语非常规动补式句法语义演变过程中存在一些这样的情况，具体表现为语法关系的重新分析，如“V＋坏”“V＋穿”及“V＋破”等。我们以“V＋坏”为例，对此进行论证。

“V＋坏”动结式不晚于六朝时期出现，此时“坏”搭配的动词均为强动作性、强致使性动作动词，“坏”的语义为“变成不健全”“无用”。例如：

(1) 削坏其邑聚。(BCC 语料库，唐·孔颖达《春秋左传正义》)

(2) 温温雨气吞残壁，泯泯江潮击坏栏。(BCC 语料库，顾嗣立《元诗选》)

宋元时期，“$V_{强动}$＋坏”趋于成熟，并出现了“坏”与心理动词搭配的情况，至明清时期已比较常见，此时“坏”仍然为结果补语，但语义演变为“表示身体或精神受到一定的伤害”。例如：

(3) 幸天子已回乾清，紧掩双耳，未曾吓坏。(BCC 语料库，清·夏敬渠《野叟曝言》)

(4) 就是：惊伤六叶连肝肺，吓坏三毛七孔心。(BCC 语料库，清·兰陵笑笑生《金瓶梅》)

“$V_{心理}$ + 坏”动结式明清时期趋向于成熟，同时出现了“$V_{心理}$ + 坏”动程式，“坏”不再为结果补语，而演变为程度补语。例如：

（5）二人看见冲天炮，连忙迎着说；“少大人多天不来了，想坏我们两人了。（BCC 语料库，清·李伯元《文明小史》）

（6）我说，“若有胆量，敢拿棍子到花园跟我较量较量？我姐姐一听，气坏了。就这么着，才叫我诳下楼来。”（BCC 语料库，清·张贺芳《小五虎演义》）

发展至清朝时期，与程度补语“坏”搭配的述语得到扩展，不再局限于心理动词，开始与性质形容词组配，共同使用。例如：

（7）我不敢与他格斗，扭头就跑。那小子真坏，他撒马就追。哎呀，可把我累坏了。（BCC 语料库，清·张贺芳《小五虎演义》）

（8）武杰说：“也住在张家庄店中，听见乱了，吾叫纪逢春，他怎么也不醒，把我急坏了。”（BCC 语料库，清·贪梦道人《彭公案》）

综上所述，“V + 坏”动补式的演变过程如表 11-1 所示：

表 11-1　“V＋坏”动补式演变过程

<table>
<tr><td colspan="2">常规阶段</td><td>$V_{强动}$</td><td>坏</td><td>结果补语</td></tr>
<tr><td rowspan="2">过渡阶段</td><td>阶段 1</td><td>$V_{心理}$</td><td>坏</td><td>结果补语</td></tr>
<tr><td>阶段 2</td><td>$V_{心理}$</td><td>坏</td><td>程度补语</td></tr>
<tr><td colspan="2">非常规阶段</td><td>$A_{性质}$</td><td>坏</td><td>程度补语</td></tr>
</table>

可以发现，在“V + 坏”由常规动补式向非常规动补式演变的过程中，“坏”的语义不断虚化，“V + 坏”整体结构由动结式转变为动程式，语法关系得到了重新分析，重新分析的作用主要体现在语法关系方面，为单方面重新分析。

11.1.1.2　多方面重新分析

在常规动补式向非常规动补式演变的过程中，底层结构进行多方面重新分析的情况更为常见，这一现象在虚义补语非常规动补式中尤为明显和典型。我们以补语“掉”为例，以其构成的“V + 掉”动补式对此进行论证。

“V + 掉”动补式最早出现于元朝时期，主要用于元杂剧之中。例如：

(9) 上起刑法来，我儿也，直把你打掉那下半截来。(CCL 语料库，元 · 无名氏《玉清庵错送鸳鸯被》)

（10）俺如今剔下了这骨和筋，割掉了这肉共脂。（CCL 语料库，元・萧德祥《杀狗劝夫》）

此时，与“掉”搭配的均是强动作性、强致使性二价动词，“掉”为结果补语，表“脱落”义。

发展至明朝时期，“$V_{强动}$ + 掉”动结式趋于成熟的同时，“掉”开始与一价位移动词如“跑”“逃”“走”等组配，此时“坏”仍为结果补语，语义虚化为“离开”。例如：

（11）马太太道：“你还讲作乐的话呢，曹云生走掉了。”（BCC 语料库，清・陆士谔《十尾龟》）

（12）趁现在他家家里没得哪晓得，我三十六计走为上策。现在我要溜掉，连夜拿凶器带走。（BCC 语料库，陆永峰、车锡伦《靖江宝卷》）

明末清初时期，“掉”所搭配的动词类型进一步扩展，开始与一些动作性、致使性不强的动词搭配，如“说”“看”“讲”“弄”等，语义进一步虚化为“表示动作行为的完成”。例如：

（13）我不是那不开眼的人，银子元宝再多些都见过，只要他会我一面，说掉两句，我立刻就走。（BBC 语料库，清・李伯元《官场现形记》）

（14）贾端甫还是笑着没有答应写，小双子撅着嘴道："难道这个肚子你不认账？我明儿就想法子把他弄掉，省得将来被人家牵头皮说我带着肚子过门，好在我年纪轻，以后再同你有了，那就不怕人家说闲话。"（BCC 语料库，清·钱锡宝《梼杌萃编》）

与"掉"组配的动词，不管是一价还是二价动词，都是自主动词。而发展到清中后期，与"掉"搭配的动词类型进一步扩展，开始与非自主动词组配，语义虚化为"表示状态变化的实现"。例如：

（15）五娘指着雷峰塔道："你说要抛撇我时，除非等他倒掉。"（BCC 语料库，网蛛《人海潮》）

（16）况且近来不多几时，那一省死掉一个教士，制台还派了自己的二少爷前去吊孝。（BCC 语料库，清·李伯元《官场现形记》）

发展至近代汉语，补语"掉"开始与性质形容词搭配。例如：

（17）当音乐响起的时候，每个人都傻掉了，因为这显然不是摇滚乐。（BCC 语料库，米奇·阿尔博姆

《一日重生》）

（18）不管出什么事，我必须先把这海豚解决了，免得坏掉，我还要吃一点长长力气呢。（BCC 语料库，海明威《老人与海》）

通过上述研究可以发现，“V + 掉”动补式的演变过程具体情况如表 11-2 所示：

表 11-2　“V+掉”动补式演变过程

<table>
<tr><td colspan="2">常规阶段</td><td>$V_{二价强动}$</td><td>掉</td><td>结果补语</td></tr>
<tr><td rowspan="2">过渡阶段</td><td>阶段 1</td><td>$V_{一价位移}$</td><td>掉</td><td>结果补语</td></tr>
<tr><td>阶段 2</td><td>$V_{二价弱动}$</td><td>掉</td><td>结果补语</td></tr>
<tr><td colspan="2" rowspan="2">非常规阶段</td><td colspan="2">$V_{非自主}$ + 掉</td><td>语义虚化补语</td></tr>
<tr><td colspan="2">$A_{性质}$ + 掉</td><td>语义虚化补语</td></tr>
</table>

根据表 11-2，我们可以看到“V + 掉”在由常规动补式向非常规动补式演变的过程中，其底层结构的层次结构、语类性质、语法关系以及粘聚性都发生了一定程度上的变化。

具体来说，结构层次方面，随着补语“掉”语义的不断虚化，动补式的动词“V”和补语“掉”由相互独立，逐渐发展为补语“掉”依附于动词，失去了自身的独立性，结构层次也由“V” + “掉”变为“V + 掉”。语类性质方面，“掉”原本为动词，具有很强的句法独立性，可以添加“了”等体标记充当谓语，然而随着“掉”语义的虚化，“掉”不能再搭配“了”作谓语，成为了一种表示完结的成分（董秀芳，2017），实现了语类性质的转变。语法关系方面，原本“V + 掉”是典型的动结式，“掉”为结果补语，而随着“掉”语义的虚化和句法独立性的逐渐减弱，“掉”成为“虚化完结成分”（董秀芳，2017），从而导致语法关系的变化。同样，这一变化也导致补语“掉”的粘聚性发生了变化。所谓“粘聚性”，是指一个语言序列（Linguistic sequence）所处于的语法地位（Status），如一个完全独立的词、附着词、词缀以及词内成分。通常情况下，附着词的粘聚性比词要高，而又低于词缀，而词缀又高于词内成分。根据吴福祥（2013），重新分析当中所涉及的底层结构相关成分粘聚性的改变，实际上就是指一个独立使用的词成为附着词，或者附着词变为词缀，或者词缀变为词内成分的这一类演变现象。具体到补语“掉”，由独立充当谓语的动词演变为依附于动词的表完结成分时，其粘聚性得到了提高，发生了粘聚性的变化。可见，补语语义虚化的“V + 掉”非常规动补式演变的过程，是多方面重新分析机制作用的结果。

11.1.2　类推

Meillet（1965［1962］）将类推（Analogy）看作语法形式建立的主要机制。并将其概括为一个形式因为类似于另一个形式从而产生。Harris 和 Campbell（1995）将“类推”称为扩展（Extension），并将其概括为：一个句法结构或者模式的表层形式发生改变，但底层结构却并未发生内在或者直接的改变(Harris & Campbell，1995：51)。类推本身并不涉及相关规则的改变，而是通过扩大一个新规则的使用范围促使一个语言的句法发生变化。在非常规动补式句法语义演变过程中，根据类推发挥作用的方式，主要分为横向类推和纵向类推两个方面。

11.1.2.1 纵向类推

我们在对“看＋V/A”非常规动补式演变过程的探究中发现，在这一过程中存在着纵向类推，具体表现在不同认知域之间的投射上。具体来说，随着“看”语义的引申抽象化，其认知域也在不断变换，在空间域形成“$看_1$＋V/A”常规动补式之后，在类推机制的作用下，由空间域映射到其他认知域，从而形成了非常规动补式“$看_2$＋V/A”和“$看_3$＋V/A”。具体情况如图 11-1 所示：

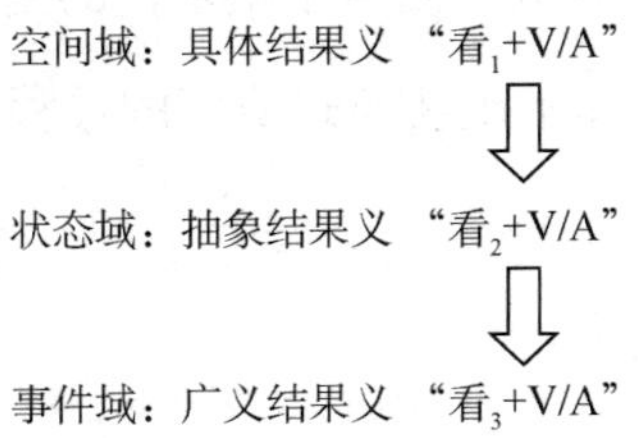

图 11-1　“看＋V/A”动补式认知域映射情况

图 11-1 显示，“看＋V/A”动补式在演变过程中，经历了由空间域到状体域再到事件域的转换。在这一过程中“看”的语义不断抽象化，其动作性不断减弱，动作产生的结果也在不断削

弱，发展到“看$_3$ + V/A”时，动作与结果之间并无直接的联系，而是一种广义概念上的动作和结果关系。在整个演变过程中，类推机制发挥着重要的作用。

11.1.2.2　横向类推

在对“V + 穿”非常规动补式演变过程的研究中，我们发现“穿$_1$”的语义为“破、透”，三者之间语义上具有很强的相似性，句法上都可以用在动词后作补语。搜集的语料显示，“破”和“透”的语义都发生了虚化，二者所在动补式也都得到了扩展。我们认为，补语“穿$_1$”语义的虚化以及“V + 穿$_1$”动补式的扩展，同“透”“破”的平行演化密切相关。基于此，我们从历时和共时两个方面对“穿”“透”和“破”三者虚化的程度进行考察，如果三者之间存在虚化程度的差异，构成一个连续统的话，那就说明三者之间在语义和用法上具有类推关系。

历时层面，我们对“穿”“透”“破”发生虚化的时间进行考察，至于发生虚化判定的标准则是三者所在动补式能够与抽象名词组配，从而确定“穿”“透”“破”发生虚化的时间先后顺序。搜集的语料显示，“破”最早在唐朝时就开始同抽象名词搭配，“透”稍晚一些，最早在宋代开始与抽象名词组配，而“穿”最晚，到明朝时才开始和抽象名词组配。分别举例如下：

（19）但自去非心，打破烦恼碎。（CCL 语料库，唐 · 惠能《六祖坛经》）

(20) 孤轮穿透碧潭心。(CCL 语料库，南宋·赜藏主持《古尊宿语录》卷十九)

(21) 少大人虽然明知道他的所为，因念他平日人还恭顺，亦就不想在老头子跟前揭穿他的底子。(CCL 语料库，清·李伯元《官场现形记》)

可见，“破”发生虚化的时间最早，其次是“透”，“穿”最晚，“穿”语义虚化的时间在“破”和“透”之后，这就使平行演化在时间上具有了可能性。

共时层面，我们对目前“穿”“破”和“透”的虚化程度进行考察，判定的标准是词性的转变程度和搭配述语的语义类型两个方面。通过对相关语料的分析，“透”已经发生了类变，由动词转变为形容词，而且“透”搭配的述语除了动词外，还能和性质形容词搭配。“破”仍处在动词向形容词转变的过程中，学界对其词性的判定还存在争议，并且“破”除了能和动作动词、言说动词搭配外，还能心理动词搭配。“穿”则还是动词，未发生词性的转变，除同动作动词、言说动词外，也能同心理动词组配。分别举例如下：

(22) 小玉开心透了，连忙点头，道：“就是这个意思，爱情要跟物质分开才好，太连在一起，会褪色，会令我自卑和不安。”(BCC 语料库，梁凤仪《弄雪》)

（23）唉，我是想破了，做人就是这回事。（BCC 语料库，南强《幸运》）

（24）沉绵晦暗，根本无所谓道德，想穿了，唯一的答案也就是荒谬。（CCL 语料库，《作家文摘》1997 年）

可见，“透”的虚化程度为最高，其次是“破”，最低是“穿”。“穿”语义虚化程度低于“透”和“破”，这就为平行演化提供了共时层面的可能性。在这一过程中，发挥作用的机制则是类推机制，具体表现为横向类推。

11.2　语义机制

隐喻机制和转喻机制在非常规动补式句法语义演变过程中，同样发挥了十分重要的作用。下面，我们对此进行具体阐述。

11.2.1　隐喻

在认知语言学兴起以前，隐喻一直被视为修辞学领域的一种修辞手法，并不被语言学界重视。Lakoff 和 Johnson（1980）将隐喻（Metaphor）从修辞学中提取到认知语言学范畴，将隐喻正式看作一种人类的认知方式，通过一个认识域来认识和理解另一个认识域，并且还是人们认识世界、组织思维、进行推理以及构建语言等重要活动中必不可少的心智机制，这一观点被称为“隐喻认知理论”（Cognitive Theory of Metaphor），又叫“概念隐喻理论”（Conceptual Metaphor Theory）。隐喻既不存在于客观世界之中，也不在语言之中，而根植于心智和体验之中。一般来说，人们倾向于用具体的、已知的、可见的事物来映射性认识抽象的、新知的、不可见的事物，通过不同认知域之间的投射（mapping），来实现具体的理解过程（齐沪扬，2014：145）。

在非常规动补式句法语义演变过程中，隐喻机制发挥了重要的作用。根据束定芳（2011：12）的观点，隐喻包括两种工作机制，分别为双重影像（Double image）以及本体和喻体二者之间的相似性（Resemblance）。

具体来说，双重影像是指语义异常句中的非常规搭配，不仅勾起了通常的联想关系以及相对应的意象，还同时诱发了听者对新的搭配所构成意象的想象（束定芳，2002）。每一个词都处在聚合关系和组合关系两种不同的联想网络体系之中，在对“V+破”非常规动补式演变过程的研究中，“打破”和“摔破”“砸破”“击破”等处于聚合关系之中，而与“碗”“盘子”“杯子”等有形状的物体处于组合关系之中。当我们听到或看到“打破”时，就会在脑海中激活与其相关的聚合和组合关系网络。当“打破”后接抽象名词宾语，如“偏见”“传统”“规则”等，此时便会形成一个语义异常句，从而引发“双重影像”的有关联想。如听话人在听到“打破偏见”时，脑海中会同时形成“偏见”和

“有实在形状的具体物体”两个画面。

本体和喻体二者之间的相似性，是隐喻发挥作用的基础。例如，我们在对“V+穿”动补式由常规动补式到非常规动补式演变过程的探究中，发现本体和喻体之间的相似性为隐喻机制的发挥作用提供了重要基础。例如：

（22）起义开始的那天，十七岁的阿布·西锡被以色列占领军的子弹击穿胸膛，成为一千二百名遇难者的第一名。（BCC 语料库，《福建日报》1994 年 7 月 31 日）

（23）梁逸舟又说了下去：“这些年来，我们一直不敢说穿真相，因为年轻时的荒唐必须暴露，而又怕伤到你的自尊，怕影响你和心霞对父母的看法，我们隐瞒着，足足隐瞒了二十四年！”（BCC 语料库，琼瑶《星河》）

如果单独来说“胸膛”和“真相”，二者之间很难说具有相似性，甚至可以说是相差甚远。然而，如果放到“V+穿”这一构式之中，二者之间的相似之处便会从中显现出来：“胸膛”是一个“能够触摸到的封闭物体”，“真相”是一个“能够感知到的封闭物体”，不管能够被真实地触摸到，二者皆为封闭的物体。并且，根据我们的认知，两个事物都能够在外力的作用下发生质变，自身状态形成由封闭到敞开的变化，如“胸膛”可以因为“刺、戳”等外力而变得敞开，而“真相”可以由于“侦查、告知”等原因而不再隐藏，被公之于众。可见，探究本体和喻体二者之间的相似性，需要放到相应的框架中去，而不是孤立地看待两个事物。

而隐喻运作的方式，则是映射（mapping）（束定芳，2011：12）。Lakoff（1980）将映射定义为：从源域到目标域之间具有单向性特征的互动，其最显著的特征就是“不变原则”，即源域的显著特征结构系统地映射到目标域之中，从而使目标域也具有类似的显著特征，以上述的“胸膛”和“真相”为例：

（G1）可以触摸到的物体；→（M1）可以感知到的事物；

（G2）其形状具有封闭性；→（M2）其状态具有封闭性；

（G3）其形状在外力作用下能够发生质变。→（M3）其状态在外力的作用下能够发生质变。

通过映射，“胸膛”与“真相”之间便拥有了相似的显著特征。在此基础上，“V＋穿$_1$”构式便可以与抽象名词搭配，从而扩展为“V＋穿$_2$”构式。可见，在“V＋穿”非常规动补式句法语义演变过程中，隐喻机制发挥了重要作用，贯穿于整个演变过程。

11.2.2 转喻

转喻（Metonymy）又称“借代”，认知语言学认为转喻不仅仅是一种特殊的修辞手段，更是一种一般的、常见的语言现象。而且，转喻不仅仅是一种语言现象，还是人们一般的行为和思维方式。我们日常生活中的“思”和“行”所依赖的概念系统，从根本上来说具有转喻的性质。具体来说，“转喻是一种认知过程，就是‘一个概念实体提供理解另一个实体的通道’”（Kovekses & Radden，1998：39），并指向或指示彼此间的关系（Laurel J. Brinton & Elizabeth Closs Traugott，2005，罗耀华等译，2013：45）。转喻包括两种类型，一种是常规的转喻，包括整体——组成部分、容器——内容、领有者——领有物等同一认知框架的转喻；一种是同位转喻，又叫同位类推（朱彦，2010），原因在于转喻的发生以相邻（Contiguity）的联想关系为基础，因此同位类推可以看作转喻的一种特殊形式，为同位相邻之间的转喻。

在非常规动补式句法语义演变过程中，两种类型的转喻都发挥了非常重要的作用。我们以“V + 开”动补式多义体系形成过程为例，对转喻机制的作用方式进行具体说明。

11.2.2.1 常规转喻

首先，常规转喻在这一过程中具有重要作用。具体来说，

“开”的基本义为“打开”，为空间运动义，包含A和B两个实体，其中A为施动者，B为受动者，A对B施加作用力，促使B其发生由关闭到打开的状态变化，并且形成位移。而当“开”由“打开”义扩展为“开启”义时，由“表示受动者B某部位的状态变化”转喻为“其性质状态从不运作到进行运作”的状态变化，“开”的语义就在转喻机制的作用下，产生了“启动”这一转喻义。例如：

(24) 他按了铃，等男孩到了门口候命，他走过去把门拉开。(BCC语料库，毛姆《面纱》)

(25) 塞谬尔说，说完之后，连他也受不了车内的气氛，于是俯身扭开了收音机。(BCC语料库，爱丽斯·西伯德《可爱的骨头》)

例(24)“拉开”中的“开”为本义，表示“打开”义；而例(25)的“扭开”中的“开”则为转喻义，表示“开启”义，用收音机开关的位移来转喻收音机状态的变化，由关闭状态变为工作状态。

11.2.2.2 同位转喻

其次，同位转喻同样也发挥了重要作用。“V+开”动补式中“开”的多义体系包含4个义系，分别为“打开”义系、“分开”义系、“分散”义系和“容纳”义系。研究发现，“打开”义系向“分开”义系和“分散”义系的扩展，都是同位转喻的结果。具体来说，“打开”义系是受事在施事作用力的驱动下，受事整体发生位移，从而实现由关闭到打开的状态变化；而“分开”义系则是受事在施事作用力的驱使下，受事自身的部位发生位移，致使自身形状发生改变。可见，“打开”义系和“分开”义系属于更概括的上位义“受事在力的作用下自身或部件发生位移，促使自身状态发生改变”下的两个下位义，二者之间的关系为同位类推，即同位转喻。

“打开”义系和“分散”义系也具有类似的情况：“打开”义系是受事在施事作用力的驱动下，受事整体按照一定方向运动，从而产生关闭到打开的状态变化；而“分散”义系则是受事在施事力的作用下，受动者整体向多个方向运动，致使自身形状发生改变。因此，“打开”义系和“分散”义系为更概括上位义“受事在作用力的驱动下，其整体向某方向发生位移，促使其本身状态发生改变”下的两个下位义，二者之间的关系也是同位类推，为同位转喻。

11.3　小结

本章对非常规动补式句法语义演变的共同机制进行了探讨，包括句法意义机制和语义机制两个方面。具体来说，句法意义机制为重新分析和类推，其中重新分析根据底层结构变化的情况，又分为单方面重新分析和多方面重新分析两个小类；类推根据类推的方向，可分为纵向类推和横向类推两个小类。语义机制则为隐喻和转喻，隐喻包括两种工作机制，分别为双重影像以及本体和喻体二者之间的相似性，而运作的方式则是映射；转喻包括两种类型一种是常规转喻，另一种是同位转喻。在句法语义和语义机制的共同作用下，实现了非常规动补式句法语义的演变。

第12章　常规动补式句法语义演变动因

非常规动补式的句法语义演变过程是一个非常复杂的过程，促使这一演变发生的动因也同样十分复杂，是多方面共同作用、制衡的结果。具体来说，主要包括语言内部动因和语言外部动因。其中内部动因是促使这一演变发生的根本动因，具体表现为语言经济性和象似性之间的相互制约；外部动因则是除根本动因外的其他动因，我们主要从认知的角度进行探究，包括人们认知具象化的需求、语言主观性表达的需要以及语言陌生化的诉求三个方面。

12.1　内部动因

语言的经济性同象似性二者之间往往处于相互竞争的状态：对于语言的经济性原则来说，要求“使用比较少的、省力的、已经熟悉了的或比较习惯的、或具有较大普遍性的语言单位”（赵玉英，2003：17），要求语言系统自身或者语言应用过程中，在保证言语交际效率的前提条件下，尽量对语言作出省时省力的最佳经济性安排，从而达到减少言语活动中自身力量的损耗（Zipf，1949）。而语言的象似性原则则希望语言能够最大程度上如实地反映出客观事实，语言符号的能指同语言的所指之间具有一致关系，构成一一对应的理想构架（Zipf，1949）。

换句话说，语言的经济性原则力图用最简单的几个语言结构形式，涵盖所有的客观事实，而语言的相似性原则则希望一个语言形式有且只对应一个客观事实，二者之间一一对应。根据我们的认知，在现实情况中两种状况都不可能发生，只是理想状况下的一种愿景和希望。尤其是在当今高速发展的社会，科学技术日新月异，人们在生活中所遇到的客观事实和相关状况越来越复杂，既不可能用几个熟知的、典型的语言形式将所有的事实囊括进去，也无法做到对每一个客观事实都创造一个相对应的语言形式。在此情况下，经济性原则和象似性原则二者之间实现了一种动态制约的平衡，即用一定数量的语言形式对客观事实进行描述，从而达到二者之间的统一。而常规动补式向非常规动补式的演变，正是这一平衡和统一产生的结果。

首先，常规动补式演变为非常规动补式，符合语言经济性原则的要求，用尽量少的语言形式表达尽可能多的意义。例如，在对“V+穿”动补式演变过程的研究中，发现补语“穿”的语义由“穿$_1$（表具体结果义，破、透）”发展至“穿$_2$（表抽象结果义，表使彻底显露）”再到“穿$_3$（表抽象结果义，表识破、透彻）”，在演变过程中补语“穿”搭配的动词语义类型也得到了扩展，由只能与强动作性、强致使性动词组配扩展至可以同弱动作性、弱致使性动作动词以及心理动词搭配，前者如“看、说、讲”等，后者如“想”等，从而实现了“V+穿”动补式所承载语义内容的扩展，从而实现了用一个语言结构形式表达多个客观事实，满足了语言经济性原则的要求。其次，常规动补式转变为非常规动补式，也符合语言象似性原则的要求，在某一具体语境中、同一时间动补式只与一个客观事实相联系，二者之间是一对一的关系，而且利用语言符号与所指概念之间的相似性来对事物进行感知，降低了语言理解过程中的难度，使得非常规动补式能够被快速、准确地识解，同样符合语言象似性的要求。我们仍以“V+穿”动补式的演化过程为例，对此进行具体说明。例如：

（1）第四天，采用了曾在扎阿恰和君士坦丁的办法，打穿了房屋，从屋顶上攻进去，才攻克了街垒。（BCC 语料库，维克多·雨果《悲惨世界》）

（2）然而，莫比·迪克看穿了亚哈船长的阴谋，它机智地在海底打了一个弯儿，使大嘴直对着亚哈船长的艇头，往上一纵身就冲出了洋面。（BCC 语料库，赫尔曼·麦尔维尔《白鲸》）

例（1）中，通过补语“穿”搭配的强动作性、强致使性动词“打”以及二者组成动补式后搭配的具体名词宾语“房屋”，读者可以迅速、准确地判断出此时的“穿”为表“破”“透”具体结果义的“穿$_1$”。同样，根据例（2）中补语“穿”所搭配的弱动作性、弱致使性动词“看”，以及二者构成动补式后组配的抽象名词宾语“阴谋”，可以快速、准确地推断出例（2）中的“穿”为表“识破”“透彻”抽象结果义的“穿$_3$”。可见，由常规动补式扩展至非常规动补式，并不会造成语义的混乱，增加对结构式语义识解的难度。相反，非常规动补式能够体现语言符号和所表示概念之间的相似性，有助于降低语言理解的难度。例如，当我们在对“看穿阴谋”识解的过程中，可以参照“打穿房屋”的识解过程，二者之间具有很大的相似性：“房屋”具有“可以触摸的物体”“一个封闭的空间”以及“其封闭的空间可以在外力作用下发生质变”的特点，而“阴谋”具有“可以感知的物体”“一个封闭的物体”以及“其封闭的状态可以在外力的作用下发生质变”。在此基础上，通过“看穿阴谋”对相应的所指进行识解，相较于其他表达方式具有更强的画面感和具象性，更容易被听话人所识解。

综上所述，语言经济性原则和象似性原则二者间的制约和统一，是非常规动补式句法语义演变的内部动因。非常规动补式的形成，是二者相互竞争、相互妥协的结果。

12.2　外部动因

除语言经济性和象似性相互制约这一语言内部动因外，非常规动补式的句法语义演变还包括认知方面的一些外部动因，主要为人们认知具象化的需求、语言主观性表达的需要以及语言陌生化表达的诉求三个方面。

12.2.1　人们认知具象化的需求

所谓具象化，是指人们在认知识解的过程中，倾向于通过直观的感受和体验，运用类比、联想等方式对识解对象、思维客体进行直接的把握，运用相应的具象使得相关的概念生动可感，从而有所依托（王苹，2008）。人们在编码和解码的过程中，相较于抽象的事物，总是更容易识解具体的事物。具体来说，看得见的事物总比看不见的事物更容易被人们所理解，摸得到的事物总是比摸不到的事物更容易识解。

非常规动补式句法语义演变，正是为了满足人们这一认知识解上的需要。我们以“V + 破”动补式为例，对此进行具体论证。“V + 破”动补式在演变过程中总共包含三个成员，其中“破$_1$”表“完整的东西受到损伤变得不完整”的具体结果义［《现代汉语词典》（第 7 版）：1013，下同］，“破$_2$”呈现为“突破、破除（规定、习惯、思想等）”的抽象结果义，“破$_3$”为

“使真相露出、揭穿”的抽象结果义。研究发现，动补式“V+破$_2$”和“V+破$_3$”在表达抽象结果义时，相较于其他一些表达方式，能够在人们的认知中形成具象、生动的画面，更容易被人们所理解，满足了人们认知具象化的需求。试比较：

(3) 她是怎样大胆勇敢地作出自己的决定，冲破了世俗的观念，摆脱了不成文的婚约束缚，和现在端着花篮的人结合。（BCC 语料库，李国文《冬天里的春天》）

(4) 她是怎样大胆勇敢地作出自己的决定，改变了世俗的观念，摆脱了不成文的婚约束缚，和现在端着花篮的人结合。

例（3）中的“冲破”，人们在识解的过程中，认知中会显现出相关的具象画面。具体来说，当读者看到“冲破”时，脑海中会立刻形成“洪水水位迅速上涨，冲毁堤坝”的具象画面，并将其与“破除世俗的观念”这一抽象概念相互结合，共同进行识解，从而大大降低了理解的难度，有效节省了听者（读者）因识解所耗费的时间和精力。而例（4）中的“改变”则是对抽象识解对象比较客观、直接的描述，读者在识解的过程中无法激活相关的具体概念域，便不能在脑海中形成相应的具象画面，从始至终只能停留在抽象概念语义层面，因而需要花费更多的时间和精力来进行识解。

12.2.2　语言主观性表达的需要

所谓主观性（Subjectivity），是指语言所具有的这样一种特殊属性，即在话语中总是或多或少含有说话人“自我”的表现成分，打上了属于说话人独有的烙印（Lyons，1977：739）。Benveniste（1958）最早提出这一概念，认为语言交际的根本在于言者和听者二者之间构成的二分组合关系（speaker-addressee dyad）。沈家煊（2001）在前人的研究上进一步归纳概括，认为主观性为在话语中含有言者“自我”的表现成分，说话者在说出一段话的同时表明自己对这段话的立场、态度和情感，从而在话语中留下自我的印记。非常规动补式的句法语义演变，同样受到了语言主观性表达需求这一动因的影响。我们以“看 + V/A”动补式为例，对此进行具体阐述。“看 + V/A”动补式共有三种具体形式，其中“$看_3$ + V/A”中“$看_3$”表示“推测、估计”，整体呈现出一种趋势义。需要指出的是，这种趋势义并不是对客观事实的描述，而是说话人根据自己掌握的信息和已有的经验对客观情况的一种估测，具体表述为“说话人认为会出现某种趋势”。说话人估测的情况可能与客观事实相符，也可能存在不相符的情况。在这一过程中，说话人从自身立场出发，在对客观现实做出预测的同时，表达出自己对于这一预测的态度和情感，主观性便由此凸显出来。试比较：

(5) 我在纽约、伦敦、苏黎世的消息来源都敢向我担保，这股势头并没有过去，行情继续看涨，那些财团还没有到此为止。(BCC语料库，保尔·鲁·苏里策尔《绿色国王》)

(6) 我在纽约、伦敦、苏黎世的消息来源都敢向我担保，这股势头并没有过去，行情继续不断上涨，那些财团还没有到此为止。

例 (5) 中“看涨”表达的是故事主人公对于股票行情走向的判断，这一判断是基于“在纽约、伦敦、苏黎世的消息来源”这一客观事实做出的一种估测，主人公从炒股专家的角度，在预测股票行情和未来走向的同时包含着自己个人的态度和情感，即对“未来股票仍会不断上涨”这件事坚定、自信的态度和情感。而如果将“看涨”替换为“不断上涨”，例 (6) 则完全是对“股票不断上涨”这一客观事实的直接描述，并不含有说话人自我的态度和情感。

12.2.3 语言陌生化表达的诉求

语言是一个比较稳定的符号系统，其发展变化不会是一蹴而就的，而是一个渐变的过程，正是因为语言所具有的相对稳定性，才能成为人们交际中最重要的工具。但另一方面，语言使用者在追求相对稳定性的同时，某些时候为了表达特殊的语义或者达到某种特殊的表达效果，也会在一定程度上打破语言系统的这种相对稳定性，具体表现为“陌生化”。

Viktor Shklovsky（1989：21）最早提出“陌生化”这一概念，他认为反复重复、多次发生的动作不仅会成为习惯，同时也会成为自动化的过程，并且自动的感知正是旧形式产生的结果。为了突破感知的这种自动性，就需要在常规形式的基础上，通过使用不同于传统的表达方式或者使用新颖的词语，有意造成语言上的新鲜感（盖绍普，2002），创造出新的非常规形式，从而让语言使用者从自动性中解放出来，重新回到最初的观察之中，产生反常、新奇、独特的表达效果，造成一定的冲击，给人留下深刻、难忘的印象（孙国华，2014）。

举例来说，“V + 掉”动补式的扩展，在某种程度上就是为了满足语言陌生化的诉求。在“V + 掉”动补式中，随着“掉”搭配的动词和宾语语义类型的扩展，不断形成新的语言表达形式。在交际的过程当中，可以给听话人带来听觉上的新奇和感官上的刺激，从而达到给听话人留下深刻的印象、提高表达和交际效果的目的。例如：

（7）那是戴着面纱出门，偷偷地写情书，脚尖踏地地轻移莲步，耍弄手腕，嘲弄别人，用忧伤的目光看人，身着上过浆的衣裙，发出几声贞洁的叹息，然后，一插上门，便扔掉伪装，便羞辱情敌，欺骗丈夫，使自

己的情人魂不守舍……（BCC语料库，缪塞《一个世纪儿的忏悔》）

(8) 我喜欢安妮的情感，我喜欢安妮那些用文字叙述的心情，试着擦掉。（BCC语料库，微博）

例（7）中，“扔掉”搭配抽象名词宾语“伪装”，看似是构成了一个语义异常句，但却具有特殊的语用表达效果，把“放下伪装”这一抽象事件表述得具体形象、生动可感，这一新颖的搭配给读者带来了视觉上的冲击，从而给读者留下了深刻的印象。例（8）中“擦掉”与“心情”搭配，打破了传统的搭配模式，形成有别于传统形式的表达方式，带来了语言上的新鲜感，产生了新颖、独特的效果，给读者带来了新鲜的感觉体验，达到了陌生化效果。

需要注意的是，由于语言的稳定性是其成为人类最重要交际工作的基础，因而新造的语言形式在满足听话人新鲜感的同时，不能对听话人的识解造成障碍或困扰，这就需要把陌生的对象，拉回到熟知的经验领域中（谭学纯，2004）。就“V＋掉”动补式来说，是通过“掉”这一熟知的空间位移以及其所搭配的动词所表示的为人们所熟知的动作行为来实现的，如例（7）中“掉”从上到下的空间位移以及动词“扔”的肢体动作行为，确保了听话人对于“扔掉伪装”这一语义异常搭配形式的准确、快速识解。可见，只有在听话人熟知经验的基础之上，语言陌生化的表达效果才能最终得以实现。

12.3　小结

本章从语言内外部探讨了非常规动补式句法语义演变的动因，内部动因是根本动因，外部动因我们则主要从认知角度进行了探究。在语言内部动因和外部动因的共同刺激下，促使常规动补式向非常规动补式转变，最终促成了非常规动补式的形成。

第13章　结　语

结语部分，主要包括本书的主要观点、该研究对于国际中文教育的参考价值以及创新之处三个方面。

13.1　主要观点

本书聚焦于现代汉语非常规动补式展开研究。研究过程中，采用了共时研究与历时研究相结合、理论阐释与语料分析相结合、整体研究与个案剖析相结合、形式分析与语义功能考查相结合的方法，对现代汉语非常规动补式的句法语义演变过程、作用机制以及相关动因展开了系统的探究。

首先，在非常规动补式句法语义的演变过程方面，本书以语言动态观为基础，运用构式理论、语言演变理论、认知语言学和互动语言学等相关理论展开研究。研究发现，动补式存在常规和非常规的区别，二者之间构成了一个演变连续统。语言处于不断的动态发展中，常规动补式是基础形态，而非常规动补式是在语言实际使用过程中逐渐产生并固定下来的。其演变的引发因素是，说话者为了在特定语境下实现某种语用效果或者表达特殊语义，打破了动补式原有的句法和语义平衡。这个演变过程并非瞬间完成，而是随着非常规程度的增加逐步推进的，其中涉及不同层级构式、认知域和界面之间的多重相互作用。

其次，在演变过程中会形成同构多义动补式，它属于原型范畴。这个范畴包含典型成员、次典型成员和边缘成员，成员之间的典型程度存在差异，这种差异与非常规程度呈反比关系。也就是说，典型程度越高，非常规程度越低；典型程度越低，非常规程度越高。从产生时间来看，典型程度高、非常规程度低的成员形成时间较早，在汉语中的用法更为成熟；而典型程度低、非常规程度高的成员形成时间较晚，用法也相对较新。本书从历时角度对这一结论进行了验证，结果与预期相符，证明了该结论的准确性和可靠性。

第三，非常规动补式的句法语义演变机制包括句法语义机制和语义机制，它的形成是句法和语义两方面共同作用的结果。句法语义机制主要有重新分析和类推。重新分析不改变表层结构，只涉及底层结构的变化，可细分为单方面重新分析和多方面重新分析。大部分从常规动补式到非常规动补式的演变是多方面重新分析的结果，像“V + 透”“V + 掉”“V + 开”等动补式；也有部分是单方面重新分析的结果，如“V + 穿”等动补式。类推机制则相反，它只改变表层形式，不涉及底层结构的改变，在非常规动补式形成过程中，主要表现为补语搭配动词的句法类型扩展以及动补式搭配名词宾语的语义类型扩展。语义机制包括隐喻和转喻，从认知语言学的角度看，它们是人们最基本、最重要的认知方式。隐喻机制主要在同一概念于不同认知域之间的映射中发挥作用，转喻则在同一认知框架内同一概念不同方面的转指中起作用。在非常规动补式句法语义演变过程中，重新分析、类推、隐喻和转喻都发挥了关键作用。

最后，非常规动补式句法语义演变的动因分为语言内部动因和外部动因。语言内部动因是语言经济性原则和象似性原则之间的相互制约，二者的竞争与统一是促使常规动补式向非常规动补式转变的根本原因，非常规动补式的形成是经济性和象似性相互斗争与妥协的结果。对于语言外部动因，本书主要从认知角度进行探讨，包括满足人们认知具象化的需求、语言主观性表达的需要以及语言陌生化表达的诉求这三个方面。

13.2 对于国际中文教育的参考价值

本书对现代汉语非常规动补式句法语义演变的研究，对国际中文教育具有一定意义。概括起来，主要包括以下几个方面：

第一，在对非常规动补式句法语义演变过程的研究中，相关的研究对象和绝大多数语料都取自现代汉语，都是在现代汉语中普遍存在、在当代生活中正在被高频使用的，而这些正是我们需要讲授给外国留学生的重要语法点，是当代中国语言生活和民族文化的重要体现。在国际中文教育过程中，像“看穿”“想开”“呆掉”等非常规动补式，对该类结构的研究，可以为语法教学大纲的编定、教材编写以及构式教学提供借鉴意义。

第二，基于原型范畴理论的认识，每个同构多义动补式都是一个原型范畴，包括典型成员和非典型成员，且用法的难度与成员的典型程度密切相关：越是典型成员，其用法越是趋向于常规，越是容易被习得；越是非典型成员，其用法越趋向于非常规，越是难以被习得。这就为我们对动补式的国际中文教学顺序和过程提供了重要的参考。对于刚开始学习、接触动补式的留学生来说，只教动补式最典型成员的用法，而随着学习不断地深入，适当增加难度，扩展至次典型成员用法的教学，至于边缘成员的用法，则视教学情况以及留学生的需要选择性教授。在此基础上，可以做到由易到难，循序渐进，合理安排教学内容，有的放矢，既节省了老师和留学生的时间和精力，同时又提高了留学生学习动补式的效率和效果。

综上所述，本书对非常规动补式句法语义演变的研究，对于国际中文教育中动补式的教学具有一定的参考意义：一是研究的动补式和绝大多数语料都来源于现代汉语，在目前的语言生活中被高频使用，是国际中文教育的重点，亦是难点，对该类结构的研究，可以为语法教学大纲的编定、教材编写以及构式教学提供借鉴；二是本研究对于动补式教学内容的编排和层次有一定的参考意义，在动补式教学的过程中先教典型成员的用法，再扩展到次典型成员的用法，依据需要选择性教边缘成员的用法，从而做到由易到难，循序渐进。

13.3 创新之处

本书的创新之处主要表现在研究内容与研究方法两个方面，以下对此展开具体论述。

研究内容方面，本书开展的是对现代汉语非常规动补式句法语义演变的系统性研究，创新性主要表现在三个方面。首先，以往的研究虽然对非常规动补式有所涉及，但并没有将其作为一个整体进行系统性研究，而是以个案或者某个类型的非常规动补式作为研究对象。本书从语义和句法角度对非常规动补式进行界定，将所有符合判定条件的动补式都囊括到“非常规动补式”这一研究对象中，将不同类型的非常规动补式纳入到统一的研究框架之中，从而达到对非常规动补式句法语义演变过程的全面性和系统性考察，具有一定的创新性。其次，本书还注意到非常规动补式句法语义演变过程中，补语除理性义发生演变外，其色彩义也在发生变化，一些原本带有消极色彩义的补语在演变的过程中，消极义不断减弱，逐渐向中性义甚至是积极义转变，以往对于这一语义转变的研究主要是个案研究，本书对这一语言现象进行了全面性考察。最后，本书还关注到在现代汉语当中存在一类

“主宾可易位动补式”的特殊结构，即在主宾语换位的情况下，句子基本义并未发生改变，如“我想死你了”和“你想死我了”的基本义均为“我想你”。对于这一特殊语言现象，以往的研究比较少，研究并不充分，本书以“$V_{心理}$ + 死”为切入点对主宾可易位动补式这一特殊结构进行了探讨，这也是本书的创新点之一。

研究方法方面，本书的创新之处主要表现在：首先，在语言动态观下，将构式理论、语言演变、认知语言学以及互动语言学等理论结合起来，从共时层面对非常规动补式的句法语义演变过程进行探讨，并从历时角度加以验证。秉承语言动态观，将构式语法和语言演变结合起来，全面考察现代汉语非常规动补式句法语义演变过程以及相应的机制和动因，不囿于以往构式研究偏重共时层面、语言演变偏重历时层面的研究，把共时演变和历时演变整合起来，将常规动补式和非常规动补式纳入到同一个框架中，基于整合的研究思路对演变的本质进行探索。其次，目前对动补式的研究方法主要是定性研究，本书在此基础上加入了定量研究，运用统计学的方法对相关数据进行统计和分析，以期对非常规动补式的演变规律有一个更加客观的描述。

参考文献

［1］Arai M. & van Gumpel R. P. & Scheepers C.，“Priming Ditransitive Structures in Comprehension”，*Cognitive Psychol*，2007，54（3）.

［2］Benveniste，E.，“Subjectivity in Language”，*Journal de Psychologies*，1958（55）.

［3］Biber，D. & Finegan，E.，“Styles of stance in English：Lexical and grammatical marking of evidentiality and affect”，*Text & Talk*，1989（9）.

［4］Blank，A.，“Pathways of Lexicalization”，*Language Typology and Language Universals*，2008.

［5］Boas，Hans. C.，*A Constructional Approach to Resultatives*，CSLI Publications，2003.

［6］Bolinger，D.，“Linear Modification”，*Publications of the Modern Language Association of America*，1952.

［7］Bolinger，D.，“Meaning and memory”，*Forum Linguistic*，1976.

［8］Brugman，C. & Lakoff，G.，Cognitive topology and lexical networks. in S. L. Small，G. W. Cottrell and M. K. Tanenhaus，eds. *Lexical Ambiguity Resolution: Perspectives from Psychological，Neuropsychological，and Artificial Intelligence*，San Mateo，Morgan Kaufmann，1988.

［9］Brugman，C.，*The Story of Over: Polysemy，Semantics，and the Structure of the Lexicon*，Garland Publishing，1988.

［10］Bybee，J. & Perkins，R. & Pagliuca，W. *The Evolution of Grammar: Tense，Aspect，and Modality in the Languages of the World*，University of Chicago Press，1994.

［11］Chen，P.，“Identifiability and Definiteness in Chinese”. *Linguistics*，2004，42（6）.

［12］Cienk，A.，“STRAIGHT：An Image Schema and Its Metaphorical Extension”，*Cognitive Linguistics*，1998，9（2）.

［13］Croft，W.，*Typology and Universals*，Cambridge University Press，1990.

［14］Croft，W.，*Syntactic Category and Grammatical Relations: The Cognitive Organization of Information*，University of Chicago Press，1991.

［15］Croft，W.，“Syntactic Categories and Semantic Relativity”，in Croft，W. eds.，*Radical Construction Grammar: Synthetic Theory in Typological Perspective*，Oxford University，2001.

［16］Croft，W.，*Radical Construction Grammar: Synthetic Theory in Typological Perspective*，Oxford University，2001.

［17］Croft，W. & Cruse D. A.，*Cognitive Linguistics*，Cambridge University Press，2004.

［18］迪尔克·赫拉尔茨（Dirk Greeraerts）主编：《认知语言学基础》，邵军航、杨波译，上海译文出版社，2012年。

［19］Du Bois & John W.，*The Stance Triangle*，John Benjamins Publishing Company，2007.

［20］Englebretson，Robert.，*Stance-taking in Discourse: Subjectivity*，*Evaluation*，*Interaction*，Benjamins，2007.

［21］Evans，V. & Green，M.，*Cognitive Linguistics: An Introduction*，Edinburgh University Press，2006.

［22］Fauconnier，G.，*Mapping in Thought and Language*，Cambridge University Press，1997.

［23］Fauconnier，G. & Turer，M.，“The Way We Think：Conceptual Blending and the Mind's Hidden Complexities”，*Cognitive Linguistics*，2002，12（2）.

［24］Fillmore，Charles J.，“Toward a Modern Theory of Case”，in Rabel D. A. and Schane S. A. eds.，*Modern Studies in English: Readings in Transformational Grammar*，New jersey Englewood Cliffs，NJ.

Prentice-Hall，1966.

[25] Fillmore，Charles J.，“Frame semantics”，in Linguistic Society of Korea ed.，*Linguistics in the Morning Calm*，Hanshin Publishing Company，1981.

[26] Fillmore，Charles J.，“Syntactic Intrusions and the Notion of Grammatical Construction”，in *Proceedings of the 11th Annual Meeting of the Berkeley Linguistics Society*，University of California，1985.

[27] Fillmore，Charles J.，“The Mechanisms of Construction Grammar”，in *Proceedings of the Annual Meeting of the Berkeley Linguistics Society*，University of California，1988.

[28] Fillmore，Charles J. & Paul Kay & Mary Catherine O'Connor，“Regularity and Idiomaticity in Grammatical Constructions：The Case of let alone”，*Language*，1988，64（3）.

[29] Firbas，Janc.，*Functional Sentence Perspective in Written and Spoken Communication*，Cambridge University Press，1992.

[30] Goldberg，A. E.，*Constructions: A Construction Grammar Approach to Argument Structure*，University of Chicago Press，1995.

[31] Goldberg，A. E.，“Constructions：A new theoretical approach to language”，*Trends in Cognitive Sciences*，2003，7（5）.

[32] Goldberg，A. E.，*Construction at Work: The Nature of Generalization in Language*，Oxford University Press，2006 .

[33] 阿黛尔·伊娃·戈德堡（Goldberg，A. E.）：《构式：论元结构的构式语法研究》，吴海波译，北京大学出版社，2007 年。

[34] Greenberg，Joseph H.，*Universals of Language*，MIT Press，1963.

[35] Greenberg，Joseph H.，“Some Universals of Grammar with Particular Reference to the Order of Meaningful Elements”，in Greenberg，Joseph H. eds.，*Universals of Language*，MIT Press，1963.

[36] Grice，H. P.，“Logic and Conversation”，in P. Cole and J. Morgan eds.，*Syntax and Semantics 3: Speech Acres*，Academic Press，1975.

[37] Halliday，M. A. K.，“Categories of the Theory of Grammar”，*Word*，1961，17（3）.

[38] Harris Alice C. & Lyle Campbell.，*Historical Syntax in Cross-*

linguistic Perspective，Cambridge University Press，1995.

[39] Heine，Bernd.，“Grammaticalization”，in Janda and Joseph eds.，*The Handbook of Historical Linguistics*，Blackwell，2003.

[40] Heine，Bernd & Clandi，Ulrike & Hunnemeyer，Friederike，*Grammaticalization: A Conceptual Framework*，University of Chicago Press，1991.

[41] Heine，Bernd & Kuteva，Tania，*World Lexicon of Grammaticalization*，Cambridge University Press，2002.

[42] Heine，Bernd & Tania Kuteva，“On Contact-induced Grammaticalization”，*Studies in Language*，2003，27（3）.

[43] Heine，Bernd & Tania Kuteva，*Language Contact and Grammatical Change*，Cambridge University Press，2005.

[44] Heine，Bernd & Tania Kuteva，*The Changing Languages of Europe*，Oxford University Press，2006.

[45] Heine，Bernd & Tania Kuteva.，“Identifying Instances of Contact-induced Grammatical Replication”，Paper presented at the Symposium on Language Contact and the Dynamics of Language：Theory and Implications，Max Planck Institute for Evolutionary Anthropology，Leipzig，2007.

[46] Hopper，Paul J.，“Emergent Grammar”，in Aske，Jon，N. Beery，L. Michaelis and H. Filipeds.，*Proceedings of the Berkeley Linguistics Society*，Berkeley University of California Press，1987.

[47] Hopper，Paul J.，“On Some Principles of Grammaticaticalization”，in Elizabeth C. Traugott. and Bernd Heine eds.，*Approaches to Grammaticalization*，Vol. 1. John Benjamins，1991.

[48] Hopper，P. J.，“Emergent Grammar”，in Tomasello eds.，*The New Psychology of Language*，Cambridge Erlbaum Associates Publishers，1998.

[49] Hopper，Paul J. & Elizabeth Closs Traugott.，*Grammaticalization*，Cambridge University Press，1993.

[50] Hopper，Paul J. & Elizabith Closs Traugott.，*Grammaticalization*，2nd edition，Cambridge University Press，2003.

[51] Johnson，M.，*The Body in the Mind: The Bodily Basis of Meaning*，

Imagination, *and Reason*, University of Chicago Press, 1987.

[52] Krzeszowski Tomasz., "The Axiological Parameter in Pre-conceptual Image Schemata", in Geiger, R. A. and B. Rudzka-Ostyn eds., *Conceptualization and mental Processing in Language*, Mouton de Gruyter, 1993.

[53] Lakoff, G., *Women*, *Fire and Dangerous Things: What Categories Reveal about the Mind*, Chicago, University of Chicago Press, 1987.

[54] Lakoff, George, & Mark Turner., *More Than Cool Reason: A Field Guide to Poetic Metaphor*, University of Chicago Press, 1989.

[55] Lakoff, George & Mark Johnson., *Metaphors We Live By*, The University of Chicago Press, 2003 [1980].

[56] Langacker, R. W., *Foundations of Cognitive Grammar*, *Vol. 1: Theoretical Prerequisites*, Stanford University Press, 1987.

[57] Langacker, R. W., *Foundations of Cognitive Grammar Vol. 2. Descriptive Application*, Stanford University Press, 1991.

[58] Langacker, R. W., "Reference-point Construction", *Cognitive Linguistics*, 1993, 4.

[59] Langacker, R. W., *Grammar and Conceptualization*, Moutonde Gruyter, 1999.

[60] Lehmann C., "Grammaticalization and Lexicalization", *STUF-Language Typology and Universals*, 1989, 42 (1).

[61] Lehmann C., "Theoretical implications of grammaticalization phenomena", *The Role of Theory in Language Description*, 1993, 69.

[62] Lehmann C., "New reflections on grammaticalization and lexicalization", *Typological Studies in Language*, 2002, 49.

[63] Levinson, S. C., "Three Levels of Meaning", in F. R. Palme eds., *Grammar and Meaning*, Cambridge University Press, 1995.

[64] Li, Yafei, "On Chinese V-V compounds", *Natural Language and Linguistic Theory 8*, 1990 (2).

[65] Lindner, S., *Alexico-semantic analysis of verb-particle constructions with up and out*, Ph. D. Diss, University of California, 1981.

[66] Lyons, J., *Semantics*, Cambridge University Press, 1977.

[67] Meillet A.，“L’évolution des formes grammaticales”，in *Linguistique historique et linguistique généérale*，Librairie Ancienne Honoré Champion，1965.

[68] Murphy G. L.，“On metaphoric representation”，*Cognition*，1996，60 (2).

[69] Smith，M. B.，“The Polysemy of German es：Iconity and the notion of conceptional distance”，*Cognitive Linguistics*，2002，13 (1).

[70] Talmy，L.，“Semantics and Syntax of Motion”，in J. Kimball，eds.，*Syntax and Semantics*，Vol. 4，Academic Press，1975.

[71] Talmy，L.，“Lexicalization patterns：Semantic structure in lexical forms”，in Timothy Shopen，eds.，*Language Typology and Syntactic Description*，*Vol. 3: Grammatical Categories and the Lexicon*，CUP，1985.

[72] Talmy，L.，“Force dynamics in language and cognition”，*Cognitive Science 12*，1988，1.

[73] Talmy，L.，“The windowing of attention in language”，in M. Shibatani and S. Thompson eds.，*Grammatical Constructions: Their Form and Meaning*，OUP，1996.

[74] Talmy，L.，*Dreams of A Final Theory: The Scientist’s Search for the Ultimate Laws of Nature*，Vintage Books，2000.

[75] Talmy，L.，*Toward a Cognitive Semantics* (*Volume I*)*: Concept Structuring Systems*，Cambridge，MIT Press，2000b.

[76] Talmy，L.，“A windowing onto conceptual structure and language. Part 2. Language and cognition：Past and future”. Leonard Talmy interviewed by Iraide Ibarretxe-Antuano，*Annual Review of Cognitive Linguistics*，2006 (4).

[77] Talmy，L.，“Attention phenomena”，in D. Geeraerts and H. Cuyckens eds.，*Handbook of Cognitive Linguistics*，Oxford University Press，2007.

[78] Talmy，L.，*Ten Lectures on Cognitive Semantics*，外语教学与研究出版社，2010年。

[79] Tylor，A. & Evans，V.，*The Semantics of English Preposition: Special Scenes*，*Embodied Meaning and Cognition*，Cambridge University

Press，2003.

[80] Traugott，E. C.，"The Rhetorical Counter-expectation in Semantic Change：A Study in Subjectification"，in Blank and Koch，eds.，*Historical Semantics and Cognition*，1999.

[81] Traugott，E. C. & R. B. Dasher.，*Regularity in Semantic Change*，Cambridge University Press，2002.

[82] Traugott，E. C.，"From Subjectification to Intersubjectification"，in R. Hickey eds.，*Motives for Language Change*，Cambridge University Press，2003.

[83] Traugott，E. C.，"The Concepts of Constructional Mismatch and Type-shifting from the Perspective of Grammaticalization"，*Cognitive Linguistics*，2007，18（4）.

[84] Traugott，E. C.，"Grammaticalization，Constructions and the Incremental Development of Language：Suggestions from the Development of Degree Modifiers in English"，in Eckardt Regine，Gerhard Jäger and Tonjes Veenstra eds.，*Variation*，*Selection*，*Development: Probing the Evolutionary Model of Language Change*，Mouton de Gruyter，2008.

[85] Traugott，E. C. & G. Trousdale.，*Construction and Constructional Changes*，Oxford University Press，2013.

[86] Van Valin Jr. & Robert. D.，*Exploring the Syntax-Semantics Interface*，Cambridge University Press，2005.

[87] Watters，J. K.，"Frames and the Semantics of Applicative in Tepehua"，in E. H. Cased，eds.，*Cognitive Linguistics in the Redwoods: The Expansion of a New Paradigm in Linguistics*，Mouton de Gruyter，1995.

[88] Ungerer，F. & H. J. Schmid.，*An Introduction to Cognitive Linguistics*，外语教学与研究出版社，2008 年。

[89] Zipf，G. K.，*Human Behavior and the Principle of Least Effort*，Addison-Wesley，1949.

[90] 贝罗贝、李明：《语义演化理论与语义演变和句法句法演变研究》，《汉语语义演变研究》，商务印书馆，2015 年。

[91] 布鲁诺·G. 巴拉：《认知语用学：交际的心智过程》，范振强、邱辉

译，浙江大学出版社，2013年。
[92] 蔡丽：《关于程度范畴的若干思考》，《暨南学报》2010年第2期。
[93] 蔡丽、彭小川：《程度范畴及其在补语系统中的句法实现》，《语言文字应用》2011年第1期。
[94] 蔡丽：《程度范畴及其在补语系统中的句法实现》，暨南大学博士学位论文，2012年。
[95] 蔡意：《现代汉语“行走”类单音节动词与名词宾语搭配中的词义变异研究》，湖南大学硕士研究生学位论文，2014年。
[96] 蔡淑美：《构式形成的研究现状和发展空间》，《语言教学与研究》2020年第5期。
[97] 曹春静：《当代汉语新兴程度量级构式演变研究》，上海外国语大学博士学位论文，2018年。
[98] 曹春静、吴春相：《粤语构式“X到喊”演变的机制与动因》，《励耘语言学刊》2018年第2期。
[99] 曹春静、吴春相：《从构式互动看多义同构类新兴修辞构式——以“A和B之间，隔着/了一个C”为例》，《新疆大学学报（哲学·人文社会科版）》2018年第3期。
[100] 曹广顺：《近代汉语助词》，北京大学出版社，1995年。
[101] 曹晋：《“V掉”的语法化》，《黔南民族师范学院学报》2009年第2期。
[102] 曹晋：《V成、V掉、V住三个汉语述结式的语法化》，北京师范大学硕士学位论文，2005年。
[103] 陈昌来、陈红燕：《“有失X”的构式演化与“有失”的词汇化及语法化》，《上海师范大学学报（哲学社会科学版）》2022年第3期。
[104] 陈建萍、吴春相：《“走眼”的认知识解与主观性归因》，《对外汉语研究》2017年第2期。
[105] 陈建萍：《行走类单音节动词构成的非常规结构“V+N”研究》，上海外国语大学博士论文，2018年。
[106] 陈建萍：《互动视角下“走+A”构式承继理据探索》，《语言教学与研究》2018年第4期。
[107] 陈建萍：《意象图式变形与“追+N”非常规结构》，《枣庄学院学报》2018年第4期。
[108] 陈满华：《关于构式语法理论的几个问题》，《外语教学与研究》

2009 年第 5 期。
[109] 陈平：《试论汉语中三种句子成分与语义成分的配位原则》，《中国语文》1994 年第 3 期。
[110] 陈泽平：《试论完成貌助词“去”》，《中国语文》1992 年第 2 期。
[111] 储泽祥：《名词的时间适应性情况考察》，《名词及其相关结构研究》，湖南人民出版社，2000 年。
[112] 储泽祥：《处所角色宾语的判定及其典型性问题》，《语言教学与研究》2004 年第 6 期。
[113] 储泽祥、彭建平：《处所角色宾语及其属性标记的隐现情况》，《语言研究》2006 年第 4 期。
[114] 崔婷：《“哭湿”类动结式的事件特征》，《汉语学习》2015 年第 5 期。
[115] 戴浩一、黄河：《时间顺序和汉语的语序》，《国外语言学》1988 第 1 期。
[116] 邓亮、姜灿中：《“V 破”动结式的层级特征及构式属性》，《外国语文》2016 年第 5 期。
[117] 邓宇：《注意力视窗开启在路径事件框架中的现实化——来自现代汉语连动式的证据》，《外语教学》2014 年第 2 期。
[118] 董秀芳：《述补带宾语句中的韵律制约》，《语言研究》1998 年第 1 期。
[119] 董秀芳：《汉语的词库与词法》，北京大学出版社，2004 年。
[120] 董秀芳：《从词汇化的角度看粘合式动补结构的性质》，《语言科学》2007 年第 1 期。
[121] 董秀芳：《词汇化：汉语双音节词的衍生和发展（修订版）》，商务印书馆，2011 年。
[122] 董秀芳：《动词后虚化完结成分的使用特点及性质》，《中国语文》2017 年第 3 期。
[123] 董正存：《让步条件构式的省缩及副词“打死”的形成》，《语言教学与研究》2016 年第 1 期。
[124] 范丽芳：《“V/A 住”及相关问题研究》，上海师范大学硕士学位论文，2008 年。
[125] 范雨静：《现代汉语“X + 透”结构研究》，上海师范大学硕士学位论文，2008 年。
[126] 方梅：《负面评价表达的规约化》，《中国语文》2017 年第 2 期。

［127］方梅、乐耀：《规约化与立场表达》，北京大学出版社，2017 年。
［128］方梅、李先银、谢心阳：《互动语言学与互动视角的汉语研究》，《语言教学与研究》2018 年第 3 期。
［129］冯广艺：《超常搭配》，宁夏人民出版社，1993 年。
［130］冯胜利：《汉语的韵律、词法与句法（修订本）》，北京大学出版社，2009 年。
［131］冯胜利：《论汉语的韵律结构及其对句法构造的制约》，《语言研究》1996 年第 1 期。
［132］冯志伟：《用计量方法研究语言》，《外语教学与研究》2012 年第 2 期。
［133］盖绍普：《语言的陌生化》，《学术交流》2002 年第 4 期。
［134］高名凯：《语言论》，科学出版社，1963 年。
［135］高顺全：《动词虚化与国际中文教育》，《语言教学与研究》2002 年第 2 期。
［136］顾阳：《生成语法及词库中动词的一些特性》，《国外语言学》1996 年第 3 期。
［137］郭继懋、王红旗：《粘合补语和组合补语表达差异的认知分析》，《世界汉语教学》2001 年第 2 期。
［138］国家汉语水平考试委员会办公室考试中心：《汉语水平词汇与汉字等级大纲》，经济科学出版社，2001 年。
［139］胡亚：《构式语法与语法化理论的交汇》，《语言教学与研究》2022 年第 4 期。
［140］胡琰、苏晓军：《L. Talmy 的认知语义观评述——兼与 Langacker 和 Lakoff 理论的比较》，《解放军外国语学院学报》2006 年第 4 期。
［141］胡裕树：《现代汉语（增订本）》，上海教育出版社，1981 年。
［142］黄建勤、张俊强：《注意力窗口化与“在”类构式及习得问题——兼谈空间量与空间点的划分》，《对外汉语研究》2016 年第 1 期。
［143］黄洁：《论“吃”和宾语非常规搭配的工作机制》，《外语学刊》2012 年第 2 期。
［144］吉益民：《论流行话语模的结构类型与生成动因》，《阜阳师范学院学报（社会科学版）》2011 年第 1 期。
［145］吉益民：《“有一种 X 叫 Y”构式的多维考察》，《语言教学与研究》2011 年第 2 期。

[146] 吉益民：《“X 比 N 还 N”比较构式的认知考察》，《语言与翻译》2012 年第 1 期。
[147] 吉益民：《汉语中的极性评价表达式“X（的）Y”》，《语言教学与研究》2013 年第 3 期。
[148] 吉益民：《现代汉语主观极量图式构式研究》，扬州大学博士学位论文，2016 年。
[149] 吉益民：《主观极量唯补结构的建构机制与运行状况》，《世界汉语教学》2017 年第 4 期。
[150] 吉益民：《论构式“最 M+H，没有之一”》，《汉语学习》2017 年第 2 期。
[151] 姜灿中：《汉语动结式的历时构式语法研究》，西南大学硕士学位论文，2016 年。
[152] 江蓝生：《吴语助词“来”“得来”》，《中国语言学报》1995 年第 5 期。
[153] 江蓝生：《跨层非短语结构“的话”的词汇化》，《中国语文》2004 年第 5 期。
[154] 江蓝生：《“VP 的好”句式的两个来源——兼谈结构的语法化》，《中国语文》2005 年第 5 期。
[155] 江蓝生：《同谓双小句的省缩与句法创新》，《中国语文》2007 年第 6 期。
[156] 江蓝生：《概念叠加与构式整合——肯定否定不对称的解释》，《中国语文》2008 年第 6 期。
[157] 江蓝生：《句法结构隐含义的显现与句法创新》，《语言科学》2013 年第 3 期。
[158] 江蓝生：《超常组合与语义羡余——汉语语法化诱因新探》，《中国语文》2016 年第 5 期。
[159] 江蓝生：《中性词语义正向偏移的类型和动因》，《中国语文》2022 年第 4 期。
[160] 蒋冀骋、吴福祥：《近代汉语纲要》，湖南教育出版社，1977 年。
[161] 金江、魏在江：《转喻性与体验性：构式压制的两个维度——以动词为例》，《新疆大学学报（哲学社会科学版）》2019 年第 4 期。
[162] 金江、魏在江：《极性动结式“一 V 一量名”的构式义及其理据》，《现代外语》2022 年第 4 期。

[163] 金立鑫:《从普通语言学和语言类型角度看汉语补语问题》,《世界汉语教学》2011 年第 4 期。
[164] 金立鑫:《什么是语言类型学》,上海外语教育出版社,2011 年。
[165] 李崇兴:《〈祖堂集〉中的助词“去”》,《中国语文》1990 年第 1 期。
[166] 李福印:《意象图式理论》,《四川外语学院学报》2007 年第 1 期。
[167] 李立成:《近代汉语中的副词“杀”、“煞”及其变体》,《黄淮学刊(社会科学版)》1995 年第 4 期。
[168] 李临定:《现代汉语动词》,中国社会出版社,1990 年。
[169] 李临定:《从简单到复杂的分析方法——结果补语句构造分析》,《世界汉语教学》1992 年第 3 期。
[170] 李小军:《论手部动作范畴向心理范畴的演变》,《江西师范大学学报(哲学社会科学版)》2014 年第 6 期。
[171] 李亚非:《核心位移的本质及其条件——兼论词法和句法的交界面》,《当代语言学》2000 年第 1 期。
[172] 李颜弟:《表程度范畴的负面语义源词语研究》,汕头大学硕士学位论文,2020 年。
[173] 李宇明:《存现结构中主宾语互易现象研究》,《语言研究》1987 年第 2 期。
[174] 李宗江:《近代汉语“推论”类语用标记及其演变》,《励耘语言学刊》2016 年第 1 期。
[175] 李宗江:《几个含“死”义动词的虚化轨迹》,《古汉语研究》2007 年第 1 期。
[176] 梁银峰:《先秦汉语的新兼语式——兼论结果补语的起源》,《中国语文》2001 年第 1 期。
[177] 梁银峰:《汉语动补结构的产生与演变》,学林出版社,2006 年。
[178] 梁银峰:《汉语趋向动词的语法化》,学林出版社,2007 年。
[179] 林华勇、甘甲才:《“V/A 透(了)”格式与谓词的类》,《世界汉语教学》2012 年第 1 期。
[180] 林正军、张慧:《词语搭配构式语义互动模型构拟——以“Adj.+ N.”为例》,《外国语》2020 年第 6 期。
[181] 刘大为:《从语法构式到修辞构式(上)》,《当代修辞学》2010 年第 3 期。
[182] 刘大为:《从语法构式到修辞构式(下)》,《当代修辞学》2010 年第

4 期。
[183] 刘丹青：《“唯补词”初探》，《汉语学习》1994 年第 3 期。
[184] 刘丹青：《语法化中的更新、强化与叠加》，《语言研究》2001 年第 2 期。
[185] 刘海涛：《计量语言学的现状、理论和方法》，《浙江大学学报（人文社会科学版）》2012 年第 2 期。
[186] 刘海涛、林燕妮：《大数据时代语言研究的方法和趋势》，《新疆师范大学学报（哲学社会科学版）》2018 年第 1 期。
[187] 刘红妮：《汉语非句法结构的词汇化》，上海师范大学博士学位论文，2009 年。
[188] 刘红妮：《词汇化与语法化》，《当代语言学》2010 年第 1 期。
[189] 刘坚、江蓝生等：《近代汉语虚词研究》，语文出版社，1992 年。
[190] 刘兰民：《现代汉语极性程度补语初探》，《北京师范大学学报》2003 年第 6 期。
[191] 刘涛：《隐喻与转喻的互动模型：从语言到图像》，《新闻界》2018 年 12 月。
[192] 刘晓环、王军：《新 N1N2 构式语义建构的认知研究》，《外语与外语教学》2015 年第 6 期。
[193] 刘焱：《“V 掉”的语义类型与“掉”的虚化》，《中国语文》2007 年第 2 期。
[194] 刘玉梅：《构式语法研究的新进展——〈构式与语言演变〉评介》，《外语教学与研究》2010 年第 4 期。
[195] 刘玉梅：《论构式压制的多重互动关系》，《山东外语教学》2013 年第 3 期。
[196] 刘月华：《趋向补语通释》，北京语言大学出版社，1998 年。
[197] 刘月华等：《实用现代汉语语法》，外语教学与研究出版社，2001 年。
[198] 柳淑芬：《话语中的立场：研究现状及发展路径》，《当代修辞学》2017 年第 5 期。
[199] 卢雪梅：《表消极意义的词语做程度补语的研究简述》，《青年作家》2014 年第 18 期。
[200] 陆俭明：《从常规述补构式到非常规述补构式再到常规述补构式》，《当代修辞学》2016 年第 1 期。
[201] 陆俭明：《构式语法理论有待深究的三个问题》，《东北师大学报（哲

学社会科学版）》2016 年第 4 期。
[202] 罗琼鹏：《汉语名词的程度与等级性》，《语言学研究》2017 年第 1 期。
[203] 卢英顺：《认知图景的扩充：非普遍认知图景》，《语言教学与研究》2022 年第 3 期。
[204] 吕叔湘：《语法学习》，中国青年出版社，1953 年。
[205] 吕叔湘：《中国文法要略》，商务印书馆，1956 年。
[206] 吕叔湘：《汉语语法分析问题》，商务印书馆，1979 年。
[207] 吕叔湘：《现代汉语八百词（增订版）》，商务印书馆，1999 年。
[208] 吕文华：《谈结果补语的意义》，《语言教学与研究》1982 年第 3 期。
[209] 吕晓华：《述补结构超常搭配研究》，湖北师范学院硕士研究学位论文，2012 年。
[210] 马建忠：《马氏文通》，商务印书馆，1983 年。
[211] 马庆株：《汉语动词和动词性结构》，北京语言学院出版社，1992 年。
[212] 马庆株：《指称义动词和陈述义名词》，《语法研究和探索（七）》，商务印书馆，1995 年。
[213] 马庆株、邱广君：《汉语动词与动词性结构二编》，北京大学出版社，2007 年。
[214] 马婷婷：《语义双向选择视域下结果补语的语义指向对象》，《汉语学习》2017 年第 6 期。
[215] 马真、陆俭明：《形容词作结果补语情况考察（一）》，《汉语学习》1997 年第 1 期。
[216] 马真、陆俭明：《形容词作结果补语情况考察（一）》，《汉语学习》1997 年第 4 期。
[217] 马真、陆俭明：《形容词作结果补语情况考察（一）》，《汉语学习》1997 年第 6 期。
[218] 马真：《现代汉语虚词研究方法论》，商务印书馆，2004 年。
[219] 梅立崇：《也谈补语的表述对象问题》，《语言教学与研究》1994 年第 2 期。
[220] 梅祖麟：《从汉代的“动、杀”，“动、死”来看动补结构的发展——兼论中古时期起词的施受关系的中立化》，《语言学论丛（第十六辑）》，商务印书馆，1991 年。
[221] 孟琮、郑怀德、孟庆海、蔡文兰：《汉语动词用法词典》，商务印书

馆，1993 年。
[222] 牛保义：《构式语法理论研究》，上海外语教育出版社，2011 年。
[223] 裴蓓、孙鹏飞：《“V 开”结构中“开”的语法化探索》，《石河子大学学报（哲学社会科学版）》2008 年第 3 期。
[224] 彭睿：《共时关系和历时轨迹的对应——以动态助词“过”的演变为例》，《中国语文》2009 年第 3 期。
[225] 彭睿：《语法化·历时构式语法·构式化——历时形态句法理论方法的演进构式化》，《语言教学与研究》2016 年第 2 期。
[226] 彭睿：《关于图式性构式历时扩展的理论思考》，《语言教学与研究》2019 年第 2 期。
[227] 彭玉海、吕烨：《意象图式与动词喻义衍生——谈动词多义性》，《当代外语研究》2010 年第 10 期。
[228] 朴奎荣：《谈“V 掉”中“掉”的意义》，《汉语学习》2000 年第 5 期。
[229] 齐沪扬：《现代汉语短语》，华东师范大学出版社，2000 年。
[230] 齐沪扬：《现代汉语现实空间的认知研究》，商务印书馆，2014 年。
[231] 齐若冰：《动结式“V 满”及其相关研究》，上海师范大学硕士学位论文，2015 年。
[232] 秦晓君：《意义虚化的程补结构的认知考察》，北京师范大学博士学位论文，2004 年。
[233] 饶宏泉：《话语互动中的“V 过”的功能研究》，《世界汉语教学》2017 年第 3 期。
[234] 任龙波：《参与者交互视窗理论对时态的认知解释》，《长春理工大学学报（社会科学版）》，2007 年第 6 期。
[235] 任龙波、李福印、邓宇：《现代汉语双及物动结式的状态变化事件探究》，《外语教学》2015 年第 5 期。
[236] 任鹰：《主宾可换位动结式述语结构分析》，《中国语文》2001 年第 4 期。
[237] 邵敬敏：《主观性的类型与主观化的途径》，《汉语学报》2017 年第 4 期。
[238] 沈家煊：《不对称和标记论》，江西教育出版社，1999 年。
[239] 沈家煊：《语言的主观性和主观化》，《外语教学与研究》2001 年第 4 期。

[240] 沈家煊:《动结式“追累”的语法和语义》,《语言科学》2004 年第 6 期。
[241] 沈家煊:《说“不过”》,《清华大学学报(哲学社会科学版)》,2004 年第 5 期。
[242] 沈家煊:《“糅合”和“截搭”》,《世界汉语教学》2006 年第 4 期。
[243] 沈家煊:《我看汉语的词类》,《语言科学》2009 年第 1 期。
[244] 沈家煊:《语言的“主观性”和汉语语法教学》,《汉语学习》2009 年第 1 期。
[245] 沈家煊:《语言类型学的眼光》,《语言文字应用》2009 年第 3 期。
[246] 沈家煊:《如何解决“补语”问题》,《世界汉语教学》2010 第 4 期。
[247] 沈家煊:《“名动词”的反思:问题和对策》,《世界汉语教学》2012 年第 1 期。
[248] 沈家煊:《词类的类型学和汉语的词类》,《当代语言学》2015 年第 2 期。
[249] 沈家煊:《汉语词类的主观性》,《外语教学与研究》2015 年第 5 期。
[250] 沈开木:《论“语义指向”》,《华南师范大学学报》1996 年第 1 期。
[251] 沈敏:《再说“V 满”及其相关问题》,《湘潭师范学院学报(社会科学版)》2007 年第 6 期。
[252] 施春宏:《从构式压制看语法和修辞的互动关系》,《当代修辞学》2012 年第 1 期。
[253] 施春宏:《“招聘”和“求职”:构式压制中双向互动的合力机制》,《当代修辞学》2014 年第 2 期。
[254] 施春宏:《动结式在相关句式群中不对称分布的多重界面互动机制》,《世界汉语教学》2015 年第 1 期。
[255] 施春宏:《构式压制现象分析的语言学价值》,《当代修辞》2015 年第 2 期。
[256] 施春宏:《边缘“把”字句的语义理解和句法构造》,《语言教学与研究 2015 年第 6 期。
[257] 施春宏:《互动构式语法的基本理念及其研究路径》,《当代修辞学》2016 年第 2 期。
[258] 施春宏:《构式语法的理论路径和应用空间》,《汉语学报》2017 年第 1 期。
[259] 施春宏:《修辞构式的增殖效应及相关问题——以变零构式为例》,

《当代修辞学》2017 年第 3 期。
[260] 施春宏、蔡淑美：《构式语法研究的理论问题论析》，《外语教学与研究》2022 年第 5 期。
[261] 石慧敏：《动结式“V 破”的句法语义特性及其演变过程》，《上海师范大学学报（哲学社会科学版）》2010 年第 4 期。
[262] 石毓智：《肯定与否定的不对称》，台湾学生书局，1992 年。
[263] 石毓智：《现代汉语疑问标记的感叹用法》，《汉语学报》2006 年第 4 期。
[264] 石毓智：《语言学假设中的证据问题——论“王冕死了父亲”之类句子产生的历史条件》，《语言科学》2007 年第 4 期。
[265] 石毓智：《论语言表达的创新机制》，《外语研究》2007 年第 3 期。
[266] 史文磊：《汉语运动事件词化类型的历时转移》，《中国语文》2011 年第 6 期。
[267] 帅志嵩：《“哭湿”类动结式的衍生过程及其词汇化》，《语言教学与研究》2009 年第 3 期。
[268] 宋玉柱：《现代汉语特殊句式》，山西教育出版社，1991 年。
[269] 束定芳：《论隐喻的运作机制》，《外国语外语教学与研究》2002 年第 2 期。
[270] 束定芳：《隐喻和换喻的差别与联系》，《外国语（上海外国语大学学报）》2004 年第 3 期。
[271] 束定芳：《认知语义学》，上海外语教育出版社，2008 年。
[272] 束定芳主编：《隐喻与转喻研究》，上海外语教育出版社，2011 年。
[273] 宋文辉：《现代汉语动结式的认知研究》，北京大学出版社，2007 年。
[274] 宋作艳：《从构式强迫看新“各种 X”》，《语言教学与研究》2016 年第 1 期。
[275] 宋作艳：《基于构式理论与物性结构的动名定中复合词研究》，《世界汉语教学》2022 年第 1 期。
[276] 苏宝荣：《“异构同功”“同构异义”与“同形异构”——汉语复合动词名词化转指的语义、语法分析》，《语文研究》2007 年第 2 期。
[277] 孙国华：《陌生化语言与陌生化语言研究》，《现代语文（语言研究版）》2014 年第 10 期。
[278] 孙鹏飞：《“V 开”的句法语义分析及“开”的虚化探索》，上海师范大学硕士学位论文，2008 年。

［279］太田辰夫：《中国语历史文法》，蒋绍愚、徐昌华译，北京大学出版社，1987 年。
［280］谭学纯：《修辞话语建构双重运作：陌生化和熟知化》，《福建师范大学学报（哲学社会科学版）》2004 年第 5 期。
［281］唐丽：《程度补语“死”的来源及其动因探讨》，《和田师范专科学校学报》2015 年第 6 期。
［282］唐贤清、陈丽：《“极”作程度补语的历时发展及跨语言考察》，《古汉语研究》2010 年第 4 期。
［283］唐贤清、陈丽：《程度补语“煞”的历时来源及跨方言考察》，《理论月刊》2011 年第 2 期。
［284］唐贤清、陈丽：《“死”作程度补语的历时发展及跨语言考察》，《语言研究》2011 年第 3 期。
［285］唐贤清、罗主宾：《程度副词作补语的跨语言考察》，《民族语文》2014 年第 1 期。
［286］完权：《汉语（交互）主观性表达的句法位置》，《汉语学习》2017 年第 3 期。
［287］王丹荣：《“V 掉”的意义虚化与“掉”的虚化机制》，《理论月刊》2014 年第 10 期。
［288］王德春：《语言学概论》，上海外语教育出版社，1997 年。
［289］王冬梅：《从“是”和“的”、“有”和“了”看肯定和叙述》，《中国语文》2014 年第 1 期。
［290］王国栓：《趋向问题研究》，华夏出版社，2005 年。
［291］王红旗：《说说“V 满”》，《汉语学习》1999 年第 3 期。
［292］王红旗：《谓词充当结果补语的语义限制》，《汉语学习》1993 年第 4 期。
［293］王红旗：《动趋式述补结构配价研究》，《语言研究》1999 年第 1 期。
［294］王红旗：《动结式述补结构的语义是什么》，《汉语学习》1996 年第 1 期。
［295］王红旗：《动结式述补构式在把字句和重动句中的分布》，《语文研究》2001 年第 1 期。
［296］王红旗：《语义特征及其分析的客观基础》，《汉语学习》2002 年第 6 期。
［297］王力等原编、蒋绍愚等增订：《古汉语常用字字典（第 4 版）》，商务

印书馆，2005年。
[298] 王力：《王力古汉语字典》，中华书局，2000年。
[299] 王力：《中国现代语法》，商务印书馆，2011年。
[300] 王力等：《古汉语常用字字典（第四版）》，商务印书馆，2005年。
[301] 王连盛：《动结式的词汇化及其机制——以“V破”为例》，《汉语学习》2018年第1期。
[302] 王连盛：《试论述补结构“V+穿”的创新与演变》，《枣庄学院学报》2018年第4期。
[303] 王连盛、吴春相：《现代汉语“$V_{心理}$+死”句的主宾可易位分析》，《语言教学与研究》2019年第6期。
[304] 王连盛、吴春相：《现代汉语“V+掉”构式群的显现——从语法构式到修辞构式的扩展》，《励耘语言学刊》2019年第2期。
[305] 王连盛、吴春相：《新兴主观极量表达的补位强势现象分析》，《语言研究集刊》2019年第2期。
[306] 王连盛：《多重互动视域下汉语“V+破”多义构式研究》，《语言学研究》2020年第1期。
[307] 王连盛：《现代汉语“V+死”多义构式研究》，《新疆大学学报（哲学·人文社会科学版）》2021年第1期。
[308] 王连盛：《从语义指向看动结式的演变——以“V+死”为例》，《中文学刊》2021年第5期。
[309] 王苹：《吴语姚江方言动植物名称的具象化特征》，《修辞学习》2008年第3期。
[310] 王希杰：《“想”类心理动词的句法多义性》，《汉语学习》1992年第2期。
[311] 王晓辉：《程度评价构式“X没的说”研究》，《语言研究》2017年第4期。
[312] 王辛夷：《俄语文艺语篇中嵌入结构的表情性功能及其表达方式》，《中国俄语教学》2017年第3期。
[313] 王雅刚、刘正光：《构式化中的识解干预》，《现代外语》2017年第4期。
[314] 王毅：《趋向补语“起”对述语的限制分析》，《现代语文》2017年第4期。
[315] 王寅：《构式压制、词汇压制和惯性压制》，《外语与外语教学》

2009 年第 12 期。

[316] 王寅：《构式语法研究（上卷）：理论思索》，上海外语教育出版社，2011 年。

[317] 王寅：《构式语法研究（下卷）：分析应用》，上海外语教育出版社，2011 年。

[318] 王媛：《基于程序义的结果宾语结构的事件性分析》，《世界汉语教学》2021 年第 3 期。

[319] 温锁林：《汉语中的极性义对举构式》，《汉语学习》2010 年第 4 期。

[320] 温锁林：《当代汉语临时范畴化强加模式：认知与修辞动因》，《福建师范大学学报（哲学社会科学版）》2012 年第 4 期。

[321] 文旭、黄蓓：《极性程度副词“极”的主观化》，《外语研究》2008 年第 5 期。

[322] 文旭、姜灿中：《基于语料库“V 破”动结式的历时构式语法研究》，《解放军外国语学院学报》2018 年第 2 期。

[323] 文旭、杨坤：《构式语法研究的历时取向——历时构式语法论纲》，《中国外语》2015 年第 1 期。

[324] 文旭、杨旭：《构式化：历时构式语法研究的新路径》，《现代外语》2016 年第 6 期。

[325] 吴春相：《现代汉语“数 + 量 + 形”结构的机制和动因——从语法构式到修辞构式》，《当代修辞学》2015 年第 1 期。

[326] 吴春相、陈建萍：《常规和非常规近义述宾结构的认知分析——以“变样”和“走样”为例》，《语言研究集刊》2017 年第 1 期。

[327] 吴春相、曹春静：《论新兴结构“简直了”形成的机制与动因——兼论“副词 + 语气词”独用在当代汉语中的新发展》，《当代修辞学》2018 年第 3 期。

[328] 吴春相、曹春静：《当代汉语“最高级”从序列到程度的语义演变》，《汉语学习》2018 年第 2 期。

[329] 吴福祥：《关于动补结构“V 死 O”的来源》，《古汉语研究》2000 年第 3 期。

[330] 吴福祥：《汉语能性述补构式“V 得/不 C”的语法化》，《中国语文》2002 年第 1 期。

[331] 吴福祥：《关于语法化的单向性问题》，《当代语言学》2003 年第 4 期。

[332] 吴福祥：《近年来语法化研究的进展》，《外语教学与研究》2004 年第 1 期。
[333] 吴福祥：《汉语语法化演变的几个类型学特征》，《中国语文》2005 年第 6 期。
[334] 吴福祥：《从“得”义动词到补语标记——东南亚语言的一种语法化区域》，《中国语文》2009 年第 3 期。
[335] 吴福祥主编：《汉语主观性与主观化研究》，商务印书馆，2011 年。
[336] 吴福祥：《关于语法演变的机制》，《古汉语研究》2013 年第 3 期。
[337] 吴福祥、王云路编：《汉语语义演变研究》，商务印书馆，2015 年。
[338] 吴福祥：《汉语语义演变研究的回顾与前瞻》，《古汉语研究》2015 年第 4 期。
[339] 吴婷燕：《二价 VO 式动词关涉对象的分布差异研究》，《汉语学习》2017 年第 6 期。
[340] 吴为善：《自致使义动结构式“NP + VR”考察》，《汉语学习》2010 年第 6 期。
[341] 吴为善：《构式语法与汉语构式》，学林出版社，2016 年。
[342] 吴为善、吴怀成：《双音述宾结果补语“动结式”初探——兼论韵律运作、词语整合与动结式的生成》，《中国语文》2008 年第 6 期。
[343] 谢晓明：《相关动词带宾语的多角度考察——“吃”、“喝”带宾语个案研究》，湖南师范大学博士学位论文，2002 年。
[344] 谢晓明、王宇波：《动宾超常搭配实现的句法因素》，《华中语学论库（第三辑）——动词与宾语问题研究》，华中师范大学出版社，2005 年。
[345] 谢晓明、王宇波：《概念整合与动宾常规关系的建立》，《汉语学报》2007 年第 2 期。
[346] 谢晓明、王宇波：《管控动宾超常搭配的若干句法因素》，《语文研究》2009 年第 2 期。
[347] 谢心阳：《互动语言学的理论探索——面向互动语言学的语法研究介绍》，《互动语言学与汉语研究（第一辑）》，世界图书出版公司，2016 年。
[348] 邢福义：《汉语里宾语代入现象之观察》，《世界汉语教学》1991 年第 2 期。
[349] 邢福义：《汉语语法学》，东北师范大学出版社，1996 年。

[350] 邢欣：《视角转换与语篇衔接语》，《修辞学习》2007 年第 1 期。

[351] 邢欣：《试谈语用成分的句法分析》，《新疆师范大学学报（哲学社会科学版）》1993 年第 1 期。

[352] 徐丹：《谈“破”——汉语某些动词的类型转变》，《中国语文》2005 年第 4 期。

[353] 徐时仪：《“掉”的词义衍变递嬗探微》，《语言研究》2007 年第 4 期。

[354] 徐通锵：《自动和使动——汉语语义句法的两种基本句式及其历史演变》，《世界汉语教学》1998 年第 1 期。

[355] 徐霞：《心理动词“死”字句中的主宾互易现象研究》，河南大学硕士学位论文，2004 年。

[356] 许慎：《说文解字》，中华书局，1963 年。

[357] 玄玥：《虚化结果补语是一种完结短语》，《语言学论丛（第四十一辑）》，商务印书馆，2010 年。

[358] 杨海明、葛丽娜：《“看 X”集约化表达倾向于主观性》，《汉语学习》2022 年第 3 期。

[359] 姚双云：《〈话语中的立场表达：主观性、评价与互动〉评介》，《外语教学与研究》2011 年第 1 期。

[360] 姚双云、姚小鹏：《自然口语中“就是”话语标记功能的形成》，《世界汉语教学》2012 年第 1 期。

[361] 姚双云、喻薇：《“一个 + NP”类指句的话语立场研究》，《中南大学学报（社会科学版）》2018 年第 1 期。

[362] 余娟娟、冯青：《结果体和始续体“起”的语法化考察》，《常熟理工学院学报》2015 年第 1 期。

[363] 乐耀：《从互动交际的视角看让步类同语式评价立场的表达》，《中国语文》2016 年第 1 期。

[364] 岳岩：《“S + W + 死 + O”句式使动与自动语义探源》，《清华大学学报（哲学社会科学版）》2009 年第 2 期。

[365] 薛李：《动结式“V 穿”及其相关格式研究》，上海师范大学硕士学位论文，2010 年。

[366] 易查方：《动结式“V 满”及其相关研究》，上海师范大学硕士学位论文，2010 年。

[367] 殷祯岑、陈昌来：《基于语篇整合的元话语功能分类及其语篇分布》，《汉语学习》2022 年第 4 期。

[368] 袁毓林：《怎样判定语法结构的类型》，《对外汉语研究》2009 年第 9 期。
[369] 赵玉英：《网络语言与语言的经济性》，《外语电化教学》2003 年第 6 期。
[370] 张斌：《简明现代汉语》，复旦大学出版社，2004 年。
[371] 张伯江：《认识观的语法表现》，《国外语言学》1997 年第 2 期。
[372] 张伯江：《现代汉语的双及物结构式》，《中国语文》1999 年第 3 期。
[373] 张伯江：《功能语法与汉语研究》，《语言科学》2005 年第 6 期。
[374] 张伯江：《从施受关系到句式语义》，商务印书馆，2009 年。
[375] 张和友：《概念域、功能投射与插入语的句法结构》，《汉语学报》2016 年第 2 期。
[376] 张静：《"V 起"的句法、语义即语法化研究》，河南大学硕士学位论文，2010 年。
[377] 张国宪：《结果补语语义指向分析》，《汉语学习》1988 年第 4 期。
[378] 张国宪：《单双音节动作动词充当句法成分功能差异考察》，《淮北煤师院学报（社会科学版）》1989 年第 3 期。
[379] 张国宪：《单双音节动作动词语用功能差异探索》，《汉语学习》1989 年第 6 期。
[380] 张国宪：《谓语状词语义指向浅说》，《汉语学习》1991 年第 2 期。
[381] 张国宪：《性状的语义指向规则及句法异位的语用动机》，《中国语文》2005 年第 1 期。
[382] 张国宪：《现代汉语动词认知与研究》，学林出版社，2016 年。
[383] 张桂宾：《相对程度副词与绝对程度副词》，《华东师范大学学报（哲学社会科学版）》1997 年第 2 期。
[384] 张辉、周平：《转喻与语用推理图式》，《外国语（上海外国语大学学报）》2002 年第 4 期。
[385] 张辉：《熟语及其理解的认知语义学研究》，军事谊文出版社，2003 年。
[386] 张辉、卢为中：《认知转喻》，上海外语教育出版社，2010 年。
[387] 张辉：《认知语义学研究》，上海外语教育出版社，2011 年。
[388] 张金忠：《语言的类推机制与俄语教学》，《黑龙江高教研究》2008 年第 3 期。
[389] 张京鱼：《汉语心理动词及其句式》，《唐都学刊》2001 年第 1 期。

[390] 张绍杰：《语法与语用界面研究的新路径：以语态构式为例》，《现代外语》2022 年第 3 期。
[391] 张小倩：《汉语完结情状的未终结义》，《当代修辞学》2022 年第 2 期。
[392] 张新华、张和友：《从状貌词的实质与演进看汉语的分析性》，《语言科学》2020 年第 5 期。
[393] 张翼：《吃食堂新解：基于认知语法和文化图式的阐释》，《语言教学与研究》2022 年第 5 期。
[394] 张谊生：《名词的语义基础及功能转化与副词修饰名词》，《语言教学与研究》1996 年第 4 期。
[395] 张谊生：《名词的语义基础及功能转化与副词修饰名词（续）》，《语言教学与研究》1997 年第 1 期。
[396] 张谊生：《现代汉语副词研究》，学林出版社，2000 年。
[397] 张谊生：《论与汉语副词相关的虚化机制——兼论现代汉语副词的性质、分类与范围》，《中国语文》2000 年第 1 期。
[398] 张谊生：《程度副词充当补语的多维考察》，《世界汉语教学》2000 年第 2 期。
[399] 张谊生：《从间接的跨层连用到典型的程度副词——“极其”词汇化和副词化的演化历程和成熟标志》，《古汉语研究》2007 年第 4 期。
[400] 张谊生：《“透顶”与“绝顶”的句法功能和搭配选择》，《语文研究》2008 年第 4 期。
[401] 张谊生：《网络新词“败”的形成与发展：汉语同形语素的感染生成及修辞解释》，《福建师范大学学报（哲学社会科学版）》2009 年第 2 期。
[402] 张谊生：《“极尽”的构式化表达及其双重副词化的功能、演变与分化》，《徐州师范大学学报（哲学社会科学版）》2010 年第 1 期。
[403] 张谊生：《语法化现象在不同层面中的句法表现》，《语文研究》2010 年第 4 期。
[404] 张谊生：《当代流行构式“X 也 Y”研究》，《当代修辞学》2011 年第 6 期。
[405] 张谊生：《试论叠加、强化的方式、类型与后果》，《中国语文》2012 年第 2 期。
[406] 张谊生：《程度副词“到顶”与“极顶”的功能、配合与成因——兼

论从述宾短语到程度副词的结构与语义制约》，《世界汉语教学》2013 年第 1 期。
[407] 张谊生：《试论当代汉语新兴的补语标记“到”》，《当代语言学》2014 年第 1 期。
[408] 张谊生：《从到顶义述宾短语到极性义程度副词——以“之极、至极”和“之至、之致”为例》，《语言科学》2015 年第 4 期。
[409] 张谊生：《从相对到绝对：程度副词“最”的主观化趋势与后果》，《语文研究》2017 年第 1 期。
[410] 张志毅、张庆云：《词汇语义学》，商务印书馆，2005 年。
[411] 赵宏伟、何伟：《加的夫语法视角下的现代汉语致使义动结式研究》，《现代外语》2022 年第 4 期。
[412] 赵家新：《现代汉语心理形容词语义网络研究》，南京师范大学博士学位论文，2006 年。
[413] 赵军：《程度副词“顶”的形成与分化》，《云南师范大学学报（国际中文教育与研究版）》2005 年第 2 期。
[414] 赵军：《“极”的语法化、可补化和相对性》，《语文学刊》2006 年第 24 期。
[415] 赵军：《现代汉语相对程度副词语义偏移性考察》，《云南师范大学学报（国际中文教育与研究版）》2007 年第 4 期。
[416] 赵军：《近十年程度副词研究综述》，《语文学刊》2007 年第 9 期。
[417] 赵军：《“最”类极性程度副词的形成和发展》，《宁夏大学学报（人文社会科学版）》2009 年第 4 期。
[418] 赵军：《现代汉语程度量及其表达形式研究》，华东师范大学博士学位论文，2010 年。
[419] 赵日新：《形容词带程度补语结构的分析》，《语言教学与研究》2001 年第 6 期。
[420] 赵瑞：《“V 起”及其相关问题研究》，上海师范大学硕士学位论文，2014 年。
[421] 赵世举：《定语的语义指向试探》，《襄樊学院学报》2001 年第 1 期。
[422] 赵艳芳：《认知语言学概论》，上海外语教育出版社，2001 年。
[423] 赵玉英：《网络语言与语言的经济性》，《外语电化教学》2003 年第 6 期。
[424] 赵元任：《汉语口语语法》，商务印书馆，1979 年。

[425] 郑怀德、孟庆海：《汉语形容词用法词典》，商务印书馆，2016 年。
[426] 郑娟曼：《从互动交际看“好吧”的妥协回应功能》，《当代修辞学》2018 年第 4 期。
[427] 曾李：《反义词“好”、“坏”的对称性研究》，华中师范大学博士学位论文，2014 年。
[428] 曾李、吴振国：《动补式“V 好”、“V 坏”句法语义对称性研究》，《语言研究》2017 年第 4 期。
[429] 甄珍：《现代汉语口语主观评议构式“那叫一个 A”研究》，《语言教学与研究》2016 年第 3 期。
[430] 甄珍、丁崇明：《主观极性程度量构式“还能再 A 点吗”研究》，《汉语学习》2017 年第 1 期。
[431] 中国社会科学院语言研究所编辑室：《现代汉语辞典（第七版）》，商务印书馆，2016 年。
[432] 周红：《从致使性看“V 上去/起来/来 + AP/VP”构式的表达功用——基于语料库的研究》，《新疆大学学报（哲学·人文社会科学版）》2016 年第 4 期。
[433] 周红：《从驱动路径—图式看“V 开”结构的语义》，《语言研究》2017 年第 1 期。
[434] 周红：《“V + 起”的两种方向特征及其语义演变》，《语言研究集刊》2017 年第 1 期。
[435] 周红：《对叠框架“X 来 X 去”的语法化和修辞化》，《当代修辞学》2017 年第 1 期。
[436] 周红兵：《极性程度补语的语法化及其启示》，《郑州航空工业管理学院学报（社会科学版）》2016 年第 2 期。
[437] 周磊磊：《“V 掉”的语法意义及其他》，《六安师专学报》1999 年第 1 期。
[438] 周丽颖：《跟语序有关的几种句法现象研究》，苏州大学博士学位论文，2007 年。
[439] 周韧：《组合式结构与黏合式结构补议》，《中国语文》2022 年第 4 期。
[440] 周晓林：《程度补语句“V/A 煞”式的来源及其演变》，《学术交流》2005 年第 7 期。
[441] 周有斌、邵敬敏：《汉语心理动词及其句型》，《语文研究》1993 年第

3期。
[442] 朱德熙：《语法讲义》，商务印书馆，1982年。
[443] 朱景松：《补语意义的引申和虚化》，《安徽师大学报（哲学社会科学版）》1987年第4期。
[444] 朱赛萍：《程度补语极性意义的获得——以“死”类词为例》，《温州师范学院学报（哲学社会科学版）》2006年第6期。
[445] 朱彦：《核心成分、别义成分与动作语素义分析——以“收”为例》，《中国语文》2006年第4期。
[446] 朱彦：《创造性类推构词中词语模式的范畴扩展》，《中国语文》2010年第2期。
[447] 朱彦：《基于意象图式的动词“穿”的多义体系及意义连接机制》，《语言科学》2010年第3期。
[448] 朱彦：《从语义类推的新类型看其认知本质、动因及其他问题》，《世界汉语教学》2011年第4期。
[449] 朱彦：《意象图式与多义体系的范畴化——现代汉语动词“赶”的多义研究》，《当代语言学》2016年第1期。
[450] 宗守云：《补语“透”语义的泛化和虚化》，《汉语学习》2010年第6期。
[451] 宗守云：《从“到家”的演变看终点义到极致义的语义发展途径》，《世界汉语教学》2014年第3期。
[452] 宗守云：《说主观游移量构式“V+上+数量结构”》，《当代修辞学》2016年第1期。
[453] 宗守云：《积极反叙实动词与消极反叙实动词——以“当”为例》，《世界汉语教学》2021年第3期。

图书在版编目(CIP)数据

语言动态观下非常规动补式句法语义演变研究/王连盛著. --上海：复旦大学出版社,2025.1. -- ISBN 978-7-309-17833-3

Ⅰ. H146.3

中国国家版本馆 CIP 数据核字第 2025UE5055 号

语言动态观下非常规动补式句法语义演变研究
王连盛　著
责任编辑/杨　骐

复旦大学出版社有限公司出版发行
上海市国权路 579 号　邮编：200433
网址：fupnet@fudanpress.com　http://www.fudanpress.com
门市零售：86-21-65102580　团体订购：86-21-65104505
出版部电话：86-21-65642845
苏州市古得堡数码印刷有限公司

开本 890 毫米×1240 毫米　1/32　印张 11.5　字数 227 千字
2025 年 1 月第 1 版
2025 年 1 月第 1 版第 1 次印刷

ISBN 978-7-309-17833-3/H · 3481
定价：58.00 元